PROFESSORES UNIVERSITÁRIOS NA MIRA DAS DITADURAS

Luan Aiuá Vasconcelos Fernandes

PROFESSORES UNIVERSITÁRIOS NA MIRA DAS DITADURAS

UFMG (Brasil, 1964-1969) e UTE (Chile, 1973-1981) no contexto das reformas do ensino superior

alameda

Grafia atualizada segundo o Acordo Ortográfico da Língua Portuguesa de 1990, que entrou em vigor no Brasil em 2009.

Edição: Haroldo Ceravolo Sereza
Editora assistente: Danielly de Jesus Teles
Projeto gráfico, diagramação e capa: Danielly de Jesus Teles
Assistente acadêmica: Tamara Santos
Revisão: Alexandra Colontini
Imagem da capa e contracapa: *Fios* e *Corpo flechado*, 2021, de Tiago Viudes Barboza

CIP-BRASIL. CATALOGAÇÃO NA PUBLICAÇÃO
SINDICATO NACIONAL DOS EDITORES DE LIVROS, RJ

F399p

Fernandes, Luan Aiuá Vasconcelos
Professores universitários na mira das ditaduras : UFMG (Brasil, 1964-1969) e UTE (Chile, 1973-1981) no contexto das reformas do ensino superior / Luan Aiuá Vasconcelos Fernandes. - 1. ed. - São Paulo : Alameda, 2021.
364 p. ; 21 cm.

Inclui bibliografia
ISBN 978-65-5966-046-9

1. Ensino superior. 2. Ditadura - Brasil. 3. Ditadura - Chile. 4. Repressão política. 5. Educação - Aspectos políticos - Brasil. 6. Educação - Aspectos políticos - Chile. I. Título

21-72526 CDD: 378.8
CDU: 378:321.6(8)

Alameda Casa Editorial
Rua 13 de Maio, 353 – Bela Vista
CEP 01327-000 – São Paulo, SP
Tel. (11) 3012-2403
www.alamedaeditorial.com.br

Às professoras e aos professores universitários, de ambos os lados da Cordilheira, que suportaram com tenacidade momentos sombrios da história de nosso Continente

Estadio Chile (o Canto que mal me sales)

Somos cinco mil aquí
en esta pequeña parte la ciudad.
Somos cinco mil.
¿Cuántos somos en total
en las ciudades y en todo el país?
Sólo aquí,
diez mil manos que siembran
y hacen andar las fábricas.

Cuánta humanidad
con hambre, frío, pánico, dolor,
presión moral, terror y locura.

Seis de los nuestros se perdieron
en el espacio de las estrellas.

Uno muerto, un golpeado como jamás creí
se podría golpear a un ser humano.
Los otros cuatro quisieron quitarse
todos los temores,
uno saltando al vacío,
otro golpeándose la cabeza contra un muro
pero todos con la mirada fija en la muerte.

¡Qué espanto produce el rostro del fascismo!
Llevan a cabo sus planes con precisión artera
sin importarles nada.
La sangre para ellos son medallas.
La matanza es un acto de heroísmo.
¿Es este el mundo que creaste, Dios mío?
¿Para esto tus siete días de asombro y de trabajo?

En estas cuatro murallas sólo existe un número
que no progresa.
Que lentamente querrá más la muerte.

Pero de pronto me golpea la consciencia
y veo esta marea sin latido
y veo el pulso de las máquinas
y los militares mostrando su rostro de matrona
llena de dulzura.

¿Y México, Cuba y el mundo?
¡Qué griten esta ignominia!
Somos diez mil manos
menos que no producen.
¿Cuántos somos en toda la patria?
La sangre del compañero Presidente
golpea más fuerte que bombas y metrallas.
Así golpeará nuestro puño nuevamente.

Canto, qué mal me sales
cuando tengo que cantar espanto.
Espanto como el que vivo
como el que muero, espanto.
De verme entre tantos y tantos
momentos de infinito
en que el silencio y el grito
son las metas de este canto.

Lo que veo nunca vi.
Lo que he sentido y lo que siento
harán brotar el momento...

Víctor Jara

Que o futuro nos traga dias melhores e a capacidade de construir a Universidade que está nos nossos corações, nas nossas mentes e nas necessidades do povo brasileiro. Inclusive para trazer para cá todos os talentos que podem ser aproveitados: não só os das elites, das classes dominantes, mas também das de baixo, da classe média em proletarização, dos proletários, dos trabalhadores dos campos, dos negros e de todos aqueles que são oprimidos. Porque esse é o padrão que tem prevalecido: a "cultura da ignorância" é suficiente para o povo, não precisa mais que isso para ser feliz. A nossa resposta é que o povo, para ser feliz, precisa não só de alimentos, não só de habitação, não só de assistência médica. Precisa de cultura e precisa de consciência crítica, para se tornar um povo capaz de universalizar a cidadania e construir, dentro do País, tendências e modelos novos, pelos quais nós, brasileiros, daremos uma contribuição ao crescimento da civilização moderna.

Florestan Fernandes

Las armas de la universidad son el conocimiento,
la ciencia y el arte.

Enrique Kirberg

Estou disposto a apostar, em vez disso, em favor da afirmação de que a única via de salvação é o desenvolvimento da democracia, rumo àquele controle dos bens da Terra por parte de todos e à sua distribuição igualitária que se chama socialismo, de modo a que não existam mais de um lado os poderosos e de outro os enfraquecidos. Felizmente, posso repetir com Hegel: "o filósofo não se ocupa de profecias", pois para compreender a realidade na sua mais profunda natureza, que é a sua tarefa, "já tem bastante trabalho a realizar". Os únicos profetas que amo são os profetas desarmados, sobretudo em um mundo no qual há tantas armas em circulação e tão poucos profetas.

Norberto Bobbio

LISTA DE SIGLAS

ACU	*Agrupación Cultural Universitaria*
AC-75	Ato Complementar número 75
AESI	Assessoria Especial de Segurança e Informação
AFD	*Aporte Fiscal Direto*
AFI	*Aporte Fiscal Indireto*
AI-2	Ato Institucional número 2
AI-5	Ato Institucional número 5
AI-10	Ato Institucional número 10
ALN	Aliança Nacional Libertadora
AP	Ação Popular
APEUT	*Asociación de Profesores y Empleados de la Universidad Técnica*
APML	Ação Popular Marxista-Leninista
CBPF	Centro Brasileiro de Pesquisas Físicas
CCC	Comando de Caça aos Comunistas
CEA	*Centro de Estudios Agrarios*
CENIMAR	Centro de Informações da Marinha
CEREN	*Centro de Estudios de la Realidad Nacional*
CFE	Conselho Federal de Educação
CIDU	*Centro Interdisciplinario de Desarrollo Urbano*
CISEX	Comissão de Investigação Sumária do Exército
CISMEC	Comissão de Investigação Sumária do Ministério da Educação e Cultura
Cnen	Comissão Nacional de Energia Nuclear
CNI	Central Nacional de Informações
CNRR	*Corporación Nacional de Reparación y Reconciliación*

CNV	Comissão Nacional da Verdade
Codepu	*Comité de Defensa de los Derechos del Pueblo*
COLINA	Comando de Libertação Nacional
Confech	*Confederación de Estudiantes de Chile*
Crub	Conselho de Reitores das Universidades Brasileiras
CSN	Conselho de Segurança Nacional
CUT	*Central Unitaria de Trabajadores*
DC	*Democracia Cristiana*
DEEs	Diretórios Estaduais de Estudantes
DEOPS/SP	Departamento Estadual de Ordem Política e Social de São Paulo
DFL	*Decretos con Fuerza de Ley*
DFSP	Departamento Federal de Segurança Pública
DINA	*Dirección de Inteligencia Nacional*
DNE	Diretório Nacional dos Estudantes
D.O.	Diario Oficial/Diário Oficial
DOPS/MG	Departamento de Ordem Política e Social de Minas Gerais
DSI	Divisões de Segurança e Informações
EAO	*Escuela de Artes y Oficios*
ECALAS	*Emergency Committee to Aid Latin American Scholars*
EMC	Educação Moral e Cívica
EPES	Equipe de Planejamento do Ensino Superior
Esalq	Escola Superior de Agricultura Luiz de Queiroz
FACE	Faculdade de Ciências Econômicas da UFMG
FAFI	Faculdade de Filosofia da UFMG
FAFICH	Faculdade de Filosofia e Ciências Humanas da UFMG
FCEA	Faculdade de Ciências Econômicas e Administrativas da USP

FFCL	Faculdade de Filosofia, Ciências e Letras da USP
FFLCH	Faculdade de Filosofia, Letras e Ciências Humanas da USP
Fecech	*Federación de Centros de Estudiantes de la Universidad de Chile*
FECH	*Federación de Estudiantes de la Universidad de Chile*
FEUC	*Federación de Estudiantes de la Universidad Catolica*
FEUSACH	*Federación de Estudiantes de la Universidad de Santiago de Chile*
FEUT	*Federación de Estudiantes de la Universidad Técnica del Estado*
FLACSO	Faculdade Latino Americana de Ciências Sociais
FLAMA	*Frente de Lucha Anti- Marxista*
FNFi	Faculdade Nacional de Filosofia da UB
FPMR	*Frente Patriótico Manuel Rodríguez*
GTRU	Grupo de Trabalho da Reforma Universitária
ICB	Instituto de Ciências Biológicas
IFCH	Instituto de Filosofia e Ciências Humanas da UFRGS
IFCS	Instituto de Filosofia e Ciências Sociais da UFRJ
IP	*Institutos Profesionales*
IPES	Instituto de Pesquisa e Estudos Sociais
IPMs	Inquéritos Policial-Militares
ISEB	Instituto Superior de Estudos Brasileiros
ITA	Instituto Tecnológico da Aeronáutica
JUC	Juventude Universitária Católica
LAM	*Licenciatura Académica en Matemática*
LASA	*Latin American Studies Association*

LGE	*Ley General de Educación*
LOCE	*Ley Orgánica Constitucional de Enseñaza*
MAPU	*Movimiento de Acción Popular Unitaria*
MDB	Movimento Democrático Brasileiro
MEC	Ministério da Educação e Cultura
MIR	*Movimiento de Izquierda Revolucionaria*
OCML-PO	Organização de Combate Marxista-Leninista – Política Operária
ODEPLAN	*Oficina de Planificación Nacional*
PCCh	*Partido Comunista Chileno*
PCB	Partido Comunista Brasileiro
PM	Polícia Militar
PN	*Partido Nacional*
POC	Partido Operário Comunista
POLOP	Organização Revolucionária Marxista – Política Operária
Prescla	*Programa de Estudios y Capacitación Laboral*
PROUNI	Programa Universidade para Todos
PS	*Partido Socialista*
PSD	Partido Social Democrático
PSU	*Prueba de Selección Universitaria*
PTB	Partido Trabalhista Brasileiro
REUNI	Reestruturação e Expansão das Universidades Federais
RM	Região Militar
SBPC	Sociedade Brasileira para o Progresso da Ciência
SNI	Sistema Nacional de Informações
UACh	*Universidad Austral de Chile*
UB	Universidade do Brasil
UBA	Universidade da Bahia
UC	*Pontificia Universidad Católica de Chile*

UCE	Universidade do Ceará
UCh	*Universidad de Chile*
UCN	*Universidad Católica del Norte*
UCV	*Universidad Católica de Valparaíso*
UdeC	*Universidad de Concepción*
UDN	União Democrática Nacional
UEEs	Uniões Estaduais Estudantis
UEG	Universidade do Estado da Guanabara
UERJ	Universidade do Estado do Rio de Janeiro
UES	Universidade do Espírito Santo
UFBA	Universidade Federal da Bahia
UFC	Universidade Federal do Ceará
UFF	Universidade Federal Fluminense
UFG	Universidade Federal de Goiás
UFJF	Universidade Federal de Juiz de Fora
UFMG	Universidade Federal de Minas Gerais
UFPA	Universidade Federal do Pará
UFPB	Universidade Federal da Paraíba
UFPE	Universidade Federal de Pernambuco
UFRGS	Universidade Federal do Rio Grande do Sul
UFRJ	Universidade Federal do Rio de Janeiro
UFRN	Universidade Federal do Rio Grande do Norte
UFRRJ	Universidade Federal Rural do Rio de Janeiro
UFSP	Universidade Federal de São Paulo
UFV	Universidade Federal de Viçosa
UGO	Universidade de Goiás
UMCE	*Universidad Metropolitana de Ciencias de la Educación*
UMG	Universidade de Minas Gerais
UnB	Universidade de Brasília
UNE	União Nacional dos Estudantes

UNESCO	Organização das Nações Unidas para a Educação, a Ciência e a Cultura
UNICAMP	Universidade de Campinas
UP	*Unidad Popular*
UPA	Universidade do Pará
UPB	Universidade da Paraíba
UPR	Universidade do Paraná
URGS	Universidade do Rio Grande do Sul
URRJ	Universidade Rural do Rio de Janeiro
USAID	*United States Agency for International Development*
USACH	*Universidad de Santiago de Chile*
USM	Universidade de Santa Maria
USM	*Universidad* Técnica Federico Santa *María*
USP	Universidade de São Paulo
UTE	*Universidad Técnica del Estado*
VPR	Vanguarda Popular Revolucionária

Sumário

Prefácio

Na América Latina, nas décadas de 1960 e 1970, ocorreram intensos debates sobre propostas que tratavam da Reforma Universitária que, em linhas gerais, de um lado, tinham como princípios fundamentais a cultura democrática e a autonomia nas universidades e, de outro, modelos organizacionais tecnicistas e planificados vinculados ao processo de modernização conservadora e autoritária. Em países como o Brasil e o Chile, onde as duas propostas ganharam folego, as ditaduras militares implementaram reformas que aderiram a uma gestão autoritária e tecnicista nas universidades, o que culminou, entre outras coisas, na repressão contra professores em muitas instituições de ensino superior. O trabalho de Luan Aiuá Vasconcelos Fernandes é uma profícua contribuição sobre a repressão política contra professores em duas relevantes instituições de ensino: a Universidade Federal de Minas Gerais (UFMG/Brasil) e a *Universidad Tecnica del Estado* (UTE/Chile), respectivamente no período de 1964 a 1969 e 1973 a 1981, período de maior repressão aos docentes nas duas ditaduras militares.

Este livro[1] mostra de forma arguta que a repressão política aos professores universitários, nas referidas universidades, ocor-

1 Este trabalho é fruto da dissertação de mestrado defendida por Luan Aiuá Vasconcelos Fernandes em março de 2016 no Programa de Pós-Graduação em História da Universidade Federal de Minas Gerais, com o título de: Professores universitários na mira das ditaduras: A repressão contra os docen-

reu de forma mais sistemática e intensa no imediato pós-golpe e durante a implementação das reformas universitárias em conexão com a resistência dos movimentos estudantis. No Brasil, foi a Lei n. 5.540, promulgada pelo presidente General Costa e Silva, em 1968, que implementou novas normas para a gestão e organização do ensino superior. No Chile, foi a *Ley General de Universidades* que estabeleceu, entre 1980 e 1981, durante a ditadura pinochetista, as novas diretrizes para o ensino superior, em plena concordância com a agenda neoliberal implementada naquele país, que levou à privatização do ensino superior. Como revela Luan Fernandes, a estrutura e o papel das universidades foram profundamente afetados pelas leis impostas pelos governos militares, comprometendo ainda mais a autonomia universitária.

O livro é uma contribuição original para a historiografia ao analisar, comparativamente, a repressão política aos professores em duas universidades latino-americanas. Os trabalhos sobre essa temática ainda são muito escassos e, em grande medida, os estudos se debruçam sobre a repressão política contra estudantes, guerrilheiros e jornalistas. Com o estudo comparativo, o autor revelou aspectos importantes da pesquisa com formulação de problemas e conclusões aproximativas sobre a repressão na UFMG e UTE, o que afastou seu trabalho de generalizações apressadas e colocou em evidência as especificidades históricas de cada país, de cada universidade e de cada contexto. O seu fio condutor, ao utilizar do comparativismo histórico, foi colocar sempre em evidência que os professores da UFMG e da UTE estavam vivenciando um mesmo fenômeno histórico: a repressão sistemática

---

tes da UFMG (Brasil, 1964-1969) e da UTE (Chile, 1973-1981) no contexto das reformas do ensino superior".

de governos ditatoriais em contextos de reforma universitária e de luta do movimento estudantil.

O ineditismo do trabalho também se revela com o uso de fontes orais que deixa um importante acervo para futuras pesquisas, em especial no caso chileno. Endossa a concepção da história oral como metodologia e "usa e abusa" de entrevistas temáticas e de trajetórias de vida. O autor, assim como recomenda Jean-Jacques Berker,[2] transformou o entrevistado-objeto, no caso os professores, também em entrevistado-sujeito, passando pelo debate sobre memória coletiva e memoria individual em suas interfaces com os lugares que ocupam em diferentes relatos. A partir do estudo comparado e do uso dos depoimentos orais – e com cotejamento com outras fontes –, a pesquisa de Luan Fernandes contribui para uma reflexão crítica do período ao problematizar, fundamentalmente, as semelhanças e as diferenças na repressão política contra os docentes na UFMG e UTE, o impacto da repressão nas universidades e na vida dos professores e as relações entre a polarização política nos contextos ditatoriais e a repressão aos docentes.

Nos quatro capítulos do livro, por meio de uma narrativa precisa, Luan Fernandes desvela, do geral ao particular, a repressão inicial aos professores nas universidades no Brasil e Chile. Em contexto mais amplo, analisa o aparato repressivo que se valia de prisões, torturas, mortes, intervenções, investigações e expurgos. Em escala reduzida, faz uma análise emblemática destacando as peculiaridades e os ciclos de repressão na UFMG e UTE, revelando os mecanismos de repressão policial no ambiente acadêmico, os inquéritos militares, a vigilância, as intervenções

2 BECKER, Jean-Jacques. O handicap do a posteriori. In: AMADO, Janaína; FERREIRA, Marieta de Moraes. *Usos e abusos da história oral.* Trad. Luiz Alberto Monjardim, Maria Lucia Leão Velloso de Magalhães e Maria Carlota C. Gomes. Rio de Janeiro: FGV, 2002.

constantes, as exonerações, as mortes, as torturas, os constantes exílios de docentes, as reformas nas universidades, os confrontos e as manifestações estudantis. Assim, o autor, de modo perspicaz, evidencia os "projetos" de modernização autoritária, no caso do Brasil, e de "neoliberalismo autoritário", no caso do Chile, para as universidades, em especial para a UFMG e a UTE.

Com uma análise criteriosa, o autor mostra que, de um modo geral, os principais fatores para a repressão aos docentes eram a proximidade com as culturas políticas de esquerda e com os estudantes vinculados aos movimentos estudantis e que, além disso, variava de acordo com o grau de apoio à implementação das reformas em curso nas universidades. Via de regra, a insegurança se instalou no meio acadêmico em ambas as instituições, mas como bem revela Luan Fernandes, havia diferenças no emprego de métodos repressivos pelos militares brasileiros e chilenos. Um dos momentos mais marcantes do livro é quando o autor, comparativamente, mostra que o grau de violência empregado na UTE não encontrou precedentes em outras universidades no Chile e no Brasil. A explicação está na relação da intensa polarização política no Chile – vivenciada desde a vitória de Salvador Allende nas eleições presidenciais de 1970 e que continuou após o golpe de estado de 1973 – com o fato de a UTE ter sido uma universidade popular e modelo de reforma idealizado pelo governo socialista da *Unidad Popular* (UP). O autor revela, a partir de uma análise rigorosa de suas fontes, dados contundentes desse "aspecto classista" da repressão que provocou a intervenção imediata e direta dos militares, a elaboração de listas de denúncias, as demissões de centenas e a tortura de dezenas de docentes nos primeiros meses da ditadura pinochetista e a morte de cinco professores. Na lógica da ditadura, era, então, necessário eliminar os subversivos e combater o marxismo e suas ideias nas universidades.

No caso do Brasil, Luan Fernandes mostra que a repressão, ainda que muito violenta, foi um pouco mais tênue, principalmente no pós-golpe militar. Na UFMG, professores foram vigiados, presos, alguns torturados, muitos arrolados em Inquéritos Policial-Militares, dezessete foram alvos do AI-5 e muitos outros sofreram perseguições políticas. Os militares identificavam, em grande medida, os subversivos aos comunistas, o que justificava, em grande medida, a repressão aos "focos esquerdizantes". Ainda que a vigilância e a repressão tenham se intensificado durante o governo do General Costa e Silva, em comparação com a UTE, a UFMG ofereceu maior resistência com ações do movimento estudantil e a defesa da autonomia universitária por muitos professores.

Luan Fernandes, com este trabalho, desvenda um período importante da história política recente do Chile e do Brasil, contribuindo para o fortalecimento dos estudos sobre as intervenções autoritárias dos militares nas universidades. A qualidade do livro e a competência de seu autor – conhecedor do tema e possuidor de grande rigor analítico – são estímulos para a leitura do livro, que se constitui como um relevante aporte para o estudo comparativo de temas centrais da história latino-americana, em especial sobre a repressão aos professores do ensino superior na UFMG e na UTE. O livro desvela episódios, processos, projetos e consequências de dois períodos extremamente autoritários no Brasil e no Chile sob o comando dos militares e com apoio de parte da sociedade civil. Neste contexto, as universidades tornaram-se alvo de repressão sistemática com o intuito, entre outros, de impedir a livre circulação de ideias e de pensamento e controlar a autonomia universitária. Nesse sentido, professores – como também funcionários e estudantes – deveriam se submeter a "nova ordem" vigente. Os professores considerados subversivos

– reais ou imaginários –, pelas duas ditaduras, foram alvos preferenciais para perseguições, torturas e vigilâncias.

As marcas da repressão – física e simbólica –, como mostra o autor, ainda ecoam no Chile e no Brasil e deixam à mostra parte de um período de interrupção do Estado de Direito, das liberdades individuais e dos desmandos cometidos por ditadores. A leitura do livro leva o leitor a refletir sobre as frágeis liberdades democráticas ainda presentes em dois países que experienciaram longos anos de autoritarismo. O passado recente aparece como evocação em um presente marcado pelas disputas de suas histórias e de suas memórias. Este livro não silencia o passado: o coloca em evidência com o compromisso de um historiador crítico que mostra que o esquecimento não é o caminho para a construção de um presente mais democrático com universidades plurais, inclusivas e autônomas. Parafraseando Darcy Ribeiro, a universidade livre é necessária.

Adriane Vidal Costa

Belo Horizonte, janeiro de 2020

Introdução

Em 28 de novembro de 1968 foi promulgada no Brasil, pelo presidente General Artur da Costa e Silva, a lei nº 5.540, que estabeleceu novas "normas para a organização e o funcionamento do ensino superior e sua articulação com a escola média".[1] A lei baseava-se em extensos e profundos debates, tanto no âmbito acadêmico quanto no político-institucional, que remontavam às décadas anteriores, mas que tinham tomado forma e adquirido maior intensidade no início da década de 1960. Em 30 de dezembro de 1980, o General Augusto Pinochet Ugarte, já com o título de Presidente da República e com os auspícios da então novíssima Carta Constitucional do mesmo ano, promulgava os primeiros decretos com força de lei que estabeleciam as novas regras e diretrizes para o ensino superior no Chile.[2] Conhecida como *Ley General de Universidades*, a lei de caráter neoliberal era fruto de discussões entre os conselheiros do ditador, majoritariamente gremialistas e neoliberais, e de medidas tomadas de maneira gradual após o Golpe de 1973.[3]

---

1 Diário Oficial da União. Lei nº 5.540, publicada em 29 de novembro de 1968.

2 Foram cinco decretos com força de lei. Os três primeiros foram promulgados em 30 de dezembro de 1980, o quarto foi promulgado em 14 de janeiro de 1981 e o quinto em 5 de fevereiro de 1981. Eles foram publicados no Diario Oficial de la Republica de Chile em partes, entre 31 de dezembro de 1980 e 16 de fevereiro de fevereiro de 1981. O conjunto de decretos foi chamado de *Ley General de Universidades.*

3 Durante todos os anos posteriores ao Golpe de 1973, é possível acompanhar parte do discurso da ditadura pinochetista no que tange a privatização gra-

Passados quase 40 anos da promulgação da lei nº 5.540 no Brasil e 25 anos da *Ley General de Universidades* no Chile, questões sobre a estrutura, capacidade, autonomia e o papel das universidades voltaram à tona com força em ambos os países.

Após o sucateamento e a falta de investimentos na esfera da educação superior pública no governo de Fernando Henrique Cardoso,[4] manifestações, greves e reivindicações cobraram dos governos seguintes novas políticas, incentivos e reformas que buscassem atender a demandas que iam desde maiores investimentos até uma maior democratização do ensino superior.[5]

Foram criados, desde 2005, programas que atendessem às reivindicações da sociedade, com destaque para o REUNI (Reestruturação e Expansão das Universidades Federais Brasileiras), que tinha o objetivo de reestruturar, em diversos aspectos, as universidades federais, reduzindo as taxas de evasão, ocupando as vagas ociosas e ampliando as políticas de inclusão e assistência estudantil, além de melhorar a infraestrutura universitária e aumentar

---

dual do ensino superior através das leis sobre educação publicadas no Diario Oficial de la Unión. A partir do ano de 1976, esse discurso se torna mais comum no Diario Oficial, o que coincide com o momento em que as políticas neoliberais dos chamados *Chicago Boys* começaram a ser efetivamente implementadas e a gerar resultados positivos na economia. Em 1978, ele já é amplamente utilizado no Diario Oficial.

4 CUNHA, Luiz Antônio. "O ensino superior no octênio FHC". *Educação e Sociedade*, Campinas, n. 82, v. 24, abril 2003, p. 37-61.

5 Durante o governo Lula várias discussões ocorreram em busca de uma nova Reforma Universitária. O ano de 2004, em especial, viu significativas manifestações de rua que cobravam uma melhoria no sistema universitário. Um artigo interessante que traça um rápido contexto da educação superior do Brasil no último século e que trata das questões debatidas no início do governo Lula é: TRINDADE, Hélgio. "A República em tempos de reforma universitária: o desafio do governo Lula". *Educação e Sociedade*, Campinas, n. 88, v. 25, Especial - Out. 2004, p. 819-844.

o número de universidades públicas. Paralelamente, foi criado o PROUNI (Programa Universidade para Todos), que concede bolsas de estudos para estudantes que não têm condições de pagar as universidades particulares. Apesar de beneficiar jovens de baixa renda, o PROUNI foi amplamente criticado por favorecer os empresários que lucram com a educação, indo na contramão das demandas da sociedade, que reclamam por uma educação gratuita e universal financiada pelo Estado.[6] Some-se a isso o fato de que os estudantes continuam buscando o direito a uma maior participação nas decisões e as universidades continuam sendo as primeiras a sofrerem em momentos de crise, com cortes extremos no orçamento. Tais cortes voltaram a ocorrer no ano de 2015 no governo de Dilma Rousseff e continuaram durante todo o governo ilegítimo de Michel Temer. O ataque às universidades atingiu seu ápice no governo de extrema direita de Jair Bolsonaro, que promove uma verdadeira perseguição ao ensino, pesquisa e ciência, buscando solapar o racionalismo acadêmico e a autonomia universitária. Isso evidencia que ainda há um considerável caminho a percorrer no que diz respeito à valorização e à democratização do ensino superior brasileiro.[7]

---

6 Cf. COLLEONI, Cristini; ORSO, Paulino José. "A ampliação do acesso à educação superior: o Prouni e o Reuni em questão". In: *Seminário de pesquisa do PPE*, 2011, Maringá. Disponível em: <http://www.ppe.uem.br/publicacoes/seminario_ppe_2011/pdf/1/021.pdf>. Acesso em: 5 out. 2015.

7 Entre várias reivindicações apresentadas nas manifestações de junho de 2013 – das quais participei em Belo Horizonte – estava a da melhoria da educação em todos os âmbitos, incluindo o ensino superior. Em 2015, um substancial número de importantes universidades e centros federais de educação entrou em greve devido ao corte de orçamento que atingiu profundamente a educação. As greves se intensificaram no segundo semestre de 2016, após o golpe desencadeado por Michel Temer e seus aliados. Milhares de escolas, institutos federais e universidades entraram em greve e foram ocupados em oposição à PEC 241 (PEC 55 no Senado), que estabeleceu, entre outros absurdos, o congelamento dos gastos em

No Chile, as manifestações em torno das questões educacionais tiveram proporções ainda mais impactantes, tornando-se um dos problemas centrais entre o governo e a sociedade. Em 2006, milhares de estudantes secundaristas foram às ruas pedir a revogação da *Ley Orgánica Constitucional de Enseñaza* (*LOCE*), promulgada e publicada nos últimos dias da ditadura pinochetista em 1990.[8] Além de clamarem por uma nova lei sobre a educação com princípios mais democráticos, os estudantes pediam o fim da municipalização do ensino básico, o fim da regulação dos centros de alunos, gratuidade na *Prueba de Selección Universitaria* (PSU), entre outras mudanças na legislação educacional construída durante o regime militar. O governo de Michelle Bachelet, sob forte pressão e após estudos sobre a reforma educacional no Chile, promulgou a *Ley General de Educación*, que buscava atender a algumas demandas estudantis. No entanto, pontos primordiais da legislação educacional não foram modificados, fazendo com que protestos ainda mais significativos, realizados principalmente por estudantes universitários, voltassem a ocorrer em 2011 no governo de Sebastian Piñera. Nessas mobilizações, consideradas as mais importantes desde a volta da democracia, os estudantes universitários lutavam pelo fim do lucro das universidades, que é proibido por lei, pela gratuidade do ensino superior, por maiores investimentos públicos na educação, pela democratização inter-

---

educação e saúde por até 20 anos. O primeiro ano do governo de Jair Bolsonaro também foi marcado por enormes manifestações contra os cortes na educação, que atingiram tanto o ensino básico quanto o ensino superior.

8 A LOCE foi promulgada pelo general Pinochet no dia 7 de março de 1990 e publicada no D.O no dia 10 de março, último dia da ditadura chilena. A LOCE diminuiu ainda mais o papel regulador do Estado na Educação, principalmente no ensino fundamental e médio. A lei foi revogada pela Ley General de Educación (LGE) em 2009, que também não atendeu às principais exigências dos secundaristas.

na das próprias universidades e por uma Assembleia Constituinte para criar uma nova Constituição.

Apesar de não solucionadas as demandas estudantis em um primeiro momento, o governo de Bachelet, ao final de 2015, apresentou o início do programa de gratuidade na educação superior chilena. A meta era que até 2020 todo o ensino superior fosse gratuito, e, para o ano de 2018, um pouco mais de 634 mil estudantes, ou 50% dos estudantes universitários, já tinham acesso à gratuidade. A gratuidade foi implementada para milhares de alunos nas 25 universidades tradicionais chilenas e nas demais particulares que se inscreveram e que atenderam aos requisitos do governo, além de Centros de Formação Técnica e Institutos Profissionais, totalizando 46 instituições em 2018. Os primeiros jovens beneficiados foram aqueles pertencentes às famílias pertencentes aos 60% com menores rendas do país. A medida, no entanto, continuou estagnada apenas neste grupo durante o segundo governo de Sebastián Piñera. De fato, desde a sua promulgação, o programa de gratuidade do ensino superior foi cercado de desconfiança e críticas feitas, principalmente, por setores mais à esquerda, que questionaram o fato da gratuidade ser estruturada por meio de bolsas de estudos, de não haver um plano concreto de eliminação das taxas de matrículas e das anuidades e de empresários continuarem lucrando com o setor educacional. Outras críticas pontuam que as universidades chilenas ainda possuem um sistema de participação pouco democrático, que exclui os estudantes e funcionários. A democratização das universidades, para os setores mais à esquerda, deveria ser pensada em conjunto com a política de gratuidade.[9]

9 As manifestações estudantis em 2011 praticamente pararam o Chile em inúmeros momentos, principalmente em sua capital Santiago, onde se concentra mais de um terço da população chilena. Ocorreram vários conflitos

As manifestações que eclodiram em outubro de 2019 no Chile, demonstraram uma estrondosa insatisfação com o modelo

---

com a polícia durante as ocupações de colégios e universidades e barricadas no meio das ruas foram montadas. O movimento foi conduzido por líderes universitários ligados às principais federações do país e reunidos na Confederación de Estudiantes de Chile (Confech), organismo que representa os estudantes das universidades tradicionais, que são membros do Consejo de Rectores de las Universidades Chilenas. A dimensão política do movimento atingiu níveis impressionantes, levando grande parte da população a apoiar os estudantes, incluindo muitos professores de várias instituições. Os principais líderes do movimento, Camila Vallejo, presidente da Federación de Estudiantes de la Universidad de Chile (FECH) em 2011, Giorgio Jackson, presidente da Federación de Estudiantes de la Universidad Catolica (FEUC), Gabriel Boric, presidente da *FECH* em 2012 e Karol Cariola, secretária geral das Juventudes Comunistas de Chile, foram eleitos os deputados federais mais votados pelos seus respectivos distritos. É interessante notar que muitos dos estudantes do ensino médio da chamada Revolución Pingüina de 2006 voltaram às ruas em 2011, já como estudantes universitários, explicitando que a mesmíssima geração continuava insatisfeita com os rumos que a educação no Chile insistia em tomar. As manifestações estudantis de 2011 foram noticiadas pela imprensa nacional e pela imprensa estrangeira, sendo chamadas por alguns de "Primavera Chilena". Eu tive a oportunidade de ver e participar de algumas pequenas manifestações em setembro de 2012. Dois documentários/programas de televisão relevantes sobre as manifestações de 2011 são: *Chile se moviliza.* Direção de Cote Correa e Carolina Trejo. Disponível em: <https://www.youtube.com/watch?v=T6yVNjL8gFE#t=112>. Acesso em: 10 out. 2014; e *Se vende educación.* Direção de Jhonathan Mendonza e Nancy Cervante. Disponível em: <https://www.youtube.com/watch?v=n9s9Kbgy3x0>. Acesso em: 4 out. 2014 Sobre como se encontra o processo de gratuidade educacional atualmente no Chile, há informações, além da imprensa, por parte do governo. É possível acompanhar os documentos referentes às discussões da reforma que estão disponíveis em: <https://www.chileatiende.gob.cl/fichas/43203-gratuidad-en-la-educacion-superior-2020>; <https://www.ayudamineduc.cl/ficha/gratuidad-educacion-superior>; <http://www.gratuidad.cl/lo-que-debes-saber/>; <http://www.gratuidad.cl/2017/06/01/mas-257-mil-jovenes-estudian-gratuidad-la-educacion-superior/>. Acessos em: 04 dez. 2019. Sobre discussões no meio acadêmico,

neoliberal em diversas áreas, como saúde, previdência, habitação e educação. Emblematicamente, os massivos protestos que tomaram todo o país foram iniciados por estudantes secundaristas contrários a mais um aumento dos preços das passagens do metrô de Santiago. Uma das principais reivindicações das manifestações foi em relação ao tratamento dispensado à educação, ainda tratada como bem de consumo e não como um direito do cidadão, mesmo após as reformas empreendidas pelo governo de Bachelet. À insatisfação popular crescente, somaram-se os erros de criminalizar os movimentos legítimos que tomaram as ruas e a inabilidade de comunicação por parte do governo de Piñera. As demandas por uma Assembleia Constituinte e uma Nova Constituição que substituísse a Constituição imposta por Pinochet se tornaram primordiais para a população. Diversas tentativas de negociações foram feitas entre a oposição e o governo de direita de Piñera para que um acordo fosse estabelecido. Ignorando um diálogo direto com os movimentos populares, uma ampla gama de partidos chegou ao *Acuerdo por la paz social*

---

há dois interessantes artigos, o de: GARCÉS, Mario. (2011). El movimiento estudiantil y la crisis de legitimidad de la política chilena. *Pensar Historia*, Antioquia, v. 1, n. 2, p. 83-93, jan.-junho 2013; e o de LABBÉ, Juan Fernández. Movimiento estudiantil en Chile (2011): Repertorios de acción, marcos de acción colectiva, impactos y desafíos para la política pública. *Circunstanci*a, Madrid, n. 31, v. 11 maio 2013. Disponível em: <http://www.ortegaygasset.edu/fog/ver/1534/circunstancia/ano-xi---n--31---mayo-%202013/articulos/movimiento-estudiantil-en-chile--2011---repertorios-de-accion--marcos-de-accion-colectiva--impactos-y-desafios-para-la-politica-publica->. Acesso em: 27 ago. 2015. Dois artigos jornalísticos críticos ao modelo implantado por Bachelet se encontram em: <https://elpais.com/internacional/2016/07/16/america/1468621018_314522.html>; e <https://www.elmostrador.cl/noticias/pais/2018/12/18/la-paradojica-gratuidad-universitaria-que-dejo-el-gobierno-de-bachelet/>. Acesso em: 05 dez. 2019.

y la Nueva Constitución. Espera-se para os próximos anos que o Chile consiga superar a herança da ditadura pinochetista, mas há uma forte desconfiança em relação à maneira e aos termos em que o acordo foi fundamentado.[10]

Como se mostrou evidente, tanto no Brasil como no Chile, a questão educacional ocupa um lugar de destaque nos debates políticos e nas reivindicações da sociedade. As demandas ligadas às universidades se tornam parte do cotidiano, não somente nos discursos e manifestações, mas também em outras esferas, como, por exemplo, nas pichações nas cidades, com frases espalhadas pelas paredes e muros como "Universidade para todos", "Que a universidade se pinte de povo" e "*¡Educación gratuita e incluyente! ¡Ahora!*" Distintas vozes em variados lugares e de diferentes maneiras clamam por uma educação superior que tenha melho-

10 Mais uma vez encontrava-me em Santiago quando explodiram os protestos de outubro de 2019. Muita informação foi e vem sendo noticiada na mídia chilena, brasileira e internacional de maneira geral. Não cabe aqui fornecer referências de diferentes espectros políticos que podem ser facilmente acessadas na internet. Como participei diretamente dos protestos na capital chilena, destaco aqui minhas impressões e análises dos recentes acontecimentos publicadas em diferentes veículos e formatos: Cf. <https://apublica.org/2019/10/tudo-no-chile-e-mercadoria-ate-a-agua-explica-historiador/>. Acesso em: 26 nov. 2019; <https://www.nexojornal.com.br/ensaio/2019/10/26/Como-%C3%A9-o-clima-das-ruas-de-Santiago-em-meio-aos-protestos>. Acesso em: 26 nov. 2019; <https://cbn.globoradio.globo.com/media/audio/279824/pessoas-organizadas-tem-capacidade-de-conquistar-d.htm>. Acesso em: 26 nov. 2019. Sobre o acordo por uma nova Constituição, a análise da historiadora Joana Salém em programa de televisão também vale a pena ser vista: Cf. <https://www.facebook.com/BandNews/videos/2400004490217160/>. Acesso em: 26 nov. 2019. Sobre o grau de violência da polícia chilena e o fôlego das manifestações a partir de um veículo da imprensa tradicional, cf. <https://oglobo.globo.com/mundo/depois-de-mais-de-200-lesoes-oculares-graves-policia-chilena-anuncia-suspensao-do-uso-de-balas-de-borracha-24089640>. Acesso em: 26 nov. 2019.

rias na infraestrutura, acompanhadas de uma maior democratização e inclusão social. Apenas com universidades plurais e democráticas haverá uma verdadeira vinculação orgânica[11] com a sociedade e suas necessidades.

Para se compreender essa luta no presente e este horizonte de expectativa mais democrático vislumbrado pela sociedade civil para as universidades, é necessário compreender as dinâmicas que ajudaram a reestruturar o sistema universitário durante as respectivas ditaduras dos dois países. Apesar das leis fundamentais das reformas universitárias terem sido revogadas ou reformadas em anos recentes,[12] as estruturas atuais das universidades em ambos os países foram criadas e consolidadas pelas reformas universitárias de regimes autoritários. Sendo assim, o presente estudo visa dar uma contribuição para a historiografia a partir de uma das facetas mais complexas e delicadas das ditaduras latino americanas: a repressão política. Especificamente neste estudo, será analisada a repressão política contra os professores de duas universidades latino americanas em uma perspectiva comparada. Cabe salientar que, para se compreender as características da repressão contra os docentes das duas universidades estudadas, é indispensável analisar as lutas estudantis e o processo de reforma universitária ocorridos na época. Esses fatores são indissociáveis das trajetórias dos acadêmicos que foram perseguidos pelas ditaduras nos dois países.

11 A expressão foi tirada de um artigo de opinião do historiador Alberto Aggio. Cf. AGGIO, Alberto. Universidade plural, sociedade democrática. In: AGGIO, Alberto. *Uma nova cultura política*. Brasília: Fundação Astrojildo Pereira, 2008.

12 Como já mencionado, a *LOCE* foi revogada pela *Ley General de Educación* em 2009. A lei 5.540 foi revogada pela lei 9.394, de 20 de dezembro de 1996, conhecida como "Lei de diretrizes e bases da educação nacional".

Em um contexto no qual se luta contra os ataques sofridos pelo ensino superior e se clama por um fortalecimento da democracia nas mesmas instituições, analisar e compreender este espaço de experiência em que havia significativa repressão política – com todas suas nuances –, direcionada contra o próprio corpo docente das universidades na época em que elas eram reestruturadas, ajuda a traçar caminhos e a tomar decisões que vão rumo ao horizonte de expectativa que busca um sistema educacional mais livre e inclusivo.[13] Uma demanda que se relaciona direta-

13 Faço uma apropriação das categorias históricas de Koselleck, "espaço de experiência" e "horizonte de expectativa" para reforçar a ideia de um tempo presente dependente tanto do passado como do futuro e que, assim sendo, permeiam e influenciam as ações reais, sociais e políticas. Nas palavras de Koselleck: "Com isso chego à minha tese: experiência e expectativa são duas categorias adequadas para nos ocuparmos com o tempo histórico, pois elas entrelaçam passado e futuro. São adequadas também para se tentar descobrir o tempo histórico, pois, enriquecidas em seu conteúdo, elas dirigem as ações concretas no movimento social e político." A experiência seria o passado atual, composto tanto por elaborações racionais, como pelo inconsciente, podendo ser transmitida por gerações e instituições que preservam a experiência alheia. O que revela também a importância da construção da memória e o seu uso no presente quando se direciona o olhar para um determinado horizonte de expectativa, que é mutável assim como o espaço de experiência. O horizonte de expectativa seria o futuro presente, e assim como o espaço de experiência, ela também se realiza no momento, no hoje, através de perspectivas para o futuro – racionais ou interiorizadas em nosso inconsciente –, entretanto se difere da experiência, pois esta elabora os acontecimentos passados, os tornando presentes. "As experiências se superpõem, se impregnam umas das outras. E mais: novas esperanças ou decepções retroagem, novas expectativas abrem brechas e repercutem nelas. Eis a estrutura temporal da experiência, que não pode ser reunida sem uma expectativa retroativa. [...] Resumo deste longo discurso: é a tensão entre experiência e expectativa que, de uma forma sempre diferente, suscita novas soluções, fazendo surgir o tempo histórico." Não me cabe aqui discutir de forma ampla e aprofundada os dois conceitos de Koselleck. A referência ao autor alemão e as suas categorias históricas visam

mente com os anseios gerais de fortalecimento e de consolidação da democracia política e social em toda a América Latina.

Duas universidades foram escolhidas para a análise da repressão política contra os professores: a Universidade Federal de Minas Gerais (UFMG),[14] no Brasil, e a *Universidad Técnica del Estado* (UTE),[15] no Chile.

A UFMG foi escolhida por ser uma importante universidade pública brasileira e por ser uma das mais visadas pela ditadura. Este interesse se dava por dois principais aspectos: a referida universidade era um importante centro de convergência de movimentos, grupos e organizações de esquerda, que defendiam a luta, armada ou não, contra o regime militar; a UFMG também foi um dos principais modelos de reestruturação universitária a

---

apenas dar um norte de como percebo a construção deste tempo histórico a partir das experiências ocorridas na ditadura que modificam e criam expectativas distintas no presente atual, que por sua vez realizam leituras diversas daquelas experiências - por meio destas diferentes expectativas, positivas ou não -, as modificando também, o que acaba por refletir e atuar diretamente nos movimentos e decisões sociais e políticas. Para compreender essa construção do tempo histórico é necessário desvendar o passado, seja a partir de visões mais gerais, ou mais específicas, como é o caso da repressão política nas duas universidades aqui analisadas. Para compreender melhor as categorias rapidamente expostas, cf. KOSELLECK, Reinhart. *Futuro Passado: contribuição à semântica dos tempos históricos.* Trad. Wilma Patrícia Maas, Carlos Almeida Pereira e César Benjamin. São Paulo: Contraponto, 2006, p. 305-327.

14 Até 1965 a universidade mineira se chamava Universidade de Minas Gerais (UMG). Com a lei 4.759, de 20 de agosto de 1965, todas as universidades federais sediadas nas capitais dos estados passariam a ser distinguidas como federais seguidas com o nome do respectivo estado.

15 A partir do decreto com força de lei nº 23 de 21 de março de 1981 a sede da *UTE* em Santiago passou a se chamar *Universidad de Santiago de Chile* (*USACH*). A *UTE* era uma universidade pública e possuía vários *campi* espalhados pelo país que, após a Ley General de Universidades, passaram a constituir universidades públicas autônomas da sua sede.

ser seguido após o desmantelamento da Universidade de Brasília (UnB), vista como a instituição de ensino superior modelo do governo de João Goulart, o Jango, considerado subversivo e corrupto pelas forças golpistas. Enquanto medidas de reestruturação das universidades brasileiras eram discutidas pelo governo desde 1964, através do Conselho Federal de Educação (CFE) e de outros órgãos, a UFMG já desenvolvia reformas na linha do que seria estabelecido pela lei nº 5.540. Este clima de efervescência política e de fortalecimento da autonomia acadêmica mostrado pela UFMG fez com que o braço repressivo do regime militar sobre a instituição se mostrasse presente desde os primeiros meses após o golpe, o que atingiu vários professores. Porém, os militares não deixaram de estar atentos ao espírito reformador e às tentativas de reestruturação da universidade que ali eram desenvolvidas e que acabaram por inspirar, em certa medida, a reforma no ensino superior de todo o país.

A escolha da UTE para o caso chileno se deu por motivos semelhantes aos da UFMG, porém as consequências para esta universidade foram ainda mais drásticas e impactantes na vida acadêmica, mesmo se comparada com outras universidades chilenas. A UTE também era uma importante universidade pública e foi extremamente visada pela ditadura. Primeiramente, havia nela uma maioria significativa de estudantes, funcionários e professores de esquerda. Não somente eram de esquerda, como vários eram ligados aos partidos que compunham a *Unidad Popular* (UP) de Salvador Allende, com uma predominância, entre os professores, de membros do *Partido Comunista Chileno* (PCCh) e do *Partido Socialista* (PS). Também havia alguns professores e uma significativa quantidade de estudantes ligados ao *Movimiento de Izquierda Revolucionaria* (MIR), que defendia a via armada. Em uma sociedade fortemente polarizada como a do Chile do governo de Allende, uma universidade considerada por muitos como "militante" ou "engajada" enfrentaria uma repressão brutal por parte dos militares chilenos que desencadearam o Golpe. Segundo, e ligado estritamente ao primeiro fator, a UTE era considerada uma universidade popular, que recebia muitos alunos provenientes de classes de renda baixa. E, de fato, a UTE desenvolveu uma relação de aproximação com as classes trabalhadoras, principalmente após a ascensão do reitor Enrique Kirberg[16] e, ainda mais intensamente, após a UP subir ao poder em 1970. Vista pelas classes mais abastadas da sociedade chilena, um dos principais sustentáculos do Golpe Militar em 1973, como uma universidade secundária, a repressão mais intensa que se abateu sobre a UTE parece ter tido um componente racista/classista.[17] Por fim, a reforma universitária que estava em curso em todo o Chile encontrava na UTE possibilidades de transformações mais radicais, e até com dinâmicas próprias devido às características já citadas anteriormente. A UTE possuía um papel estratégico nas mudanças implantadas através da via democrática ao socialismo de Allende e participava ativamente em vários projetos da UP. Os militares não esqueceriam a importância

16 O reitor da *UTE*, Enrique Kirberg, foi o primeiro reitor declaradamente comunista de uma universidade chilena, que, nesse momento, era uma das duas únicas universidades públicas, juntamente com a *Universidad de Chile*. Além disso, ele foi o primeiro reitor eleito por professores e estudantes em um claustro pleno em 1968, ainda no governo de Eduardo Frei.

17 Este componente racista/classista vai ser trabalhado ao analisarmos as culturas políticas em confronto nas ditaduras chilena e brasileira e os relatos dos professores. O componente social de classe pesou significativamente no caso da *UTE*. Agradeço ao professor Luis Cruz Salas por me chamar atenção para essa característica na repressão nessa universidade chilena. A partir disso pude perceber que esse componente é mencionado, direta ou indiretamente, em outros relatos e entrevistas, relacionando-se com a dinâmica e reformas empreendidas na universidade durante o governo Allende.

que a UTE possuía para a UP e para a esquerda, não somente nos momentos iniciais da ditadura, como também durante todo o resto do governo de Pinochet.

A escolha de se estudar especificamente a repressão contra os docentes se dá por um principal motivo: são escassos os trabalhos sobre o tema. A maioria dos trabalhos que se dedica a analisar as relações das ditaduras com o ensino superior foca seu olhar no movimento estudantil - abordagem sem dúvida importante para se compreender os embates da época - ou nas instituições como um todo. Raros trabalhos dão ênfase aos professores, e a bibliografia se resume a livros de memória, biografias ou livros de entrevistas. O enfoque bem delimitado neste estudo - mas que ao mesmo tempo se expande com a visão comparativista - objetiva suprir parte dessa lacuna nas pesquisas de ambos os países.

Os períodos analisados vão compreender de 1964 até 1969, em relação ao Brasil, e de 1973 até 1981 em relação ao Chile. Nesses períodos, em ambos os casos, houve maior repressão política contra os professores nas duas universidades. Porém, a repressão não se deu de forma contínua ao longo desses anos. No presente estudo serão mais intensamente analisados os momentos em que o braço repressor de ambos os regimes militares agiu de forma mais contundente. Nos dois casos, a repressão foi mais intensa no imediato pós-golpe e quando se começou a efetivar as reformas universitárias dos dois regimes, ajudando a consolidá-las ao afastar muitos dos seus possíveis críticos.

Desta maneira, o presente estudo irá tratar, no primeiro capítulo, de uma breve análise comparada da repressão geral nas universidades dos dois países. O segundo capítulo tratará mais densamente das repressões iniciais ocorridas, principalmente, no ano de 1964, na UFMG, e nos anos de 1973 e 1974, na UTE, seguidas de uma avaliação comparativa da repressão nas duas universidades neste primeiro momento. O terceiro capítulo analisará – de modo a contextualizar os dois casos – as lutas do movimento estudantil, as discussões a respeito das reformas universitárias e a repressão desencadeada em meio à reestruturação. Por fim, o último capítulo fará uma análise da repressão das ditaduras contra os professores das duas universidades durante o contexto de discussão e início da efetivação das reformas universitárias, principalmente, nos anos de 1968 e 1969, no caso brasileiro, e nos anos de 1980 e 1981, no caso chileno, também sendo finalizado com um exame comparativo da repressão e do tipo de universidade que estava sendo construído pela reforma universitária dos dois regimes. O foco nos anos mencionados não significa que a repressão desencadeada em outros anos não será analisada. O recorte se fecha em 1969 para o Brasil, ano em que ocorreram os grandes expurgos dos professores universitários a partir da edição do AI-5. No caso do Chile, em 1981, quando mais um significativo expurgo de professores ocorreu e, com o decreto com força de lei nº 23, a sede da *Universidad Tecnica del Estado* em Santiago passou a se chamar *Universidad de Santiago de Chile* (USACH).

Já definidos e justificados os objetos e o recorte temporal do presente estudo, cabe levantar alguns problemas cuja formulação levou a esta pesquisa. Como se deu a repressão contra os professores nas duas universidades logo após o Golpe e durante o contexto das reformas universitárias? Quais as semelhanças e as diferenças na repressão contra os docentes da UFMG e da UTE? Qual o impacto desta repressão nas duas universidades e, principalmente, nos professores? Quais as semelhanças e diferenças entre as reformas universitárias dos dois países e como isso afetou os docentes no que tange à repressão? Como o grau de polarização das duas sociedades e as características das duas universidades influenciaram no grau de repressão contra os docentes? Responder a esses problemas formulados consiste no principal objetivo do estudo aqui apresentado. Para alcançar este intento, a metodologia da História Comparada foi imprescindível, pois guiou a pesquisa e a análise para caminhos que só podem ser vistos a partir da confrontação dos processos históricos de duas sociedades.

Para esta pesquisa foram consultados arquivos em Belo Horizonte, em Santiago, documentos que se encontram *online*, documentos avulsos e individuais de terceiros, entrevistas realizadas por outros pesquisadores, além de entrevistas feitas por este pesquisador com ex-professores.

Para o caso brasileiro, foram consultados: o Diário Oficial da União na hemeroteca de Belo Horizonte; o arquivo da Assessoria Especial de Segurança e Informação (AESI) da UFMG, que se encontra no quarto andar do prédio da Biblioteca Central na divisão de Coleções Especiais e Obras Raras; o arquivo do antigo Departamento de Ordem Política e Social de Minas Gerais (DOPS/MG), que se encontra no Arquivo Público Mineiro; as entrevistas de ex-professores da UFMG realizadas por outros pesquisadores, que se encontram no Acervo do Núcleo de História Oral da FAFICH/UFMG; e os livros "Brasil: Nunca Mais", da arquidiocese de São Paulo, "Dossiê dos mortos e desaparecidos políticos a partir de 1964", da Comissão de mortos e desaparecidos políticos, "Direito à Memória e à Verdade", publicado pela Comissão Especial sobre Mortos e Desaparecidos Políticos, elaborado durante os governos FHC e Lula, além do relatório da Comissão Nacional da Verdade, elaborado durante o governo Dilma.

Para o caso chileno foram consultados: o *Diario Oficial de Chile*, que se encontra na hemeroteca da Biblioteca Nacional do Chile; o fundo do *Ministerio de Educación Pública* do *Archivo Nacional de la Administración*; o *Archivo de La Vicaría de la Solidaridad*; os informes Rettig, Valech e da *Corporación Nacional de Reparación y Reconciliación* (CNRR); o *Libro Memorial de la Universidad Técnica del Estado y la Universidad de Santiago de Chile;* documentos do Departamento de Recursos Humanos da USACH; e as entrevistas realizadas por este pesquisador com professores chilenos em 2013 e 2014 (que forneceram alguns documentos avulsos sobre suas exonerações), além de entrevistas realizadas por outros autores.

Como amparo ao trabalho documental, utilizou-se de ampla bibliografia sobre o tema nos dois países, além de documentários e programas televisivos sobre o período.

Explicitados os motivos e indagações que levaram à elaboração do presente estudo, cabe agora apresentar algumas questões teóricas e metodológicas que nortearam a pesquisa desenvolvida.

Culturas políticas em choque: as diferentes visões e projetos de sociedade

Os golpes militares no Brasil e no Chile, que contaram com amplo apoio civil, caracterizaram-se por reunir diferentes grupos com variados projetos e visões de sociedade para os dois países. As justificativas dadas pelos golpistas foram de ordem política, econômica e até moral, com o objetivo de tirar do poder governos progressistas de esquerda, eleitos democraticamente, e que tinham planos ou estavam efetuando ações que modificavam as estruturas político-econômicas da sociedade. Em que pese as diferentes justificativas, a motivação política sempre se evidenciou como a mais contundente, e diferentes culturas políticas estiveram em choque durante grande parte das ditaduras brasileira e chilena, não somente no momento do golpe, quando se buscou derrubar os considerados inimigos da nação, mas também após a vitória e durante o desenrolar dos governos militares, que tiveram que lidar com diferentes influências no exercício do poder.

Apesar de não esgotar as complexas relações que as duas ditaduras tiveram com a sociedade, o conceito de culturas políticas ajuda a compreender várias ações de ambos os governos em relação às universidades e aos seus docentes.

A categoria de cultura política foi desenvolvida academicamente na escola estadunidense, nas décadas de 1950 e 60. Alguns intelectuais buscavam compreender melhor a origem de alguns sistemas políticos e, em um contexto de Guerra Fria, comprovar a superioridade da democracia dos Estados Unidos. O debate se tornou cada vez mais amplo e foi ganhando adeptos no meio acadêmico.

> Questionando a fragilidade das explicações tradicionais, alguns cientistas sociais começaram a formular a hipótese de que democracias estáveis demandavam cidadãos com valores e atitudes políticas internalizadas, ou seja, a presença de uma cultura política.[18]

Os trabalhos mais famosos foram os dos cientistas políticos Gabriel Almond e Sidney Verba, que trabalharam com o conceito de cultura política em uma tentativa de pensar sociedades democráticas a partir de uma ideia mais ampla, ou seja, a partir de culturas políticas nacionais. O mais importante seria entender como elas eram absorvidas pelas sociedades.[19] O esquema de avaliação de Almond e Verba é bem explicado por Karina Kuschnir e Leandro Piquet Carneiro:

---

18 MOTTA, Rodrigo Patto Sá. "Desafios e possibilidades na apropriação de cultura política pela historiografia". In: MOTTA, Rodrigo Patto Sá (org.). *Culturas políticas na história: novos estudos.* Belo Horizonte: Argumentum, 2009, p. 16.

19 Cf. ALMOND, Gabriel e VERBA, Sidney. *The Civic Culture. Political attitudes and democracy in five nations.* Princeton: Pricenton University Press, 1963.

> Na formulação original de Almond e Verba, as avaliações subjetivas dos sistemas políticos podem ser divididas segundo três tipos de orientação. A *orientação cognitiva* diz respeito ao conjunto dos conhecimentos e crenças relativas ao funcionamento do sistema político e ao papel dos indivíduos e dos grupos sociais no interior do sistema no qual estão inseridos. A *orientação afetiva* determina os sentimentos que o indivíduo nutre com relação ao sistema político e social. Finalmente, a *orientação avaliativa* – julgamento e opiniões sobre os objetos políticos – envolve a combinação de informações, sentimentos e o conhecimento sobre o funcionamento do sistema político, consubstanciados em valores que orientam as ações individuais.[20]

A aplicação do conceito de cultura política na historiografia surge, entretanto, por meio da renovação da história política, que possui como um de seus mais famosos exemplos o livro-manifesto *Por uma história política*, organizado pelo historiador René Rémond, em que os autores evidenciam as inúmeras temáticas que podem ser trabalhadas a partir do viés político. A partir de um diálogo intenso com outras disciplinas, principalmente as pertencentes às Ciências Sociais, a história política se renova e se torna atenta a questões que também visam a média e a longa duração.[21] Por meio desta renovação, outros importantes estudos

---

20 KUSCHNIR, Karina & CARNEIRO, Leandro Piquet. "As dimensões subjetivas da política: cultura política e antropologia da política". *Estudos Históricos*, Rio de Janeiro, n. 24, v. 13, p. 227-250, 1999, p. 230-231.

21 Cf. RÉMOND, René (org.). *Por uma história política*. Rio de Janeiro: Editora FGV, 2003. Antes mesmo de Remond, outro historiador, Jacques Julliard, já chamava a atenção para esse novo olhar político que supera os acontecimentos e se apoia, com suas nuances, nas estruturas da longa duração. Sua metáfora para definir o novo historiador político é clara: "O historiador político era até aqui um corredor de 100 metros. Ser-lhe-á necessário agora treinar para

teóricos sobre culturas políticas foram surgindo, principalmente na historiografia francesa, como os trabalhos de Serge Berstein e Jean-François Sirinelli. Os dois historiadores franceses deram maior ênfase à possibilidade de haver um leque de culturas políticas, e não apenas uma cultura política nacional pretensamente homogênea. Poder-se-ia falar de culturas políticas tais como a socialista, a comunista, a liberal, a conservadora, a republicana, a democrática, entre outras. Berstein e Sirinelli admitem que haja contextos em que determinada cultura política é predominante, mas isso não anula as outras culturas políticas que continuam presentes na sociedade e representadas por diferentes grupos.[22]

Sendo assim, tanto a utilização da categoria de culturas políticas no plural, vinculada diretamente ou indiretamente a partidos e grupos políticos que disputam o poder, como a utilização da categoria de cultura política no singular, visando a compreender o comportamento e valores de toda uma sociedade, são válidas para compreender os confrontos existentes em diferentes países e nações. No presente trabalho considerei os diferentes usos do conceito de culturas políticas. Não é o objetivo fazer uma aprofundada discussão teórica sobre a utilização do conceito em suas duas concepções aqui apresentadas, mas me parece necessário explicitar como ele está sendo pensado para compreender as atitudes e ações dos sujeitos e órgãos de repressão contra os professores universitários.

1500, talvez para 5 mil metros." JULLIARD, Jacques. "A política". In: LE GOFF, Jacques; NORA, Pierre. *História: novas abordagens*. Rio de Janeiro: Francisco Alves, 1976, p. 186.

22 Cf. BERSTEIN, Serge. "A cultura política".In: RIOUX, Jean Pierre; SIRINELLI, Jean-François (orgs.) *Para uma história cultural*. Lisboa: Estampa, 1998, p. 349-363; Cf. DUTRA, Eliana Freitas. "História e Culturas Políticas. Definições, usos, genealogias". *Varia Historia*, Belo Horizonte, n. 28, p. 13- 28, dez 2002.

As ditaduras nos dois países tiveram como sustentação três diferentes culturas políticas: nacionalismo (de direita), liberalismo e conservadorismo (com forte influência da cultura política católica). No caso chileno pode-se citar outro pilar: o *gremialismo* ou o *Movimiento Gremial* surgido na *Universidad Catolica.*[23] O liberalismo no Chile também merece ser tratado a parte. Os seus representantes máximos foram os *Chicago Boys,*[24] representantes

---

23 O gremialismo é uma cultura política corporativista com clara influência fascista e católica. Os gremialistas defendiam um pluralismo acima dos partidos, classes e interesses, a proteção da propriedade privada, uma política nacionalista - sem nacionalizações -, um regime de competência, com a mobilização da empresa privada e uma "cidadania" ligada aos chamados "cuerpos intermedios". Estes são as instituições sociais e políticas intermediárias, como a Igreja, a Família, a Universidade, etc., que seriam os lugares em que os cidadãos resolveriam seus problemas cotidianos e que mediariam a comunicação entre o indivíduo e o Estado, ao mesmo tempo em que o manteria afastados das tomadas de decisões em instâncias superiores. Além disso, eram radicalmente anticomunistas e defensores do catolicismo que constituiria a verdadeira essência e futuro do Chile. O gremialismo seria então uma mistura católica, nacionalista, neoliberal e corporativista, ainda que estes dois últimos se contradigam em vários de seus aspectos. Um bom livro que trata do surgimento da nova direita gremialista, criada pelo intelectual Jaime Guzmán, e da crise na velha direita representada pelo Partido Nacional é o de VALDIVIA, Verónica. *Nacionales y Gremialistas: el "parto" de la nueva derecha política chilena (1964-1973).* Santiago: LOM, 2008. Outro relevante texto da mesma autora e que dialoga com o recorte estabelecido pelo presente estudo é: VALDIVIA, Verónica. "Lecciones de una Revolución: Jaime Guzmán y los gremialistas, 1973-1980". In: VALDIVIA, Verónica (org.). *Su revolución contra nuestra revolución: izquierdas y derechas en el Chile de Pinochet (1973-1981).* Santiago: LOM, 2006, p. 49-100.

24 Os "Chicago Boys" foi um grupo de jovens economistas neoliberais chilenos que tinham estudado com Milton Friedman na Universidade de Chicago e propunham adotar os ensinamentos do premiado economista no Chile, fazendo deste país o pioneiro na aplicação das medidas neoliberais. Segundo o cientista político Heraldo Muñoz, quem ajudou os *Chicago Boys* a se

de um liberalismo econômico mais radical, que seria conhecido como neoliberalismo,[25] no qual o Estado possui uma presença mínima na economia.

Apesar das marcadas diferenças entre os grupos que apoiaram os golpes no Brasil e no Chile, todos os indivíduos que se identificavam com os pilares de sustentação dos regimes militares tinham como elo um forte sentimento anticomunista, considerado uma perigosa doutrina estrangeira, uma ameaça ao liberalismo e/ou a destruição dos valores tradicionais do país.[26] Outro elo de sustentação era o apoio, em diferentes graus, às medidas autoritárias, fundamentais para a consecução dos projetos dos grupos no poder. Desta maneira, os golpes de 1964 e 1973 se realizaram mais pela existência de um inimigo comum, o que fez com que distintas forças se juntassem, do que por haver um projeto claro e comum de futuro. Após o momento inicial das duas ditaduras, as divergências começaram a aparecer e em ambos os casos houve disputas de poder entre os diferentes setores golpistas.

Os dois regimes, em seu afã repressor, buscavam classificar qualquer atitude contrária a sua ação como comunista e "subversiva". No imaginário político das forças de repressão, indepen-

---

aproximarem de Pinochet foi Sergio Covarrubias, ex-aluno de Pinochet na Academia de Guerra, que possuía grande proximidade e influência sobre o "Chefe Supremo da Nação" (como Pinochet passou a ser chamado oficialmente de 1974 até a Constituição de 1980) e organizou o Estado Maior presidencial. MUÑOZ, Heraldo. *A sombra do ditador: memórias políticas do Chile sob Pinochet.* Rio de Janeiro: Zahar, 2010, p. 83.

25 Para uma sucinta análise histórica do Neoliberalismo cf. ANDERSON, Perry. "Balanço do Neoliberalismo". In: SADER, Emir & GENTILI, Pablo (orgs.). *Pós-neoliberalismo: as políticas sociais e o Estado democrático.* Rio de Janeiro: Paz e Terra, 1995, p. 9-23.

26 Cf. MOTTA, Rodrigo Patto Sá. *Em guarda contra o perigo vermelho.* São Paulo: Perspectiva, 2002; Cf. VALDIVIA, Verónica. *Nacionales y Gremialistas.*

dentemente de sua identificação como nacionalistas de direita, conservadores ou liberais, a cultura política de esquerda era só uma: a comunista. E os professores de ambos os países muitas vezes foram relacionados a esta única concepção. No Chile, porém, o intenso grau de polarização fez da tradição marxista um inimigo específico. Em vários momentos, os militares e seus apoiadores reafirmaram a necessidade de arrancar pela raiz o "câncer marxista". Isto ocasionou uma censura intensa às obras classificadas como tal e uma perseguição contundente contra os cursos de ciências sociais. No Brasil, a linha adotada pela repressão foi mais difusa e menos específica. Obras e cursos com análises marxistas foram tolerados, assim como seus professores. Enquanto, no Chile, nacionalistas de direita, conservadores e liberais tiveram em mente que o marxismo deveria ser expurgado, em consequência da experiência do governo socialista de Allende, no Brasil, os liberais foram mais complacentes e atenuaram o radicalismo dos nacionalistas de direita e conservadores. Porém, como será evidenciado ao longo do estudo, em várias ocasiões as justificativas para a repressão não podem ser explicadas por pertencimento a grupos de esquerda, apontando para a existência de outros fatores e alguns limites do conceito de culturas políticas.

Ao me[27] referir às motivações e ações que levaram à repressão contra os professores ou às disputas de poder entre os grupos golpistas, deve-se ter em conta que estou utilizando o conceito

27 Sobre o meu estilo de escrita e a utilização dos pronomes pessoais neste trabalho, acompanho a formulação de Paul Ricoeur: "Finalmente, devo admitir que não tenho uma regra fixa para o uso do 'eu' e do 'nós', com exceção do 'nós' de autoridade e majestático? Digo de preferência 'eu' quando assumo um argumento e 'nós' quando espero arrastar comigo meu leitor". RICOEUR, Paul. "Advertência". *A memória, a história, o esquecimento*. Campinas: Editora da Unicamp, 2007, p. 19.

de culturas políticas ligado a ideologias[28] partidárias e a projetos políticos de nação, em uma acepção ligada ao conceito desenvolvido por Berstein. Isso vai estar claro tanto nos dois primeiros capítulos, em que tratei da operação limpeza de maneira geral e das repressões iniciais na UFMG e na UTE, como nos dois últimos capítulos, quando a repressão estará vinculada ao contexto das manifestações estudantis e das reformas universitárias, que evidenciaram, em seus próprios termos, as disputas de poder e os projetos vencedores.

As ações repressivas dos governos ditatoriais aos professores durante as ditaduras, no entanto, não podem ser totalmente explicadas por este leque de culturas políticas isoladamente. Ao buscarem compreender os comportamentos e valores que influenciam sociedades em contextos nacionais, incluindo como diferentes grupos nacionais se apropriam de diversas culturas políticas (na concepção pluralista), vários autores trabalharam

---

28 O conceito de ideologia entendido aqui está mais próximo das três primeiras definições formuladas por Terry Eagleton no primeiro capítulo de seu livro "Ideologia: uma introdução". "Em primeiro lugar, podemos nos referir a ela [ideologia] como o processo material geral de produção de ideias, crenças e valores na vida social. [...] Um segundo significado de ideologia, um pouco menos geral, diz respeito a ideias e crenças (verdadeiras ou falsas) que simbolizam as condições e experiências de vida de um grupo ou classe específico, socialmente significativo. [...] Considerar a ideologia uma espécie de auto-expressão simbólica coletiva não é, contudo, considerá-la em termos de relações ou conflitos; seria, portanto, necessário, ao que parece, uma terceira definição, que trate da *promoção* e *legitimação* dos interesses de tais grupos sociais em face de interesses opostos. [...] Os interesses em questão devem ter alguma relevância no sentido de apoiar ou desafiar toda uma forma de vida política. A ideologia pode ser vista aqui como um campo discursivo no qual os poderes sociais que se autopromovem conflitam e colidem acerca de questões centrais para a reprodução do poder social como um todo." EAGLETON, Terry. *Ideologia: uma introdução*. São Paulo: Boitempo, 1997, p. 38-39.

com a categoria de cultura política nacional, em uma concepção singular do conceito.

O historiador Rodrigo Patto Sá Motta chamou a atenção para a possibilidade de trabalhar as duas concepções de cultura política na história em artigo publicado em 2009.[29] Posteriormente, o mesmo autor utilizou-se dos dois modos de aplicar o conceito para explicar e analisar a cultura política comunista brasileira.[30] Em diálogo com o presente estudo, Motta publicou recentemente um livro em que faz uso do conceito de cultura política brasileira, visando explicar as contradições e paradoxos da relação entre as universidades e o regime militar. Apoiando-se no tripé conceitual de adesão, resistência e acomodação, o autor analisa como características da cultura política brasileira ajudam a compreender o caráter modernizador-autoritário do regime nas universidades em meio à disputa de variados projetos dos grupos golpistas.[31]

A ideia de uma cultura política nacional, no entanto, também pode ser pensada e formulada de maneiras distintas pelos autores que trabalham com o conceito. Em artigo sobre a cultu-

---

29 Inclusive, é o mesmo artigo, citado aqui anteriormente, que fornece uma concisa e bem formulada definição de cultura política: "Uma definição adequada para cultura política, evidentemente influenciada pelos autores já mencionados, poderia ser: conjunto de valores, tradições, práticas e representações políticas partilhado por determinado grupo humano, que expressa uma identidade coletiva e fornece leituras comuns do passado, assim como fornece inspiração para projetos políticos direcionados ao futuro." MOTTA, Rodrigo Patto Sá. *Culturas políticas na história*, p.21.

30 Cf. MOTTA, Rodrigo Patto Sá. "A cultura política comunista". In: NAPOLITANO, Marcos; CZAJKA, Rodrigo; MOTTA, Rodrigo Patto Sá (orgs.). *Comunistas brasileiros: cultura política e produção cultural*. Belo Horizonte: Editora UFMG, 2013.

31 Cf. MOTTA, Rodrigo Patto Sá. *As universidades e o regime militar: cultura política brasileira e modernização autoritária*. Rio de Janeiro: Zahar, 2014.

ra política chilena, a historiadora Judith E. Scheele divide esses autores em dois grupos: os que veem a cultura política nacional de maneira mais rígida e fundada em um passado antigo e os que a percebem como um fenômeno suscetível de mudanças a partir de acontecimentos e períodos traumáticos. Scheele conclui que as duas teorias possuem argumentos válidos, mas enfatiza a segunda para o caso chileno, reforçando os acontecimentos traumáticos do governo Allende e da ditadura de Pinochet.[32] Sendo

32 Sheele mostra como a partir dos trabalhos iniciais de Almond e Verba, outros cientistas políticos, antropólogos e historiadores se propuseram a pensar em culturas políticas nacionais, que ajudariam a identificar traços e características próprias de cada povo. Almond e Verba foram criticados por não pensarem no impacto de eventos marcantes na história do país. Almond rebateu as críticas dizendo que considera na análise das culturas políticas nacionais eventos traumáticos e mesmo mudanças trazidas por diferentes regimes, mas que há limites na elasticidade da cultura política. Seguindo a mesma linha dos dois cientistas políticos estadunidenses, autores como Arturo Valenzuela, Joaquín Brunner e Howard Wiarda pensam e analisam as sociedades latino-americanas a partir de um passado distante, que possui suas raízes nos países colonizadores e na história da colônia. Outros autores, apesar de considerarem a cultura política como um fenômeno construído historicamente a partir de uma longa duração, também consideram a importância de acontecimentos traumáticos, que podem gerar baques na cultura política nacional, como é o caso de Ronald Inglehart. Para esse autor, a cultura política não é um fenômeno dado em uma construção histórica de longa duração e que pode sofrer mudanças não muito drásticas impostas por regimes e até possuir comportamentos híbridos ao se mesclarem com outras culturas políticas. Os autores da linha que privilegia as mudanças e que acreditam que elas causam impactos que rompem com comportamentos e valores apontam outros elementos, além dos de fundo histórico, para analisar as culturas políticas nacionais. Para autores como Fabio López de la Roche, Tomás Moulian, Alfredo Jocelyn-Holt Letelier e Nancy Bermeo, os acontecimentos políticos extremos e traumáticos podem romper com projetos, valores e comportamentos de uma sociedade, modificando a cultura política nacional radicalmente. Cf. SHEELE, Judith E. "Entre orden y caos: la formación de la cultura política chilena desde una perspectiva histórica". *Revista Pléyade*, Santiago,

assim, há um rompimento brusco com a ideia de uma suposta cultura política chilena que preza pela legalidade, institucionalidade e democracia.[33]

---

n. 5, primer semestre 2010, p. 2-45. Alguns autores chilenos citados por Sheele também serviram de aporte para se pensar o autoritarismo da ditadura e as características da democracia no Chile nesta pesquisa. Cf. BRUNNER, Joaquín. *La cultura autoritaria en Chile.* Santiago: Granizo, 1981; VALENZUELA, Arturo. "Chile: origins, consolidation, and breakdown of a democratic regime". In: DIAMOND, L; LINZ, J.; LIPSET, S. (orgs.) *Politics in developing countries: comparing experiences with democracy.* Bouder: Lynne Rienner Publishers, 1990, p. 39-86; MOULIÁN, Tomás. "Chile: las condiciones de la democracia". *Nueva Sociedad.* Buenos Aires, n. 140, nov. - dez. 1995, p. 4-11. Ainda sobre o pensamento do último autor há o recente e esclarecedor trabalho de Camila Martins. Cf. MARTINS, Camila Savegnago. *O Chile contemporâneo na historiografía política de Tomás Moulian.* Dissertação (mestrado em História e Cultura Política) - Faculdade de Ciências Humanas e Sociais - Universidade Estadual Paulista "Júlio de Mesquita Filho", Franca, 2014.

33 A violenta repressão desencadeada pelos militares chilenos levou vários autores, desde o início da ditadura, a questionar alguns pilares da cultura política chilena. Questionando o que seriam características da "chilenidade", cientistas políticos e historiadores buscaram derrubar alguns mitos do processo histórico chileno, principalmente o de que as forças armadas eram neutras e constitucionalistas e de que o Chile era um país politicamente estável. Um dos primeiros a questionar a neutralidade das forças armadas no processo político, já na década de 1970, foi o cientista político Arturo Valenzuela. Cf. VALENZUELA, Arturo. *El quiebre de la democracia en Chile.* Santiago: Ediciones Universidad Diego Portales, 2013, p. 54-55. O cientista político Luiz Alberto Moniz Bandeira também questiona a excepcionalidade chilena de estabilidade. Cf. BANDEIRA, Luiz Alberto Moniz. *Fórmula para o caos: ascensão e queda de Salvador Allende (1970-1973).* Rio de Janeiro: Civilização Brasileira, 2008, p. 35-36. O historiador Gabriel Salazar vai além em sua análise. Desconstrói não apenas o mito de estabilidade institucional, mas também o mito de que o Chile teve poucos golpes, e que estes trouxeram estabilidade política para o país, sendo chamados de "golpes militares perfectos". Cf. SALAZAR, Gabriel. *Villa Grimaldi (Cuartel Terranova).* Santiago: LOM, 2013, p. 31-34.

Não somente o violento processo de repressão ocorrido no golpe de 1973 e ao longo da ditadura de Pinochet causou mudanças profundas na mentalidade chilena, como as drásticas mudanças econômicas e sociais impostas pelo governo autoritário pinochetista criaram uma sociedade de consumo submetida às regras de um estado neoliberal. Após a redemocratização negociada, os traumas do período fizeram com que houvesse pactos e alianças entre grupos moderados de diferentes espectros políticos, mas que continuaram com várias políticas criadas nos anos de Pinochet, gerando uma sensação de conformismo. Porém, a ditadura militar chilena teria sido tão impactante e efetuado um rompimento tão brusco a ponto de fazer surgir uma nova mentalidade na sociedade e abalar a cultura política chilena? Ou as mudanças produzidas pela ditadura seriam passageiras, causadas por um trauma violento, e logo seriam contestadas? Sheele conclui seu artigo com algumas incertezas em relação a essas perguntas, apesar de se posicionar mais favoravelmente a ideia de uma ruptura efetiva.[34]

Em relação ao papel do Estado na condução da política econômica, cabe um contraponto com o caso da ditadura militar brasileira, que é considerado por alguns historiadores como continuadora, durante maior parte de sua vigência, de uma política nacional-estatista. O nacional-estatismo seria uma herança getulista, continuada não somente na ditadura, como pelos governos

---

34 SHEELE, Judith E. *op. cit.*, p. 40-41. No clássico livro de Moulian, "Chile Actual: anatomia de um mito", o autor demonstra como ocorreu a continuidade do modelo imposto por Pinochet após a redemocratização. Utilizando-se do conceito de transformismo, Moulian afirma que para compreender o Chile atual é necessário analisar as consequências das duas fases da ditadura pinochetista: a revolucionária (1973-1980) e a constitucional (1980-1989). Cf. MOULIAN, Tomás. *Chile Actual: anatomia de un mito*. Santiago: LOM, 2002.

de centro-esquerda do Brasil a partir dos anos 2000.[35] Essa questão será mais bem desenvolvida quando tratarmos e compararmos as reformas universitárias dos dois países.

O rompimento traumático causado pela ditadura chilena teve um impacto direto no ensino superior, tido como setor estratégico. As universidades foram duramente afetadas pela repressão e pelas reformas neoliberais da ditadura militar chilena, e consideradas peças fundamentais no esquema de "refundação" do Chile, já que, para os apoiadores do regime, elas teriam o papel de consolidar nos universitários a nova mentalidade chilena, apoiada no gremialismo e no neoliberalismo.

Antes de finalizar, cabe apontar algumas questões a respeito do que foi exposto aqui sobre o conceito de culturas políticas. Primeiro, não penso que o conceito de culturas políticas, independente do modo utilizado, responde a todas as questões em relação às políticas desenvolvidas pelas duas ditaduras, nem em relação aos diferentes tipos de repressão contra os docentes no que tange ao presente estudo. É necessário ter em mente que os sujeitos aqui tratados têm vontades, atitudes e visões de mundo únicas, ou seja, identidades próprias e singulares, e isso não implica ignorar o contexto e influências que os cercam. Neste ponto, o trabalho de História Oral, também utilizado na pesquisa, ajuda na compreensão da relação entre os indivíduos, instituições e os governos militares. Segundo, estive consciente do lugar social e

35 Para considerações a respeito de uma cultura política nacional-estatista: AARÃO REIS, Daniel. "A ditadura faz cinquenta anos: história e cultura política nacional-estatista". In: AARÃO REIS, Daniel; RIDENTI, Marcelo; MOTTA, Rodrigo Patto Sá (orgs.). *A ditadura que mudou o Brasil: 50 anos do Golpe de 1964.* Rio de Janeiro: Zahar, 2014, p. 11-29. Para uma análise mais detalhada: AARÃO REIS, Daniel. *Ditadura e democracia no Brasil.* Rio de Janeiro: Zahar, 2014.

de classe do qual se trata aqui. As duas universidades em ambos os países são locais de uma elite intelectual e isso faz com que as atitudes dos militares sejam bem diferentes das desencadeadas, por exemplo, contra os sindicatos, *poblaciones*, camponeses e outros setores de classe baixa ou marginalizados.[36] Porém, ao mesmo tempo, as duas universidades possuíam características próprias e estavam inseridas em contextos distintos que geraram consequências também distintas, o que a pesquisa aqui desenvolvida pretende demonstrar e analisar a partir do viés comparativo. Terceiro, não é meu objetivo fazer ao longo do trabalho uma análise comparativa sobre as culturas políticas dos dois países, mas sim sobre a repressão dos governos militares durante o recorte já mencionado contra os professores da UFMG e da UTE. Obviamente, algumas questões comparativas em relação às culturas políticas dos dois países podem ser apontadas. Por último, é válido reforçar que o conceito de culturas políticas está sendo utilizado em uma via de mão dupla. Levei em consideração tanto as ações dos governos e dos órgãos de repressão, como as dos docentes perseguidos.

O lugar da memória: História Oral e entrevistas

Não é o objetivo central ou preocupação principal do presente estudo fazer uma análise da memória sobre os períodos tratados. O debate a respeito de memória e história suscita diversas questões sobre as ditaduras em toda América Latina e trabalhos

---

36 Rodrigo Patto Sá Motta também leva em consideração este ponto em seu trabalho sobre as universidades, deixando claro que as universidades brasileiras são espaços de uma elite intelectual e que isso deve ser levado em conta ao analisar a relação delas com o Regime Militar. Cf. MOTTA, Rodrigo Patto Sá. *As universidades e o regime militar*, p. 15-18.

em que a questão da memória ocupa um papel relevante, ou mesmo central, se renovam constantemente.[37] Há uma preocupação,

---

37 Além dos já citados trabalhos de Daniel Aarão Reis, que problematiza a memória construída sobre a ditadura brasileira, vale mencionar alguns historiadores e seus trabalhos que tratam da memória das ditaduras no Brasil e no Chile. Alguns foram relevantes para o trabalho aqui apresentado por trabalharem questões que ultrapassam apenas a temática da memória. Denise Rollemberg efetuou uma série de pesquisas que trouxeram novas perspectivas sobre algumas instituições, obras e sujeitos e suas relações com a ditadura brasileira. Cf ROLLEMBERG, Denise. "As trincheiras da memória. A Associação Brasileira de Imprensa e a ditadura (1964-1974)" In: QUADRAT, Samantha Viz; ROLLEMBERG, Denise (orgs.). *A construção social dos regimes autoritários: legitimidade, consenso e consentimento no século XX. Brasil e América Latina.* Rio de Janeiro: Civilização Brasileira, 2011, p. 97-144; ROLLEMBERG, Denise. "Memória, opinião e cultura política. A Ordem dos Advogados do Brasil sob a ditadura (1964-1974)". In: AARÃO REIS, Daniel; ROLLAND, Denis. (orgs.). *Modernidades alternativas.* Rio de Janeiro: Fundação Getúlio Vargas, 2008, p. 57-96; ROLLEMBERG, Denise. "Carlos Marighella e Carlos Lamarca: memórias de dois revolucionários". In: AARÃO REIS, Daniel; FERREIRA, Jorge (orgs.). *As esquerdas no Brasil. Revolução e democracia (1964-...).* Vol. 3. Rio de Janeiro: Civilização Brasileira, 2007, p. 73-97; ROLLEMBERG, Denise. *Exílio. Entre raízes e radares.* Rio de Janeiro: Record, 1999. Trabalhando com a ideia de memória coletiva em um contexto mais específico da ditadura brasileira cf. CORDEIRO, Janaína Martins. "Por que lembrar? A memória coletiva sobre o governo Médici e a ditadura em Bagé". In: AARÃO REIS, Daniel; RIDENTI, Marcelo; MOTTA, Rodrigo Patto Sá (orgs.), *op. cit.*, p. 186-202. Também no âmbito da imprensa cf. MOURÃO, Mônica; ROXO, Marco. "Jornalismo, memória e clientelismo. O pacto entre comunistas e imprensa conservadora no Brasil." In: NAPOLITANO, Marcos; CZAJKA, Rodrigo; MOTTA, Rodrigo Patto Sá (orgs.), *op. cit.*, p. 251-270. No plano da cultura podemos citar os trabalhos de Marcos Napolitano e Gustavo Alonso. Cf. NAPOLITANO, Marcos. "A 'resistência cultural' durante o regime militar brasileiro: um novo olhar historiográfico". In: MOTTA, Rodrigo Patto Sá (org.). *Ditaduras militares: Brasil, Argentina, Chile e Uruguai.* Belo Horizonte: Editora UFMG, 2015, p. 193-211; ALONSO, Gustavo. "Simonal, ditadura e memória: do cara que todo mundo queria ser a bode expiatório". In: QUADRAT, Samantha Viz; ROLLEMBERG, Denise, *op. cit.*, p. 175-218.

cada vez mais presente, por parte dos historiadores, de desmitificar a memória a respeito do período, reafirmando a importância do fazer historiográfico sem, no entanto, desprezar ou reduzir as importantes contribuições que a memória traz para o debate. Deste modo, não me parece necessário expor de maneira prolongada análises sobre um conceito já muito debatido e que não é o cerne do presente trabalho. No entanto, algumas breves considerações sobre memória e a metodologia da História Oral devem ser feitas, já que fontes orais foram utilizadas.

Concordando com Lucília de Almeida Neves Delgado, Marieta de Moraes Ferreira e Janaína Amado, trabalhei com a História Oral na concepção de metodologia. Uma metodologia qualitativa, como ressalta Delgado, em que se "contribui para relativizar conceitos e pressupostos que tendem a universalizar e a generalizar as expe-

---

Para o caso chileno, além do já citado trabalho de Heraldo Muñoz, há o trabalho de Samantha Quadrat sobre a memória da direita. Cf. QUADRAT, Samantha Viz. "'Para Tata, com carinho!': a boa memória do pinochetismo". In: AZEVEDO, Cecília et al. (Org.), *Cultura política, memória e historiografia*. Rio de Janeiro: FGV, 2009, p. 399-419. Há também a excelente trilogia sobre memória de Steve Stern (até o presente momento não tive acesso ao terceiro livro), em que o autor analisa as batalhas da memória e o impasse causado por elas durante e após a ditadura de Pinochet. Os diferentes enfoques e perspectivas abordadas pelo autor ampliam o alcance da obra sobre estimulantes questões. Cf. STERN, Steve J. *Recordando el Chile de Pinochet: En vísperas de Londres 1998. Libro uno de la trilogía "La caja de la memoria del Chile de Pinochet"*. Santiago: Universidad Diego Portales, 2009.; e STERN, Steve J. *Luchando por mentes y corazones: Las batallas de la memoria en el Chile de Pinochet. Libro dos de la trilogía "La caja de la memoria del Chile de Pinochet"*. Santiago: Universidad Diego Portales, 2013. Por fim, em busca de uma perspectiva comparada, que interessa muito a este trabalho, há o livro organizado por Peter Winn, que também conta com a colaboração de Stern para o caso chileno. Cf. WINN, Peter (org.). *No hay mañana sin ayer: batallas por la memoria histórica en el Cono Sur*. Santiago: LOM, 2014.

riências humanas."[38] Sendo uma metodologia, a História Oral ajuda a organizar os procedimentos de trabalho, sendo uma conexão entre teoria e prática. Porém somente com a teoria ela consegue solucionar questões, como apontam Ferreira e Amado:

> As soluções e explicações devem ser buscadas onde sempre estiveram: na boa e antiga teoria da história.[...] Apenas a teoria da história é capaz de fazê-lo, pois se dedica, entre outros assuntos, a pensar os *conceitos* de história e memória, assim como as complexas *relações* entre ambos.[39]

As entrevistas realizadas por mim foram do tipo "temática" com elementos do tipo "trajetória de vida". Um roteiro foi montado para as entrevistas, tendo como foco a atuação dos professores entrevistados nas universidades e a repressão sofrida a partir do Golpe de 1973 (para o caso brasileiro utilizei entrevistas realizadas por outros pesquisadores, apresentadas na relação de fontes ao final do trabalho). Porém, no intuito de compreender melhor os posicionamentos políticos dos professores entrevistados e como eles chegaram até a UTE, busquei nas entrevistas depoimentos que narrassem a história de vida desde a infância/juventude de maneira mais sucinta.[40] As análises das entrevistas foram complementadas com a análise e a comparação com documentos escritos e biografias pesquisadas, buscando o que Jorge Lozano chama de

38 DELGADO, Lucilia de Almeida Neves. *História oral: memória, tempo, identidades.* Belo Horizonte: Autêntica, 2006, p 18.

39 AMADO, Janaína; FERREIRA, Marieta de Moraes (orgs.). Apresentação. *Usos e abusos da história oral.* Rio de Janeiro: FGV, 2002, p. XVI.

40 Para se compreender os tipos de entrevistas "temática" e "trajetória de vida" cf. DELGADO, Lucília de Almeida Neves, *op. cit.*, p. 22-23.

"estilo do analista completo", atentando-se para conceitos de outras disciplinas, principalmente das ciências sociais e psicologia.[41]

Durante as entrevistas sempre tive em mente a ideia de Jean-Jacques Becker de transformar o entrevistado-objeto em entrevistado-sujeito.[42] Alguns dos professores nunca tinham sido entrevistados antes e achavam que não tinham com o que contribuir. Desta maneira deixei a entrevista fluir para além do recorte delimitado pela minha pesquisa, alcançando os períodos da redemocratização, dos dias atuais e buscando dar voz aos professores no pertencimento a uma comunidade não só do passado como também do presente.[43] Vale ressaltar que se tentou evitar inserir

---

41 LOZANO, Jorge Eduardo Aceves. Prática e estilos de pesquisa na história oral contemporânea. In: AMADO, Janaína; FERREIRA, Marieta de Moraes, *op. cit.*, p. 23-25. Tanto em relação às entrevistas, quanto em relação às biografias analisadas também me foram úteis as questões apontadas por Giovanni Levi e Pierre Bourdieu. Cf. LEVI, Giovanni. "Usos da biografia". In: AMADO, Janaína; FERREIRA, Marieta de Moraes, *op. cit.*, p. 167-182; Cf. BOURDIEU, Pierre. "A ilusão biográfica". In: AMADO, Janaína; FERREIRA, Marieta de Moraes, *op. cit.*, p. 183-191.

42 BECKER, Jean-Jacques. "O handicap do a posteriori". In: AMADO, Janaína; FERREIRA, Marieta de Moraes, *op. cit.*, p. 31.

43 Como inspirado pela bela conclusão do texto de Paul Thompson: "História oral é uma história construída ao redor de pessoas. Ela preenche a história de vida e alarga o seu escopo; permite que heróis surjam das massas e não apenas das lideranças; encoraja professores e estudantes a se tornarem companheiros de trabalho; traz história para dentro, e para fora, da comunidade; ajuda os menos privilegiados e, especialmente, os idosos a resgatarem sua dignidade e autoconfiança; possibilita o contato – e, portanto, a compreensão – entre classes sociais, e entre gerações. E para historiadores e outros estudiosos, com propósitos compartilhados, ela pode dar a sensação de pertencimento à um lugar ou à um tempo. Em resumo, ela nos torna seres humanos mais completos. Igualmente, a história oral proporciona um desafio aos conhecidos mitos da história, ao juízo autoritário inerente à sua tradição. Ela fornece um sentido para uma transformação radical do propósito social da história" (tradução

durante a entrevista a minha própria concepção do passado trabalhado. Tanto os entrevistados quanto eu possuímos distintas

---

do autor). No original: "Oral history is a history built around people. It thrusts life into history itself and it widens its scope. It allows heroes not just from the leaders, but from the unknown majority of the people. It encourages teachers and students to become fellow-workers. It brings history into, and out of, the community. It helps the less privileged, and especially the old, towards dignity and self-confidence. It makes for contact - and thence understanding - between social classes, and between generations. And to individual historians and others, with shared meanings, it can give a sense of belonging to a place or in time. In short it makes for fuller human beings. Equally, oral history offers a challenge to the accepted myths of history, to the authoritarian judgement inherent in its tradition. It provides a means for radical transformation of the social meaning of history". Cf. THOMPSON, Paul. "The voice of the past: oral history". In: PERKS, Robert; THOMSON, Alistair (orgs.). *The oral history reader*. London: Routledge, 1998, p 28. Outra inspiração está na introdução da terceira parte do mesmo livro citado: "Conhecimento e compreensão do passado têm um impacto profundo sobre a vida política e social contemporânea. Embora o uso de entrevistas gravadas não seja, necessariamente, uma intervenção histórica radical por si só, muitos historiadores orais objetivam provocar mudança política e social por meio de seu trabalho. Podemos usar o testemunho oral conjuntamente com outras fontes para recuperar narrativas negligenciadas ou silenciadas de experiências passadas, e como uma maneira de enfrentar histórias dominantes que corroboram com atitudes e políticas repressivas [...] Podemos buscar um impacto mais direto ao envolver os entrevistados no processo de interpretação de suas vidas e das mudanças no mundo ao redor deles" (tradução do autor). No original: "Knowledge and understanding of the past has a profound impact upon contemporary social and political life. Though the use of recorded interviews is not necessarily a radical historical intervention in itself, many oral historians aim to effect social and political change through their work. We might use oral testimony alongside other sources to recover neglected or silenced accounts of past experience, and as a way of challenging dominant histories which underpin repressive attitudes and policy [...] We might seek a more direct impact by involving interviewees in the process of interpreting their lives and the changes in the world around them." Cf. PERKS, Robert; THOMSON, Alistair (orgs.). "Part III. Advocacy and empowerment: introduction." In: *op. cit.*, p. 183.

interpretações sobre o passado, porém minhas concepções ideológicas do presente foram mantidas, dentro do possível, de fora da entrevista. Não nego, no entanto, a empatia surgida ao me tornar confidente de alguns relatos, advinda da minha concepção política sobre a história e a sociedade, fator que não atrapalhou no desenvolvimento das entrevistas.

O objetivo a partir das entrevistas, como bem apontado por Ronald Grele, é compreender as problemáticas ideológicas trazidas pelo entrevistado e revelar o contexto cultural em que as informações estão sendo veiculadas, buscando assim transformar uma história individual em uma narrativa cultural, possibilitando entender melhor o que ocorreu no passado.[44]

Ultrapassando a formalidade das entrevistas, o historiador Steve Stern me chamou a atenção, em seu trabalho, para situações também vivenciadas e praticadas por mim. Além das entrevistas, busquei participar de atividades, passeatas, comemorações de feriados e reuniões no Chile para me inserir de maneira mais profunda nas impressões e debates da sociedade. Em conversas informais estive atento para questões que fossem pertinentes ao meu trabalho, principalmente nos contatos que tive com os professores chilenos, e as utilizei na produção deste trabalho.[45]

Em todas as entrevistas e mesmo em diálogos informais, principalmente com os professores, procurei estar atento às nuances da memória. Memória que está sempre em transformação mesmo no plano individual, já que se trata do desenvolvimento de uma pesquisa sobre história do tempo presente e, como

44 GRELE, Ronald J. "Movement without aim: methodological and theoretical problems in oral history". In: PERKS, Robert; THOMSON, Alistair (orgs.), *op. cit.*, p 48.

45 STERN, Steve J. *Recordando el Chile de Pinochet*, p. 274 a 279.

bem pontuado por François Bédarida, ela, "mais do que qualquer outra, é por natureza uma história inacabada: uma história em constante movimento, refletindo as comoções que se desenrolam diante de nós e sendo, portanto, objeto de uma renovação sem fim."[46] Foi interessante notar, a partir da análise das entrevistas e da comparação entre elas, como o conceito de memória coletiva, desenvolvido por Maurice Halbwachs, ajuda na compreensão da construção e dos embates da memória como um todo.[47] Desta maneira, os depoimentos dos professores, apesar de possuir suas singularidades próprias, só possuem sentido quando inseridos em um grupo do qual fazem parte e compartilham momentos vividos. Por isso fortalecemos, enfraquecemos ou completamos informações sobre um determinado evento quando buscamos outros testemunhos inseridos em um mesmo grupo. São as diferentes memórias individuais, pertencentes a um grupo, que fortalecem as memórias coletivas. E estas, por sua vez, fornecem material para a formação das memórias emblemáticas, como formulado por Stern,[48] que influenciam na construção da história ou da memória histórica – conceito problemático segundo Halbwachs, já que a memória histórica seria "a sequência de

---

46 BÉDARIDA, François. "Tempo presente e presença da história". In: AMADO, Janaína; FERREIRA, Marieta de Moraes, *op. cit.*, p. 229.

47 O livro de Halbwachs, escrito há mais de 70 anos, continua sendo uma referência importante para a área por desenvolver e aprofundar conceitos sobre memória de maneira original, fazendo com que vários trabalhos fossem desenvolvidos posteriormente na mesma linha. Cf. HALBWACHS, Maurice. *A memória coletiva*. São Paulo: Centauro, 2006.

48 Os conceitos de memória coletiva e memória emblemática se confundem na obra de Stern, mas, como colocado pelo autor, me parece que a memória emblemática tem uma abrangência maior, se colocando nas batalhas da memória nacional, o que difere do conceito de memória coletiva, que pode ser encontrada em diferentes âmbitos e graus.

eventos cuja lembrança a história conserva",[49] portanto, afastado do plano individual e do próprio suporte das memórias coletivas, já que se fixa uma narrativa para manter as lembranças dos grupos que venceram as batalhas da memória.[50]

No caso das minhas entrevistas realizadas com ex-professores chilenos, eu tive a oportunidade de perceber a construção da memória coletiva claramente a partir de um grupo mais específico e delimitado. Vários dos ex-professores entrevistados fazem parte da *Asociación de Académicos y Funcionarios Exonerados Políticos de la UTE.* Além dos encontros individuais para a realização das entrevistas, houve dois momentos em que eu os encontrei em grupo para almoçarmos juntos (reforço aqui a importância dos encontros e percepções informais para a História Oral, defendido por vários historiadores, como Stern).

O segundo encontro se deu em 25 de setembro de 2014 para um almoço após a semana de *Fiestas Patrias*, que comemora a Independência chilena, festividade amplamente celebrada pelas Forças Armadas, principalmente durante a Ditadura, pois, além dos motivos claramente nacionalistas de exaltação da pátria e dos

---

49 HALBWACHS, Maurice, *op. cit.*, p. 99.

50 Obviamente que na construção historiográfica há batalhas e opiniões divergentes, mas que se limitam pelo próprio fazer historiográfico, ou seja, a utilização de distintas fontes, teorias e métodos de análise. Diferentemente da memória que é mais livre. Por isso trabalhar com história do tempo presente me parece tão fascinante, visto que as batalhas de memória são muito mais intensas e se transformam o tempo todo, principalmente em momentos de disputas e crises políticas, o que faz com que o olhar do historiador tenha que estar ainda mais atento para o contexto, já que os sujeitos de sua narrativa estão muitas vezes vivos e atuam nestas batalhas da memória. Um texto didático sobre o assunto é: MENESES, Ulpiano T. Bezerra. "A história, cativa da memória? Para um mapeamento da memória no campo das Ciências Sociais". *Revista do Instituto de Estudos Brasileiros*, São Paulo, n. 34, 1992, p. 9-23.

heróis militares, vinha uma semana depois das comemorações da "Revolução de 11 de setembro de 1973". Entre conversas e afirmações compartilhadas, como "eu não coloco a bandeira para fora durante as festividades" em protesto contra a ideia de pertencimento a nação, da qual muitos têm um sentimento de terem sido excluídos, uma das ex-professoras me afirmou que certo professor era um militar disfarçado, tentando evidenciar a infiltração da direita na *UTE*. Sua fala foi prontamente rebatida por outro ex-professor que estava a sua frente, que disse que determinado indivíduo ao qual ela se referia não era disfarçado, que todos sabiam que ele era militar e que inclusive ele ia dar aulas com o uniforme de sua instituição castrense. O apontamento foi confirmado por outro ex-professor ao seu lado e logo em seguida a ex-professora que havia falado sobre o militar infiltrado assentiu com a cabeça, parecendo ter se lembrado do determinado professor em uniforme. Mesmo que em sua memória ela não tenha guardado um resquício de determinada questão, ela confirmou a versão de seus colegas e ainda acrescentou que provavelmente ele delatou vários professores, fazendo os outros dois concordarem.

Essa construção memorialística não se deu na entrevista individual, realizada na noite anterior com essa mesma ex-professora, que relatou sobre o professor disfarçado. Se a entrevista tivesse sido após o almoço, este singelo detalhe de sua memória provavelmente teria se modificado. A construção da memória coletiva nestes momentos é escancarada e revela a sensação de pertencimento àquele grupo de professores exonerados políticos. Os três ex-professores que estavam próximos de mim no momento e participaram desta conversa têm histórias bem distintas. A ex-professora tem um irmão preso-desaparecido pela ditadura e, após seis anos o procurando sem respostas, partiu para o exílio. O ex-professor que fez a intervenção na fala dela sofreu com a tortura, mas permaneceu no Chile. O outro ex-professor também partiu para o exílio e teve que lidar com situações adversas fora de seu país de origem. Apesar de possuírem trajetórias distintas e únicas em vários aspectos que os fazem possuir suas memórias individuais, o pertencimento ao grupo e a memória coletiva são relevantes e presentes a todo instante, e se tornam mais perceptíveis ainda nestes encontros de grupo.

A dinâmica ocorrida entre as memórias individuais, coletivas e a própria construção da história se torna cíclica, já que as memórias coletivas, construídas por meio das memórias individuais de grupos em comum, organizam, filtram e reformulam, por sua vez, as memórias individuais. Desta maneira, também surgem os silenciamentos, os "esquecimentos", que negam ou excluem memórias dissidentes, que não se encaixam em nenhum ponto de vista das memórias coletivas. Reside aí a importância de "rememoração" (construção da memória individual) frente à "comemoração" (processo de construção da memória coletiva), como bem colocado por Ricoeur. Questionar os "esquecimentos" é papel do historiador, que deve buscar conciliar memória e história, já que ambas – mesmo a memória com seus enganos e desvios –, ainda segundo Ricoeur, ambicionam a verdade.[51] Como lembrado por Michael Pollak – que critica a visão de Halbwachs de não enxergar na memória coletiva uma imposição, e sim uma adesão afetiva – a história oral, ao reabilitar os excluídos e marginalizados, se opõem à memória oficial ou nacional.[52] Mesmo que

51 Não há espaço para uma discussão detalhada sobre a importante contribuição de Ricoeur para o tema da memória. Ricoeur dialoga com Halbwachs, Nora, Platão, Freud, entre outros autores de diferentes áreas e tempos em sua reflexão sobre o tempo histórico e a memória social. Cf. RICOEUR, Paul, *op. cit.*

52 POLLAK, MICHAEL. "Memória, esquecimento, silêncio". *Estudos Históricos*, Rio de Janeiro, n. 3, v. 2, 1989, p. 3-15.

o trabalho aqui não trate propriamente de grupos considerados marginalizados, o fato de haver entrevistas com professores que nunca haviam contado suas histórias ao lado de outros que já haviam sido entrevistados e, inclusive, participado de documentários, me fez estar atento a essas questões.

Com o objetivo de não prolongar muito este tópico, o que se espera que tenha ficado claro é que busquei estar atento às questões pertinentes da História Oral, seja no que tange à metodologia, à teoria ou à relação com o entrevistado. Tendo em vista que mesmo as fontes orais "falsas" servem para a análise de variados fatores, como demonstrado por alguns historiadores, e que as possibilidades de usos dos relatos podem seguir por diferentes caminhos e interpretações,[53] as entrevistas aqui trabalhadas, realizadas por outros autores ou por mim mesmo, foram essen-

---

53 Autores como Alessandro Portelli, Janaína Amado e Verena Alberti mostram como mesmo relatos considerados falsos ou inventados podem trazer novas visões e descobertas sobre os contextos e locais narrados, seja a partir de uma perspectiva cultural ou psicológica. Cf. ALBERTI, VERENA. *Ouvir contar: textos em História Oral*. Rio de Janeiro: FGV, 2004; AMADO, Janaína. "O grande mentiroso: tradição, veracidade e imaginação em história oral". *História*, São Paulo, n. 14, 1995, p. 125-136; PORTELLI, Alessandro. "O que faz a história oral diferente". *Projeto História*. São Paulo, v. 14, fev. 1997, p. 25-39. Um interessante e intimista texto sobre conflitos e possibilidades que pesquisas em História Oral podem apresentar é o de BORLAND, Katherine. "That's not what I Said": Interpretive conflict in oral narrative research". In: PERKS, Robert; THOMSON, Alistair (orgs.), *op. cit.*, p. 320-332. Vale também mencionar as reflexões sobre memória de Pierre Nora, outro importante historiador a refletir sobre o tema. Mesmo que as problemáticas dos lugares de memória não sejam colocadas aqui, elas estão inseridas nos dois países e aparecem nas entrevistas nos diferentes graus indicados por Nora: material, simbólico e funcional. Cf. NORA, Pierre. "Entre memória e história: a problemática dos lugares". *Projeto História*. São Paulo, v. 10, dez. 1993, p. 7-28.

ciais para a realização do trabalho, principalmente em relação ao Chile, onde as fontes documentais são mais escassas.

As vantagens da história comparada

> Maturidade intelectual e erudição são características exigidas aos que se aventuram na comparação histórica, condições necessárias, mas não suficientes, é certo, para o seu sucesso. O comparatista se destaca como quem realiza um feito extraordinário: para além do necessário domínio de sua história nacional, aventura-se também no conhecimento de outras histórias nacionais. Se considerarmos a crescente especialização da profissão e o crescimento exponencial dos conhecimentos - produzidos em diferentes espaços disciplinares - passíveis de serem incorporados numa história nacional, a tarefa parece simplesmente gigantesca. Por definição, o comparatismo não seria tarefa de iniciantes.[54]

Fazer um estudo comparativo como historiador iniciante é desafiador e cheio de percalços, porém estimulante e enriquecedor, não somente para a pesquisa, como para o pesquisador. O comparativismo como ferramenta de análise para refletir sobre variados temas em diferentes sociedades é usado, no mínimo, desde o período Iluminista no século XVIII. Ao final do século XIX, começa a ser empregado nos estudos historiográficos, principalmente na busca do fortalecimento da ideia de Estado Nação. Porém, foi com Marc Bloch que o comparativismo foi pensado mais sistematicamente, visando justamente o contrário do que ocorria antes, ou seja, apresentar uma resposta contra os nacio-

54 HEINZ, Flavio M. e KORNDÖRFER, Ana Paula. "Comparações e comparatistas". In: HEINZ, Flavio M. (org.). *Experiências nacionais, temas transversais: subsídios para uma história comparada da América Latina*. São Leopoldo: Oikos, 2009, p. 11.

nalismos, em um contexto pós Primeira Guerra.[55] A preocupação de Bloch de ir além das fronteiras nacionais já aparecia em seu famoso livro *Os reis taumaturgos*, antes mesmo de ele apontar e delimitar sua concepção de história comparada:

> Por força das próprias circunstâncias, este ensaio de história política precisou tomar a forma de um ensaio de história comparada, tanto porque a França e a Inglaterra tiveram ambas reis-médicos quanto porque a ideia da realeza maravilhosa e sagrada foi comum a toda a Europa ocidental. A forma que adotamos talvez tenha sido uma feliz necessidade, caso seja verdade, como acredito, que a evolução das civilizações de que somos os herdeiros só ficará mais ou menos clara se um dia formos capazes de considerá-la fora do quadro demasiado limitado das tradições nacionais.[56]

Pouco tempo depois da publicação dos *Reis Taumaturgos*, Bloch publicou o artigo "Por uma história comparada das socie-

---

55 Cf. BARROS, J. D'Assunção. "Origens da História Comparada. As experiências com o comparativismo histórico entre o século XVIII e a primeira metade do século XX". *Anos 90 - Revista do Programa de Pós-Graduação em História da Universidade Federal do Rio Grande do Sul*, Porto Alegre, n. 25, v. 14, jul. 2007, p. 141-173. Heinz-Gerhard Haupt também chama a atenção para a existência de uma tradição sociológica que insistia na importância da comparação e que era defendida por Durkheim. Cf. HAUPT, Heinz-Gerhard. "O lento surgimento de uma história comparada". In: BOUTIER, Jean; JULIA, Dominique (orgs.). *Passados recompostos: campos e canteiros da História*. Rio de Janeiro: Editora UFRJ/Editora FGV, 1998, p. 209. Também, como mostrado por Neyde Theml e Regina Maria da Cunha Bustamante, outros autores, como Lucien Febvre e Henri Pirenne, já defendiam o "método comparativo" antes mesmo de Bloch, mas sem pensá-lo de maneira tão minuciosa como seu colega. Cf. BUSTAMANTE, Regina; THEML, Neyde. "História comparada: olhares plurais". *Revista de História Comparada*, n. 1, v. 1, 2007, p. 2-3.

56 BLOCH, Marc. *Os reis taumaturgos: o caráter sobrenatural do poder régio, França e Inglaterra*. São Paulo: Companhia das Letras, 1993, p. 45.

dades europeias", no qual buscou formular e explicar o que foi chamado por alguns historiadores de "método comparativo." Para Bloch, apenas superando as fronteiras nacionais com o comparativismo era possível pensar em questões e hipóteses que não teriam sido pensadas antes. No entanto, era necessário delimitar e justificar a escolha dos objetos de estudo a serem comparados, e para Bloch o melhor procedimento a ser seguido era o da "comparação histórica":

> Estudar paralelamente sociedades ao mesmo tempo vizinhas e contemporâneas, constantemente influenciadas umas pelas outras, sujeitas em seu desenvolvimento, devido a sua proximidade e a sua sincronização, à ação das mesmas grandes causas, e remontando, ao menos parcialmente, a uma origem comum.[57]

Este entendimento sobre como fazer um estudo comparativista também já aparecia na obra sobre o caráter sobrenatural do poder régio.[58] Ao formular suas ideias, Bloch contribuiu de ma-

---

57 BLOCH, Marc. "Pour une histoire comparée des sociétés européennes". In: *Mélanges historiques*, vol. 1, Paris: S.E.V.P.E.N., 1963, p. 19 apud HAUPT, Heinz-Gerhard, *op. cit.*, In: BOUTIER, Jean; JULIA, Dominique (orgs.), *op. cit.*, p. 205.

58 Em sua obra "Os reis taumaturgos", Bloch não compara a capacidade de curar dos reis franceses e ingleses com os governantes de outras sociedades, delimitando a capacidade comparativa a partir de alguns pressupostos, que serão explicados em seu famoso artigo. Nas palavras do próprio autor: "O estudo das tribos da Oceania esclarece a noção da realeza sagrada, tal como ela floresceu sob outros céus, na Europa antiga ou mesmo medieval; mas não poderíamos esperar encontrar na Europa todas as instituições da Oceania. Num arquipélago polinésio – é o único exemplo invocado –, os chefes são tanto fautores de moléstias quanto médicos: assim se traduz a força sobrenatural de que são detentores. Em outro lugar, a mesma força pode ter-se manifestado de forma diferente – por exemplo, trazendo apenas benesses, sem contrapartida desagradável. Entre os primeiros missionários, muitos acreditavam reencontrar

neira original para a reflexão de outros historiadores sobre novas perspectivas no fazer historiográfico. Como advogado por Sylvia L. Thrupp no primeiro editorial da revista *Comparative Studies in Society and History*, a visão comparativista se mostra importante para combater o etnocentrismo e para aumentar a comunicação entre pesquisas que se complementam e entre as diferentes áreas do conhecimento.[59] Indo ainda mais além, William H. Sewell demonstrou que a contribuição mais importante do "método comparativo" se sustenta na "lógica de teste de hipóteses", que estaria presente nos três importantes usos do "método comparativo" apontados por Bloch: testar hipóteses explicativas, descobrir singularidades de diferentes sociedades e formular problemas para pesquisa histórica.[60] Porém o chamado "método comparativo" suscitou – e suscita – debates sobre seus alcances e sua classificação enquanto método propriamente dito. Um dos debates mais intensos se deu entre os historiadores acima citados e os linguistas Arlette Olin Hill e Boyd H. Hill na revista *American Historical Review*, que criticaram a apropriação que Bloch fez de métodos linguísticos comparativos e o "comparativismo histórico". As duras e incisivas respostas de Sewell e Thrupp derrubaram os argumentos colocados pelos Hill, porém a ideia de um "método comparativo" propriamente dito na análise historiográfica não foi formulado ou explicado em profundidade no debate.[61]

---

nos "selvagens", mais ou menos apagadas, todas as espécies de concepções cristãs. Evitemos cometer o erro inverso e não transportemos para Londres ou Paris os antípodas por inteiro." BLOCH, Marc. *Os reis taumaturgos*, p. 70.

59 Cf. THRUPP, Sylvia L. "Editorial". *Comparative Studies in Society and History: An International Quarterly*, Cambridge, n. 1, 1958, p. 1-4.

60 Cf. SEWELL, William H. "Marc Bloch and the Logic of Comparative History". *History and Theory*, n. 2, v. 6, 1967, p. 208-218.

61 O texto dos Hill aparece seguido dos comentários de Thrupp e Sewell que é seguido por uma resposta dos autores aos comentários. Cf. HILL, Alette Olin;

Ao fazer um estudo comparativo sobre a repressão contra os professores de universidades no Brasil e no Chile, posiciono-me juntamente com o pensamento de historiadores como Raymond Grew e Maria Ligia Coelho Prado, que percebem e propõem o comparativismo na historiografia mais como uma forma de pensar do que como uma metodologia, não havendo estruturas formais no fazer da história comparada e sim um novo olhar sobre o objeto.[62] Grew mostra como o pensamento comparativista ajuda o historiador em quatro estágios de seu trabalho: formular questões, identificar problemas históricos, projetar uma pesquisa apropriada e alcançar e testar conclusões significativas.[63] No entanto, ele não o coloca propriamente como um método, apesar

---

HILL, Boyd H. "Marc Bloch and Comparative History". *American Historical Review*, n. 4, v. 85, oct. 1980, p. 828-846; SEWELL, William H.; THRUPP, Sylvia L. "[Marc Bloch and Comparative History]: Comments". *American Historical Review*, n. 4, v. 85, oct. 1980, p. 847-853; HILL, Alette Olin; HILL, Boyd H. "[Marc Bloch and Comparative History]: Reply". *American Historical Review*, n. 4, v. 85, oct. 1980, p. 854-857.

62 Heinz - Gerhard Haupt, ao tentar decifrar porque os estudos comparados demoraram a se consolidar na Europa, também confessa que a história comparada não possui uma metodologia confirmada. Tentando compreender o atraso na França, Haupt enumera três motivos: a construção do fazer historiográfico na França, que privilegia a individualidade histórica em relação a problemáticas de importância mais geral, a formulação da maior parte dos paradigmas da história contemporânea a partir de posições de política interior e um etnocentrismo francês. Porém ele defende e acredita que a história comparada pode se fortalecer com a internacionalização das pesquisas e da vida universitária. E a vê como necessária ao lembrar os escritos de Bloch, que acredita que somente com a superação de histórias estritamente nacionais ocorrerá uma compreensão mútua. Cf. HAUPT, Heinz-Gerhard, *op. cit.*. In: BOUTIER, Jean; JULIA, Dominique (orgs.), *op. cit.*, p. 211-213.

63 GREW, Raymond. "The Case for Comparing Histories". *American Historical Review*, n. 4, v. 85, oct. 1980, p. 769.

de ressaltar a importância de procedimentos metodológicos ao trabalhar comparativamente:

> Evocar a comparação é evocar um tipo de atitude aberta, interrogativa, incisiva - e sugerir algumas práticas que podem fortalecer isso. É pedir aos historiadores que pensem a partir dos problemas e que ousem em defini-los independentemente do seu viés, e garantir que mesmo a pesquisa mais limitada seja concebida abrangendo os questionamentos de muitos estudiosos em vários campos. Utilizar a comparação, no entanto, não implica em fazer nada disso bem.[64] [...] Admitir que a comparação não contém nenhum método especial não quer dizer que a metodologia é irrelevante. A busca por problemas é mais do que uma intuição cega e se beneficiará dos métodos mais formais aplicáveis. Também não é a busca por padrões de um empirismo desvairado, por isso deveria estar aberto a modelos e hipóteses que são desenvolvidos da melhor forma possível. Métodos comportamentais, quantitativos, indutivos, e mesmo dedutivos, modelos formais e teorias da mudança podem ser aplicados para estudo comparativo e usados para orientar o historiador na decisão de quando as comparações admitem a generalização e quando a generalização pode estender-se à teoria.[65]

---

64 No original: "To call for comparison is to call for a kind of attitude-open, questioning, searching-and to suggest some practices that may nourish it, to ask historians to think in terms of problems and dare to define those problems independently, and to assert that even the narrowest research should be conceived in terms of the larger quests of many scholars in many fields. To call for comparison, how-ever, says almost nothing about how to do any of this well." *Ibidem*, p. 776.

65 No original: "To admit that comparison contains no special method is not to say that methodology is unimportant. The search for problems is more than blind in-tuition and will benefit from the most formal methods applicable.

Seguindo pela linha de Grew, Prado analisa a história comparada da América Latina. Para a autora, o historiador ao fazer história comparada deve evitar fundamentar sua pesquisa e interpretações a partir de modelos elaborados *a priori*, que podem tender ao etnocentrismo e levar a resultados questionáveis,[66] o que seria o oposto do que defendem os historiadores comparativistas. Prado defende que a história comparada deve ajudar a evitar generalizações que anulam as especificidades das histórias de países vizinhos geograficamente, colocando-os em um único bloco:

> Na minha perspectiva, também não deve estar comprometida com a busca de generalizações; a produção acadêmica latino-americana, das décadas de 1960 e 1970, foi claramente marcada por essa discutível visão generalizante. Cientistas sociais estudaram a região a partir de uma perspectiva totalizante com ênfase na macro-história que privilegiava as estruturas econômicas e sociais. Dessa maneira, a América Latina era apresentada com semelhantes características históricas e com problemas similares a serem enfrentados no presente: pobreza, atraso, em uma palavra, subdesenvolvimento. Desse modo, o processo histórico da região poderia ser entendido a partir de categorias explicativas previamente construídas. O melhor exemplo

---

Nor is the search for patterns mad empiricism, for it should welcome models and hypotheses that are as well developed as possible. Methods behavioral, quantitative, inductive, and even deductive, formal models, and theories of change can all be applied to comparative study and used to guide the historian in determining when comparisons support generalization and when generalization can be stretched to theory." GREW, Raymond. *Ibidem*, p. 777.

66 Prado critica, como exemplo de uma abordagem etnocêntrica, o influente livro de Gabriel Almond e Sidney Verba, já citado aqui. Cf. ALMOND, Gabriel e VERBA, Sidney. *The Civic Culture.*

> são os ensaios que se dedicaram a trabalhar com a "teoria da dependência" na América Latina.[67]

Reforçando e ampliando os argumentos de Grew de defesa do comparativismo na análise historiográfica, mesmo sem um método propriamente dito,[68] o historiador Jürgen Kocka aponta alguns propósitos aos quais a história comparada se destina: o heurístico, que possibilita a localização de questões e problemas que, sem a história comparada, seriam negligenciados; o descritivo, o qual permite a clarificação de casos singulares, comparando-os com outros; o analítico, em que a comparação ajudaria a testar as hipóteses, mostrando-se indispensável na formulação e na resposta a questões causais; e, por fim, o propósito paradigmático, pelo qual a história comparada oferece ao historiador o distanciamento do

67 PRADO, Maria Ligia Coelho. "Repensando a história comparada da América Latina". *Revista de História*. São Paulo: Departamento de História-FFLCH-USP, n. 153, jul.-dez. 2005, p. 23.

68 Bustamante e Theml discorrem sobre o trabalho de Marcel Detienne, "Comparar o incomparável", em que questiona as possibilidades rígidas de comparação, argumentando que uma sociedade é formada por um conjunto complexo e infinito de elementos, e afirma que tudo pode ser comparado, implícita ou explicitamente. A abordagem comparativa no "Modelo Detienne" demanda um trabalho em grupo e se daria em três etapas complementares: construção de objetos de pesquisa pelos projetos individuais de cada membro da equipe, construção de conjuntos de problemas e criação de um campo de exercício de experimentação comparada. Mesmo assim, não há propriamente um método no chamado "modelo Detienne" e sim uma junção de passos a serem seguidos que organizam e enriquecem a pesquisa e análise. Cf. BUSTAMANTE, Regina; THEML, Neyde, *op. cit.*, p. 10-16; Cf. DETIENNE, Marcel. *Comparar lo incomparable: alegato en favor de una ciencia histórica comparada*. Barcelona: Ediciones Península, 2000.

contexto e objeto que conhece melhor, ampliando, assim, sua capacidade de problematizar o assunto pesquisado.[69]

Ao comparar a repressão de duas ditaduras em dois países contra os docentes de duas universidades esforcei-me para ter em mente as questões e os argumentos debatidos pelos historiadores que defendem o uso explícito do comparativismo na historiografia.[70] Os objetos escolhidos foram os professores da UFMG e da UTE que estavam sob influência do mesmo fenômeno: a repressão de um governo ditatorial. Desta maneira eu me atentei para que as unidades de comparação escolhidas tivessem uma lógica, como explica Sewell ao discorrer sobre o comparativismo de Bloch.[71] A escolha das unidades de comparação depende dos problemas explicativos a serem tratados, no caso, como se deu a repressão contra os professores nas duas universidades e como o tipo de reforma universitária desenvolvido em cada ditadura afetou os docentes no que tange à repressão. Ao analisá-las, percebi

---

69 KOCKA, Jürgen. "Comparison and Beyond". *History and Theory*, n. 1, v. 42, fev. 2003, p. 39-41 apud HEINZ, Flavio M. e KORNDÖRFER, Ana Paula, *op. cit.* In: HEINZ, Flavio M. (org.), *op. cit.*, p. 13-14.

70 Digo uso explícito, pois, historiadores como Raymond Grew, Rosa Congost e Jorge Myers defendem que o comparativismo por si só já é uma ferramenta essencial para o fazer historiográfico. O historiador está sempre fazendo comparações, mesmo a partir de um objeto ou situação única. Ao fazer a "história comparada", o historiador já está fazendo o que ele sempre faz, mas de maneira consciente e ampliada. Para ver especificamente essas considerações, cf. GREW, Raymond, *op. cit*, p. 777; CONGOST, Rosa. "Comparação e análise histórica: reflexões a partir de uma experiência de pesquisa". In: HEINZ, Flavio M. (org.), *op. cit.*, p. 45; MYERS, Jorge. "Términos de comparación: ideas, situaciones, actores". *Prismas. Revista de historia intelectual*, Buenos Aires, *año 8*, n. 8, 2004, p. 175-178.

71 Sewell discorre de maneira clara sobre as unidades de comparação em seu artigo já citado aqui. Cf. SEWELL, William H, "Marc Bloch and the Logic of Comparative History", p. 211-214.

que há diferenças e semelhanças e para isso levantei hipóteses que serão explicadas ao longo do trabalho, mas que já se explicitam nos títulos dos itens comparativos de cada capítulo. Estas hipóteses podem ser testadas no âmbito restrito deste trabalho e posteriormente em trabalhos que abarquem dimensões comparativas maiores. Desta maneira, busquei inserir no trabalho os principais propósitos do comparativismo defendidos pelos historiadores citados. Sem mencionar a escolha do Brasil e do Chile a partir das características explicitadas no procedimento de "comparação histórica" formulado por Bloch.

A comparação no primeiro capítulo visa dar um quadro geral da repressão inicial dos dois regimes nas universidades. No terceiro capítulo, uma rápida comparação a respeito do movimento estudantil, da reforma universitária e da repressão desencadeada contra os professores em um quadro geral nos dois países é realizada ao final do capítulo. No segundo e no quarto capítulos, a comparação é feita rapidamente na introdução, ao tratar de questões mais gerais de cada universidade, e efetivamente no terceiro item de cada capítulo, em que as semelhanças e diferenças são expostas e analisadas. Obviamente, na conclusão, os argumentos comparativos são apresentados de modo a reunir, de maneira objetiva, todas as hipóteses levantadas. Os outros itens dos capítulos dois e quatro são dedicados a análises separadas de cada situação para que o raciocínio se apresente de maneira mais clara e favoreça a comparação nos últimos itens dos respectivos capítulos.

Um último ponto a ser considerado é em relação à escolha da tradicional história comparada, e a não utilização de novas tendências historiográficas como "histórias conectadas".[72] O conceito de

72 O conceito de "histórias conectadas" foi cunhado por Sanjay Subrahmanyam e suscitou importantes discussões a respeito da história comparada e da "global history". Cf. SUBRAHMANYAM, Sanjay. "Connected histories: notes to-

"histórias conectadas" me parece útil ao se fazer pesquisas e análises de trocas culturais, de intercâmbios e exílios de intelectuais ou de influências e contatos entre os agentes repressivos, entre outras possibilidades. Não é o caso da presente investigação, que possui outros objetos e outras questões. Como bem pontuado por Heinz e Korndörfer, o objeto de pesquisa do historiador que pensa a partir da história conectada permite que o mesmo conduza o investigador, migrando entre distintas classes, grupos sociais, identidades étnicas e profissionais, viajando pelas fronteiras nacionais.[73]

Em qualquer pesquisa histórica é imprescindível que se leve em consideração o contexto global, as influências externas e os impactos que elas produzem. A história comparada não deixa de levar em consideração esses importantes aspectos, apesar de eles serem postos mais como panos de fundo, o que não ocorre com a utilização das "histórias conectadas", em que essas relações permeiam a obra densamente. Ambas as perspectivas podem caminhar e se ajudar mutuamente.

A partir da pesquisa aqui efetuada é possível expandir os horizontes e considerar questões como as trocas culturais entre os professores das duas ditaduras, a influência dos professores brasileiros exilados no Chile após o golpe de 1964, os intercâmbios acadêmicos ocorridos e, mais uma vez, as relações e as experiências compartilhadas entre esses professores após o golpe de 1973, sejam em suas respectivas nações, sejam nos países em que se exilaram. O mesmo pode ser pensado sobre o aparato repressivo montado na América Latina, que atingiu seu apogeu com a

---

wards a reconfiguration of early modern Eurasia". *Modern Asian Studies*, n. 3, v. 31, Special Issue: The Eurasian Context of the Early Modern History of Mainland South East Asia, 1400-1800, jul. 1997, p. 735-762.

73 HEINZ, Flavio M. e KORNDÖRFER, Ana Paula, *op. cit.*, In: HEINZ, Flavio M. (org.). *op. cit.*, p. 14.

criação e as ações da Operação Condor, ou a influência e a ajuda militar brasileira na repressão inicial do golpe chileno. Como bem apontado por Prado, os dois modos de pensar a história – o comparado e o conectado – mais se completam do que entram em confronto,[74] ajudando a iluminar o que é ignorado quando se analisa apenas uma história nacional. Levando em conta que um dos principais objetivos do estudo aqui apresentado é perceber as diferenças e semelhanças da repressão contra os professores nas duas referidas universidades durante as reformas do ensino superior, tanto em suas regularidades como em suas exceções, a síntese da historiadora Deborah Cohen me parece interessante para concluir sobre a escolha da história comparada:

> Depois de tudo, a história comparada está preocupada fundamentalmente com diferenças e semelhanças, frequentemente com questões de causalidade. Histórias transnacionais, em contraste, podem nos falar sobre circulação transnacional, sobre a história das trocas culturais, sobre fenômenos internacionais.[75]

Por fim, espero que o trabalho aqui apresentado contribua para se pensar na construção de uma integração democrática na América Latina, o que somente é possível, como bem pontuado por Maria Helena Rolim Capelato, com o "reconhecimento do espaço das diferenças, da alteridade."[76]

---

74 PRADO, Maria Ligia Coelho, *op. cit*, p. 30.

75 COHEN, Deborah. "Comparative History: buyer beware". *GHI Bulletin*, n. 29, outono 2001, p. 24 apud HEINZ, Flavio M. e KORNDÖRFER, Ana Paula, *op. cit.*. In: HEINZ, Flavio M. (org.). *op. cit.*, p. 15.

76 CAPELATO, Maria Helena Rolim. "América Latina: integração e história comparada". In: GEBRAN, Philomena; LEMOS, Maria Teresa Toríbio Brittes. *América Latina: cultura, estado e sociedade: novas perspectivas*. Rio de Janeiro: ANPHLAC, 1994, p. 108.

I. Operação limpeza: a repressão inicial nas universidades brasileiras e chilenas

As esquerdas na América Latina viviam um momento de euforia e otimismo em relação ao futuro nas décadas de 1960 e 70. A Revolução Cubana, ocorrida em 1959, era o exemplo mais próximo e poderoso. E seria acompanhada pelos movimentos de libertação na África e na Ásia. O Brasil e o Chile, cada qual com suas peculiaridades e inseridos nesse contexto, viram chegar ao poder governos de esquerda, ainda que formados por grupos heterogêneos, que planejavam reformular as estruturas políticas, econômicas e sociais dos respectivos países.[1] O apoio de parte da população, vocalizado em variados movimentos sociais e grupos políticos, levou às ruas as reivindicações de setores excluídos e marginalizados

1 Sobre a influência da Revolução Cubana no Brasil e a renovação do fazer revolucionário, cf. SADER, Emir. Cuba no Brasil. "Influências da revolução cubana na esquerda brasileira". In: AARÃO REIS, Daniel et. al. *História do Marxismo no Brasil.* Rio de Janeiro: Paz e Terra, 1991, p. 159-183. Alberto Aggio analisa as consequências da prolongada visita de Fidel Castro ao Chile em 1971, discutindo também a influência da Revolução Cubana no Chile. Cf. AGGIO, Alberto. "Uma insólita visita: Fidel Castro no Chile de Allende. *História* (online). São Paulo, n. 2, v. 22, 2003, p. 151-166. Julio Pinto trata das diferenças e disputas entre as esquerdas no Chile, que foram responsabilizadas, em parte, pelo sucesso do golpe. Cf. PINTO, Julio. "Hacer la revolución en Chile". In: PINTO, Julio (org.). *Cuando hicimos historia: la experiencia de la Unidad Popular.* Santiago: LOM Ediciones, 2005, p. 9-33. Este mesmo livro organizado por Pinto trata das várias transformações ocorridas no governo da UP a partir de distintas perspectivas.

da sociedade, assustando a elite e amplas esferas da classe média. Estas, amparadas pela mídia tradicional e por políticos oposicionistas e conservadores, mobilizaram-se agressivamente contra os governos de Goulart e Allende e conseguiram o apoio da alta oficialidade das Forças Armadas e de parte da Igreja, sem contar os incentivos financeiros e a ajuda logística dos Estados Unidos, que queriam evitar a qualquer custo o surgimento de uma nova Cuba. O golpe, em ambos os países, foi civil-militar,[2] e foi recebido com grande alívio por inúmeros setores da sociedade.

Apesar das singularidades internas do Brasil e do Chile e das diferenças de contextos que viviam os dois países no momento de seus golpes civil-militares, separados por quase uma década, pode-se afirmar algumas semelhanças. Ambos os golpes foram desencadeados por um grupo heterogêneo composto por nacionalistas de direita, liberais e conservadores. Entre esses grupos havia o mesmo sentimento anticomunista, que alertava para a influência da perigosa doutrinação "vermelha" vinda de Moscou e Havana, preocupava-se com o direito à propriedade privada e com os valores tradicionais. Comportamentos e estéticas consideradas "desviantes" ou "fora do padrão", defesa dos trabalhadores e camponeses, apoio às reformas desencadeadas pelos presidentes derrubados, entre outras atitudes, poderiam ser taxadas de "subversivas" e comunistas, independente da orientação ideológica do indivíduo. Um inimigo em comum reuniu as lideranças

---

2 Sigo a linha de pensamento de Marcos Napolitano em relação a classificar os dois golpes como civil-militar e as duas ditaduras como militar. Todo regime ditatorial, autoritário ou totalitário necessita de apoio civil para se manter. O que vai defini-lo em sua classificação é quem está no centro decisório do poder, o que nos dois casos foram os militares. Optei, assim, por utilizar os termos ditadura militar ou apenas ditadura neste trabalho. Cf. NAPOLITANO, Marcos. *1964: História do Regime Militar Brasileiro*. São Paulo: Contexto, 2014, p. 11.

golpistas, que aceitaram o uso de medidas autoritárias para colocar seus projetos de país – tanto no Brasil, quanto no Chile – em marcha. Por fim, a presença e o suporte estadunidense aos dois golpes, em variados graus, também foi um fator de semelhança na história dos dois países.[3]

3 Os livros de Aarão Reis (2014) e Napolitano(2014), já citados, tratam da ditadura militar – ou civil militar no caso de Aarão Reis –, mas também analisam o governo de Jango e sua derrubada. A narrativa depreendida nos dois livros a partir da crise do governo de Goulart, apesar de suas diferenças, clareiam as características e ações que vão nortear a ditadura no Brasil. Outra análise relevante é o livro de Motta sobre as caricaturas no governo Jango. O livro ajuda a compreender, de maneira didática, o papel da mídia na derrubada de Jango. Cf. MOTTA, Rodrigo Patto Sá. *Jango e o Golpe de 1964 na caricatura*. Rio de Janeiro: Jorge Zahar, 2006. Lucilia Delgado explica de maneira clara e sucinta os principais partidos e frentes parlamentares do período. A autora discorre sobre a composição, atuação e projetos do Partido Trabalhista Brasileiro (PTB), do Partido Social Democrático (PSD) e da União Democrática Nacional (UDN) no período de 1945 a 1964. Cf. DELGADO, Lucilia de Almeida Neves. "Partidos políticos e frentes parlamentares: projetos, desafios e conflitos na democracia". In: FERREIRA, Jorge; DELGADO, Lucilia de Almeida Neves. *O Brasil Republicano: o tempo da experiência democrática – da democratização de 1945 ao golpe civil-militar de 1964*. Rio de Janeiro: Civilização Brasileira, 2003, p. 127-154. O livro de Luiz Alberto Moniz Bandeira explica e coloca bastante ênfase no papel da CIA para a derrubada de Jango. Cf. BANDEIRA, Luiz Alberto Moniz. *O governo João Goulart: as lutas sociais no Brasil*. São Paulo: Editora UNESP, 2010. No caso chileno, além do livro de Valenzuela (El quiebre de la democracia en Chile), que parte da ótica da ciência política, do livro de Bandeira (Fórmula para o caos), que enfatiza os atores internacionais e da trilogia de Stern (La caja de la memória del Chile de Pinochet), que apresenta a perspectiva da memória, há os relevantes trabalhos de Alberto Aggio, representante de uma história política renovada, e do sociólogo Tomás Moulian. Cf. AGGIO, Alberto. *Democracia e socialismo: a experiência chilena*. São Paulo: Editora UNESP, 1993; e MOULIAN, Tomás. *Democracia y socialismo en Chile*. Santiago: FLACSO, 1983.

A intensidade com que as demandas sociais reverberaram nas ruas e nos movimentos populares atingiu diversos setores da sociedade e levou a uma extremada reação por parte dos grupos de direita.[4] O meio universitário se envolveu e participou amplamente dos debates políticos da época, tornando-se foco de surgimento de relevantes grupos de esquerda,[5] o que atraiu a

---

4 Um dos estudos mais completos sobre o envolvimento dos grandes empresários, brasileiros e estrangeiros, grupos de militares e outros setores da sociedade civil no Golpe de 1964 é o de Rene Dreifuss. Cf. DREIFUSS, Rene. *1964: a conquista do estado*. Petrópolis: Vozes, 1981. A obra de Verónica Valdivia é fundamental para entender a direita chilena. Além dos textos da autora já citados, cf. VALDIVIA, Verónica. "'Crónica de una muerte anunciada': la disolución del Partido Nacional", 1973-1980. In: VALDIVIA, Verónica (org.). *Su revolución contra nuestra revolución*, p. 15-47.

5 No Brasil, dois grupos surgiram no início da década de 1960 e se destacaram nas universidades: a Organização Revolucionária Marxista - Política Operária (POLOP) e a Ação Popular (AP). As duas organizações contestavam a linha reformista de ação do Partido Comunista Brasileiro (PCB) e sofriam influência da Revolução Cubana. A AP foi a organização mais poderosa no meio estudantil e se manteve na liderança da União Nacional dos Estudantes (UNE) até o final da década de 1960, quando a entidade estudantil, agindo na ilegalidade desde 1964, foi desmantelada pelo aparato repressivo. Para uma compreensão geral sobre a POLOP cf. AARÃO REIS, Daniel. "Classe operária, partido de quadros e revolução socialista. O itinerário da Política Operária - Polop". In: FERREIRA, Jorge; AARÃO REIS, Daniel. (orgs.) *As esquerdas no Brasil. Revolução e democracia (1964-...)*, p. 53-71. Sobre a AP e sua trajetória cf. CIAMBARELLA, Alessandra. Do cristianismo ao maoismo: a história da Ação Popular. In: FERREIRA, Jorge; AARÃO REIS, Daniel (orgs.), *op. cit.*, p. 99-129. Apesar da preponderância do PCB, da POLOP e da AP nos meios universitários antes do golpe de 1964, houve outros grupos menores que também atuaram nas universidades, como o Partido Operário Revolucionário Trotskista (POR-T) e o Movimento Revolucionário Tiradentes (MRT), fundado por Francisco Julião, líder das Ligas Camponesas. Um dos estudos mais completos para se compreender sobre as diferentes organizações de esquerda da época é o de RIDENTI, Marcelo. *O fantasma da revolução brasileira*. São Paulo: Editora UNESP, 2010. No Chile, o grupo com maior destaque foi o

atenção e a inimizade dos órgãos de informação, compostos por conservadores autoritários, e dos grupos de direita oposicionistas às reformas pretendidas pelos governos de Jango e Allende. As ações desencadeadas pelo movimento estudantil e pela esquerda universitária pretendiam impulsionar mudanças não somente nas universidades, como também em toda sociedade.[6] Efetuados

---

MIR. Formado em agosto de 1965 por um grupo de dirigentes estudantis da UdeC e de dirigentes sindicais, a partir da fusão de dissidentes do PS com outros pequenos agrupamentos de tendência trotskista e anarquista, o MIR, liderado por Miguel Enriquez, exerceu sua influência em várias partes do país, incluindo Santiago. Durante o governo Allende, o MIR foi atuante entre os *pobladores*, camponeses e na formação dos *Cordones Industriales* em Santiago. O MIR chegou a organizar em julho de 1972, em Concepción, juntamente com facções *rupturistas* da UP, sindicatos e organizações estudantis e camponesas, uma Assembleia Popular, na qual defenderam a ruptura com as instituições e a ordem política. Durante a ditadura seus membros foram quase todos mortos pela DINA. Cf. SANDOVAL, Carlos. *Movimiento de Izquierda Revolucionaria 1970-1973. Conyunturas, documentos y vivencias.* Concepción: Ediciones Escaparate, 2004; e PINTO, Julio. "Y la historia les dio razón? El MIR en Dictadura, 1973-1981". In: VALDIVIA, Verónica (org.). *Su revolución contra nuestra revolución*, p. 153-205.

6 Cf. MARTINS FILHO, João Roberto. *Movimento estudantil e ditadura militar: 1964-1968.* Campinas: Papirus, 1987. Sobre o movimento estudantil brasileiro no pré golpe e na primeira fase da ditadura, o livro de Martins Filho continua sendo uma importante referência. Sobre o movimento estudantil chileno e a reforma universitária realizada durante o governo Frei e Allende, cf. FUENTES, Aldo Casali. "Reforma Universitaria en Chile, 1967-1973. Pre-balance histórico de una experiencia frustrada". *Intus-Legere Historia*, n. 1, v. 5, 2011, p. 81-101; TRONCOSO, Hugo E. Cancino. "El movimiento estudiantil chileno y el proceso de Reforma Universitario, 1967-1968: el caso de la Facultad de Filosofía y Educación de la Universidad de Chile". In: *XVI Congreso Internacional de AHILA. San Fernando*, set 2011. Disponível em: http://vbn.aau.dk/files/58699467/Reform_Univ.pdf. Acesso em 25 nov. 2015. Uma boa análise sobre a reforma educacional no governo Allende e a atuação de oposição da FEUC se encontra em QUADRAT, Samantha Viz. "A reforma educacional da Unidade Popular e o golpe no Chile". In: *XXVI Simpósio Nacional de História – ANPUH. São Paulo,*

os golpes, as universidades brasileiras e chilenas estariam entre as primeiras instituições atingidas. No contexto nacional houve algumas diferenças na forma de como a repressão atingiu distintas universidades. Apesar disso, é possível notar padrões de comportamentos na repressão contra as instituições universitárias do mesmo país e diferenças marcantes quando comparada a repressão entre Brasil e Chile.

Visando compreender melhor a repressão política contra as duas instituições aqui trabalhadas, UFMG e UTE, uma breve análise comparativa será realizada de modo a fornecer um panorama geral da repressão inicial, principalmente contra os docentes universitários, nos dois países, no que ficou conhecido como "operação limpeza"[7] pelas duas ditaduras.

---

julho 2011. Anais do XXVI Simpósio Nacional de História – ANPUH. Disponível em:<http://www.snh2011.anpuh.org/resources/anais/14/1300674617_ARQUIVO_AreformaeducacionaldaUnidadePopulareogolpenoChile.pdf>. Acesso em 25 nov. 2015.

7 A operação limpeza tinha como objetivo afastar das instituições, incluindo as universidades, os comunistas, socialistas, trabalhistas, miristas, nacionalistas de esquerda e apoiadores de Jango e Allende no geral. Para os militares e seus apoiadores civis, grande parte dos inimigos eram "subversivos", seja no aspecto político ou moral. Muitos foram acusados de corrupção, mesmo sem prova alguma, ou de comportamento desviante, o que abrangia um leque inconsistente de opções. Nas universidades, no caso brasileiro, o afastamento se deu por meio de demissões ou prisões, envolvendo tortura ou não. No chileno, além das demissões e prisões, alunos, funcionários e professores foram torturados, assassinados e desaparecidos. Cf. MOTTA, Rodrigo Patto Sá. *As universidades e o regime militar*, p. 25; BANDEIRA, Luiz Alberto Moniz. *Fórmula para o caos*, p. 556. Segundo o ex-reitor da UCh no momento do golpe, Edgardo Boeninger, a ideia de uma "limpeza" na própria UCh havia partido principalmente dos setores mais conservadores da universidade. O livro da jornalista María Olivia Mönckeberg, um dos poucos que tratam de maneira geral a relação entre as universidades e a ditadura militar no Chile, traz essa versão de Boeninger sobre a operação limpeza. Cf. MÖNCKEBERG,

Invasões, prisões, torturas e mortes no meio acadêmico do Brasil e do Chile

Logo após o golpe no Brasil em abril de 1964, vários estudantes, funcionários e professores foram presos em várias universidades, como mostra Motta:

> Voltando às prisões, é difícil, como já foi dito, reunir dados precisos sobre o quantitativo de presos ligados aos meios acadêmicos. Os registros disponíveis mostram que houve detenções por toda parte, mas dão destaque às figuras mais conhecidas ou pertencentes às instituições universitárias de maior porte. [...] Os lugares de detenção eram delegacias, penitenciárias e quartéis, mas houve casos de navios transformados em prisão temporária, indício da falta de espaço para acolher os detidos da primeira onda repressiva.[8]

Houve conflitos e ataques às universidades já no primeiro dia do golpe. A Faculdade de Filosofia, Ciências e Letras (FFCL) da Universidade de São Paulo (USP) e a Faculdade Nacional de Filosofia (FNFi) da Universidade do Brasil, (UB, atual Universidade Federal do Rio de Janeiro, UFRJ) foram metralhadas e invadidas pelos agentes do DOPS, acompanhados de integrantes de grupos de extrema direita. Em Recife, dois estudantes secundaristas foram mortos em protestos ocorridos na Faculdade de Engenharia da Universidade do Recife (atual Universidade Federal de Pernambuco, UFPE). A biblioteca da cátedra de história moderna e contemporânea na FNFi foi depredada em uma das invasões, porém queima e destruição de livros nas universi-

---

María Olivia. *La privatización de las universidades: una historia de dinero, poder e influencias*. Santiago: Copa Rota, 2005, p. 35-36 e 83.

8 MOTTA, Rodrigo Patto Sá. *As universidades e o regime militar*, p 29.

dades não foram muito comuns. O prédio da UNE foi incendiado e destruído, não sem antes roubarem os documentos da entidade. Algumas poucas faculdades tentaram resistir, como a Faculdade de Medicina da USP e algumas faculdades da Universidade do Rio Grande do Sul (URGS) e da UB, porém não tiveram sucesso – e nem tinham condições para enfrentar as forças repressivas golpistas – e logo a derrota se tornou evidente.[9]

O caso mais dramático ocorreu na Universidade de Brasília (UnB), onde a Polícia Militar (PM) mineira e o Exército invadiram o *campus*, em 9 de abril de 1964, e prenderam vários professores e estudantes, que foram submetidos a interrogatórios vexatórios e violentos em instalações militares. A UnB, assim como a UTE no Chile de Allende, era a universidade modelo da Reforma Universitária pretendida pelo governo Jango. Um dos seus fundadores, Darcy Ribeiro, havia sido o chefe da Casa Civil do governo derrubado. Existiam alguns professores de esquerda, entre eles figuras proeminentes ligadas ao PCB, como o arquiteto Oscar Niemeyer. Apesar disso, poucos professores tinham efetiva militância política. A reação exagerada à UnB deu-se mais pela simbologia que ela sustentava e por estar em Brasília, novo centro do poder.[10]

---

9 Cf. MARTINS FILHO, João Roberto, *op. cit.*, p. 82; MOTTA, Rodrigo Patto Sá. *As universidades e o regime militar*, p. 26-27, 30 e 364.

10 Cf. MOTTA, Rodrigo Patto Sá. *As universidades e o regime militar*, p. 31-32; Luiz Antônio Cunha, em seu livro pioneiro sobre as universidades e os primeiros anos da ditadura militar (mais especificamente até a lei de Reforma Universitária de 28 de novembro de 1968), também analisa a repressão efetuada contra a UnB e as outras universidades. Seu foco, no entanto, é no complexo processo de formulação da lei de Reforma Universitária dentro de um regime que estabeleceu uma modernização autoritária. Sobre as repressões logo após o golpe na UnB, cf. CUNHA, Luiz Antônio. *A universidade reformanda: o golpe de 1964 e a modernização do ensino superior*. São Paulo: Editora UNESP, 2007, p. 39-40.

No Chile, a repressão também se deu imediatamente após o Golpe de 11 de setembro de 1973. Sem exageros pode se dizer que, enquanto o *Palacio de la Moneda* estava sendo bombardeado, os militares já se dirigiam para as universidades chilenas com o claro intuito de iniciar uma repressão extremada.

Em que pese o nível da repressão política inicial nas universidades de ambos os países, qualquer medida autoritária é condenável. Porém, a violência desencadeada contra as universidades nos primeiros dias após o golpe chileno se mostrou muito mais intensa do que na experiência brasileira. Foram milhares de presos políticos, entre estudantes e professores, muitos deles torturados nas primeiras horas. Outros mortos nos primeiros dias.

A *Universidad de Concepción* (UdeC), berço do MIR, foi invadida por tropas do Exército e centenas de estudantes e professores foram presos e levados a recintos policiais ou militares. Muitos ficaram presos e foram intensamente torturados na ilha de Quiriquina, localizada na província de Concepción, região de Bío-Bío.[11] O *Informe Rettig* contabilizou 29 mortos e desaparecidos políticos ligados a UdeC. Uma vítima era um professor militante do PS que foi assassinado por agentes da repressão no início de outubro. Os outro 28 eram, em sua maioria, estudantes da UdeC, ou graduados por ela. Grande parte era militante do MIR e quase todos foram vítimas da repressão entre o final de 1973 e o início de 1974, incluindo dois estudantes equatorianos.[12]

---

11 Cf. VALDÉS, Mario. "El golpe de estado del 11 de septiembre de 1973 en Concepción (Chile). Las voces de los testigos". *Cuadernos de Historia*, Santiago: n. 37, dez. 2012, p. 174-182. Em relação às torturas durante a ditadura, o informe da *Comisión Valech* (que possui dois trabalhos) é o que apresenta os dados mais completos. A referida comissão tratou somente dos casos de tortura. Cf. *Informe da Comisión Nacional sobre prisión política y tortura* (*Comisión Valech*).

12 Cf. *Informe de la Comisión Nacional de Verdad y Reconciliación* (Informe Rettig). Volumen II, Tomo 3.

O mesmo se passou nas duas universidades públicas do país, a *Universidad de Chile* (UCh) e a UTE. Sobre a UCh, que possuía *campi* em todo o país, a jornalista Mönckeberg revela que:

> A Universidade do Chile foi desde a mesma terça-feira, 11 de setembro de 1973, um alvo da repressão que se instaurou no país. Muitos dos que formavam parte da comunidade universitária até o dia anterior, perderam a vida, desapareceram ou tiveram que se exilar. Outros passaram a clandestinidade ou se viram obrigados a deixar seus postos.[13]

A Reitoria e o *Instituto Pedagógico* da UCh em Santiago foram invadidos pelos militares no dia do golpe. No *Instituto Pedagógico* (atual *Universidad Metropolitana de Ciencias de la Educación*, UMCE) funcionavam as faculdades de Filosofia, de Ciências Sociais, de Educação e de Ciências, sendo o complexo universitário da UCh com mais influência da esquerda. Os militares cercaram o instituto e colocaram atiradores nos prédios vizinhos. Somente com as negociações do vice-reitor da sede *Oriente* (maior campus da UCh, onde se situava o *Instituto Pedagógico*), os professores e alunos puderam sair dos prédios, sendo que vários deles foram presos no momento.

Professores da UCh que eram ligados a partidos do governo deposto foram mortos ou se tornaram desaparecidos políticos. O médico Enrique Paris, professor da Faculdade de Medicina do Chile, principal dirigente do PCCh na UCh e um dos assessores

13 Tradução do autor. No original: "La Universidad de Chile fue desde el mismo martes 11 de septiembre de 1973 un blanco de la represión que se instaló en el país. Muchos de quienes formaban parte de la comunidad universitaria hasta el día antes, perdieron la vida, desaparecieron o tuvieron que exiliarse. Otros pasaron a la clandestinidad o se vieron obligados a dejar sus puestos." MÖNCKEBERG, María Olivia, o*p. cit.*, p. 24.

de Allende, foi ao La Moneda juntamente com o presidente no dia 11 de setembro. Após o suicídio de Allende, Paris saiu no último grupo, sendo preso e posteriormente levado ao Regimento Tacna. Foi torturado, morto e dado como desaparecido durante anos. Seu corpo só foi encontrado após a redemocratização. O caso de Paris é um dos mais conhecidos, dentre os vários relatos de violação dos direitos humanos contra os membros da UCh. Segundo o Informe Rettig, ao menos outros 10 professores da UCh foram mortos e desaparecidos pela ditadura militar chilena, a maioria com vinculação política a partidos e grupos de esquerda e nos anos de 1973 e 74. Casos igualmente emblemáticos, como os de Eduardo Paredes (morto junto com Paris), também professor da Faculdade de Medicina da UCh, dirigente do PS e importante assessor de Allende; Carlos Salazar (morto no Estádio Nacional em outubro de 1973), advogado, professor da Faculdade de Direito da UCh, militante socialista e amigo de Allende; e Fernando Órtiz (desaparecido por ação da *Dirección de Inteligencia Nacional*, DINA, em dezembro de 1976), dirigente comunista, professor de história e membro do Conselho Superior da UCh constam da lista de professores da maior universidade chilena. Além dos professores, o Informe Rettig e a CNRR descrevem mais de 70 casos de mortos e desaparecidos políticos vinculados à UCh – entre eles dois equatorianos – principalmente nos anos de 1973 e 74, sendo a maioria estudantes pertencentes ao MIR.[14]

Já na UTE, que será tratada com mais detalhe no próximo capítulo, a violência da repressão seria ainda maior. A sede da uni-

14 Sobre a repressão contra os membros da UCh, principalmente nos primeiros dias, cf. MÖNCKEBERG, María Olivia, *op. cit.*, p. 21-26, 30-31 e 547; MUNÕZ, Heraldo, *op. cit.*, p. 34; *Informe de la Comisión Nacional de Verdad y Reconciliación* (Informe Rettig). Volumen I e II, Tomo 1 e 3; *Corporación Nacional de Reparación y Reconciliación* (CNRR).

versidade em Santiago não seria somente cercada, como também bombardeada. A maior parte dos estudantes, professores e funcionários que ali estava seria presa e levada ao Estádio Chile. Muitos seriam torturados e mortos neste recinto ou posteriormente no Estádio Nacional. O próprio reitor e o grupo dirigente da UTE seriam presos. Muitos partiriam para o exílio posteriormente. Em outros *campi* da UTE, que também possuía presença nacional, igualmente ocorreu violência contra os membros acadêmicos.

Entre as oito universidades chilenas, públicas e privadas, que existiam nesse momento, seguramente a UdeC, a UCh e a UTE foram as que sofreram mais fortemente a repressão em um primeiro momento. Porém, as outras universidades também foram atingidas, incluindo a favorita do regime, a *Pontifícia Universidad Católica de Chile* (UC), berço do *Gremialismo*, e que possuía forte presença da DC. Professores e estudantes da UC, ligados a partidos de esquerda, foram perseguidos e torturados. O reitor dessa universidade no momento do golpe, Fernando Castillo, teve sua casa invadida mais de uma vez pelos militares, e sua esposa, a escritora Mónica Echeverría, chegou a ser detida e levada para interrogatório.[15]

Surpreendentemente, o número de professores mortos da UC é similar ao dos estudantes. Foram cinco professores e sete

15 A filha de Fernando Castillo, Carmen Castillo, havia sido casada com o sobrinho do presidente Allende, Andrés Pascal Allende, um dos fundadores e líderes do MIR. No momento do golpe, era namorada de Miguel Enríquez, o principal dirigente do MIR, e passou a viver na clandestinidade. Isto ajudou a colocar o reitor, membro da DC, e sua família na mira dos militares e da repressão. Ele e sua mulher sairiam para o exílio na Inglaterra exatamente um ano após o golpe. Um mês depois, Miguel Enríquez seria morto em uma emboscada da DINA. Carmen Castillo, que estava grávida, ficou gravemente ferida no confronto. Posteriormente juntou-se aos seus pais na Inglaterra, onde deu à luz o bebê, que apenas sobreviveu cinco semanas em decorrência dos ferimentos sofridos pela mãe. Cf. MÖNCKEBERG, María Olivia, *op. cit.*, p. 41 e 44-45.

estudantes mortos e/ou desaparecidos durante a ditadura, entre 1973 e 1980. Metade foi assassinada no ano de 1975, provavelmente porque os militares já haviam reprimido as universidades consideradas *rojas*, desarticulado e eliminado quase que totalmente o MIR, e nesse momento passavam o "pente fino" da repressão, buscando indivíduos "subversivos" em lugares não tão tradicionais da esquerda. Completando os assassinatos do regime nas universidades administradas pela Igreja Católica, foram sequestrados e mortos, entre 1973 e 75, três membros da *Universidad Católica de Valparaíso* (UCV), entre eles um professor, em 1975, e seis membros da *Universidad Católica del Norte* (UCN), sendo também um deles professor, morto em 1973.[16]

Por fim, houve um caso de estudante assassinado da *Universidad Técnica Federico Santa María* (USM) e cinco casos de membros da *Universidad Austral de Chile* (UACh) mortos e/ou desaparecidos, sendo quatro pertencentes ao MIR e um ao PS.[17] Vale ressaltar que em todas as universidades houve professores, estudantes e funcionários que foram presos e muitas vezes torturados.

Voltando ao Brasil, apesar das várias prisões ocorridas nos primeiros dias após o Golpe, o número de mortes no meio acadêmico decorrente da repressão política foi quase nulo em um primeiro momento. Somente em 1968, quatro anos após o golpe, ocorreriam as primeiras mortes de pessoas ligadas ao ensino supe-

16 Cf. *Informe de la Comisión Nacional de Verdad y Reconciliación* (Informe Rettig). Volumen II, Tomo 3. *Corporación Nacional de Reparación y Reconciliación* (CNRR).

17 O único caso registrado pelos informes de morte de um membro da USM foi em novembro de 1989, em um contexto bem diferente do analisado aqui. Cf. *Informe de la Comisión Nacional de Verdad y Reconciliación (Informe Rettig). Volumen II, Tomo 3. Corporación Nacional de Reparación y Reconciliación* (CNRR).

rior. Já no Chile, dos 227 mortos e/ou desaparecidos pelos órgãos de repressão e pela violência política pertencentes ao mundo acadêmico – aí incluídos os membros da UTE, a universidade com maior número de membros mortos e/ou desaparecidos – 173 (cerca de 76%) foram só nos primeiros quatro anos do regime, sendo que 126 (cerca de 55%) foram nos anos de 1973 (75 casos) e 74 (51 casos). Especificamente sobre os professores, foram também durante os primeiros quatros anos que ocorreram as 24 mortes na ditadura chilena (incluídos os professores da UTE), enquanto no Brasil, apenas na década de 1970 que foram assassinados pela ditadura os sete docentes universitários que se tem registro.[18]

Comparando os dois países, esses dados podem ser explicados, em parte, pelo nível de organização e força da esquerda chilena, que estava inserida em todas as universidades do país. Além disso, o MIR, grupo que defendia a luta armada desde o momento anterior ao golpe – e era apoiado por setores do Partido Socialista –, possuía uma presença muito mais significativa no Chile, e nas universidades, do que os pequenos e desorganizados grupos da esquerda armada no Brasil pré-golpe. Acrescente-se que o nível de polarização alcançado no Chile e o medo da direita em relação aos "temidos comunistas" eram muito mais reais do que no Brasil. O governo da UP era de fato um governo marxista com uma proposta de revolução. Algo bem distante do governo de Jango, apesar deste contar com o apoio de setores radicaliza-

18 Os sete professores universitários assassinados pela ditadura brasileira foram Lincoln Bicalho Roque, Raul Amaro Nin Ferreira, Ana Rosa Kucinski, Iara Iavelberg, Heleny Guariba, Norberto Nehring e Wladimir Herzog. Todos os números foram levantados e calculados por mim a partir de todos os informes investigados e listados na introdução e ao final do trabalho. Os que mais informações forneceram foram os infomes da Comissão Nacional da Verdade (CNV), do Brasil, e os informes Rettig e CNRR, do Chile.

dos da esquerda. A título de exemplo, enquanto no Brasil o PCB era um partido que atuava na ilegalidade, no Chile, o PCCh era um dos partidos de esquerda mais fortes e com maior número de eleitores, atuando totalmente na legalidade.[19] A extrema polarização política, o nível de organização e influência da esquerda, que tentou implantar um Estado socialista, e a presença de um relevante grupo que defendia a luta armada - sendo esta última a principal preocupação dos militares de ambos os países - possibilitam compreender porque a repressão no Chile no início da ditadura foi tão intensa.

No Brasil, como bem mostrado por Ridenti, a esquerda armada começou a ter uma efetiva atuação e organização a partir do final da década de 1960, principalmente após o AI-5. E os grupos estudantis foram um dos principais fornecedores de militantes para os grupos de esquerda em geral, cerca de 24,5% de um total de 3698 processados com ocupação estudantil.[20] O número de professores universitários é irrisório no que concerne aos grupos de esquerda armada. Foi nesse momento que a repressão atingiu seu ápice na ditadura militar brasileira. Cerca de 100 pessoas, dos 434 mortos e desaparecidos políticos listados pela CNV, tinham alguma ligação direta com as universidades. O que difere, nesse caso, do Chile é que ao entrar nas organizações clandestinas de esquerda, muitas das vítimas da ditadura brasileira se desvincu-

19 Carine Dalmás compara os partidos comunistas do Brasil e do Chile, nas décadas de 40 e 50, a partir de uma perspectiva política-cultural. A análise da autora ajuda a compreender algumas características e ações de ambos os partidos no governo Jango e Allende. Cf. DALMÁS, Carine. "Os comunistas, a cultura e a política das frentes populares: apontamentos sobre as concepções culturais do PCB e do Partido Comunista do Chile". In: NAPOLITANO, Marcos; CZAJKA, Rodrigo; MOTTA, Rodrigo Patto Sá, *op. cit.*, p. 183-205.

20 RIDENTI, Marcelo, *op. cit.*, p. 114 e 275-276.

lavam, em parte ou totalmente, das universidades, enquanto no país andino a maioria das vítimas participava ativamente do meio universitário no momento de sua captura.

A semelhança, dessa maneira, entre os dois países, se dá no que diz respeito ao ápice da repressão ser contra os membros de partidos políticos e, principalmente, grupos de esquerda que defendiam a derrubada dos regimes pela via armada, o que ocorreu em momentos distintos das duas ditaduras, como já mostrado. O contexto internacional, porém, não pode ser ignorado. As ideias de luta armada se fortaleceram ao final da década de 1960, em um momento de contestação juvenil e de teses revolucionárias que defendiam que se pegasse em armas. O livro *Revolução na Revolução*, de Jules Régis Debray,[21] foi um dos que mais influenciou a juventude latino-americana a seguir o caminho da luta armada, chegando ao Brasil em plena ditadura e ao Chile durante o governo de Frei. Esses fatores também ajudam a entender porque o ápice da repressão se deu em momentos diferentes nos dois países. O número de torturados no meio acadêmico nos momentos iniciais do golpe, e também nos primeiros anos das duas ditaduras, segue pela mesma lógica. Foram dezenas no Brasil e milhares no Chile, não sendo possível contabilizar com precisão as vítimas de tortura das universidades. No caso chileno, vários professores foram barbaramente torturados nos meses iniciais da ditadura, o que foi raro no caso brasileiro, em que as poucas torturas contra os docentes estiveram em um plano mais psicológico nos momentos iniciais do golpe.[22]

---

21 DEBRAY, Régis. *Revolução na Revolução*. Havana: Casa de las Américas, 1967.

22 MOTTA, Rodrigo Patto Sá. *As universidades e o regime militar*, p. 29-30.

Intervenções, investigações e expurgos nas universidades brasileiras e chilenas: semelhanças e diferenças em um contexto geral

A repressão contra os membros das universidades teve diversas outras facetas além dos assassinatos e as sessões de torturas. Em relação ao Brasil, Inquéritos Policial-Militares (IPMs) foram estabelecidos com o objetivo de investigar crimes políticos. Os IPMs se dividiam em variadas temáticas e centenas de professores e estudantes universitários foram investigados e interrogados. Desde muito antes, os DOPS já investigavam os professores universitários, acompanhando de perto as ações dos indivíduos considerados suspeitos e ligados a grupos ou partidos de esquerda. Essas investigações ajudariam nas prisões e no estabelecimento de IPMs específicos. Houve IPMs exclusivos[23] para a UNE, a AP, a Juventude Universitária Católica (JUC), a POLOP e o PCB,[24] e neles apareceu significativo número de professores universitários, sem mencionar centenas de estudantes. IPMs dedicados a instituições de ensino também existiram, como os da UnB, do Instituto Superior de Estudos Brasileiros (ISEB) e da Faculdade Nacional de Filosofia da UB.[25]Ao final de 1964, muitos IPMs foram encerrados ou colocados em *stand-by.* Como veremos a partir do caso da UFMG, a maioria dos IPMs vai ser encerrada por faltas de provas ao final de 1966 e início de 1967.

---

23 MARTINS FILHO, João Roberto, *op. cit.*, p. 83.

24 Rodrigo Czajka analisa o papel dos intelectuais comunistas a partir dos IPMs do PCB. Cf. CZAJKA, Rodrigo. "'A luta pela cultura': intelectuais comunistas e o IPM do PCB". In: NAPOLITANO, Marcos; CZAJKA, Rodrigo; MOTTA, Rodrigo Patto Sá, *op. cit.*, p. 231-250.

25 MOTTA, Rodrigo Patto Sá. *As universidades e o regime militar*, p. 50.

Ao mesmo tempo em que ocorriam os IPMs, foram criadas comissões de inquérito ou de sindicância nas universidades após o reinício das aulas. Essas comissões visavam que as próprias universidades, a partir de seus quadros mais conservadores – e que existiam em abundância entre os professores –, fossem as responsáveis pela investigação de seus membros "subversivos". Nomes de destaque nas universidades, como, por exemplo, Raimundo Muniz de Aragão, Alfredo Buzaid, Zeferino Vaz, Antonio Delfim Netto, Milton Campos e Luís Antônio da Gama e Silva, teriam importantes cargos na ditadura militar brasileira e, alguns deles, seriam responsáveis diretos pela repressão contra os membros do ensino superior. As sindicâncias nas universidades foram estabelecidas pela portaria nº 259, do dia 19 de abril, por ordem do ministro da Educação, Flávio Suplicy de Lacerda.[26] A portaria incentivou a expulsão de mais estudantes e atingiu vários docentes.

Sobre os estudantes, não há números exatos de quantos foram expulsos das universidades. Na FNFi da UB, considerada uma das com mais integrantes comunistas, 19 estudantes foram expulsos logo após o golpe. No Instituto Tecnológico da Aeronáutica (ITA), foram 12 os estudantes expulsos, que também foram presos.[27] Outras dezenas de estudantes foram expulsas de diversas universidades em decorrência da "operação limpeza" feita pelos militares, que atingiu com menor intensidade os docentes:

> A violência deflagrada pelo golpe visou, com mais intensidade, às lideranças estudantis e suas entidades, consideradas mais comprometidas pela "infiltração comunista" que o corpo docente. [...] O número de estudantes presos foi

26 *Ibidem*, p. 51.

27 CUNHA, Luiz Antônio. *A universidade reformanda*, p. 54; MOTTA, Rodrigo Patto Sá. *As universidades e o regime militar*, p.31.

> bem superior ao de professores, e suas entidades sofreram intervenção por todo o país [...]. Dezenas de estudantes foram expulsos das universidades e outros tantos abandonaram os estudos para fugir à repressão ou para dedicar-se inteiramente às atividades políticas.[28]

Em relação aos professores, Motta calculou em cerca de cem os punidos, entre demitidos e aposentados. O compromisso com as comissões de inquérito ou sindicância variou entre as universidades.

O caso da UnB, como não poderia deixar de ser, foi emblemático, inclusive porque a demissão de quadros da universidade não se deu através dos inquéritos. Quatro dias após a invasão da universidade, o governo de Castello Branco demitiu o reitor Anísio Teixeira, seu vice, Almir de Castro, e todo o Conselho Diretor. Zeferino Vaz foi o nome imposto para a reitoria da UnB. O CFE, sob pressão, ratificou a escolha de Vaz, em vistas de dar um ar de legalidade à intervenção que sofria a instituição universitária da capital. Logo de início, 13 professores foram demitidos sem acusações formais. O ato causou revolta no meio universitário e alguns professores se demitiram. O reitor imposto negou as acusações de perseguição ideológica. Apesar do início de gestão autoritária, Vaz conseguiu o apoio de parte da comunidade acadêmica ao afirmar que iria respeitar e defender o projeto original da universidade. A tranquilidade não durou muito tempo, pois os órgãos de repressão, em meados de 1965, mais uma vez acusaram professores da UnB e fizeram forte pressão para que o reitor demitisse alguns deles. Vaz acabou cedendo às pressões e demitiu os professores, o que gerou protestos de estudantes e outros docentes, que voltaram a se demitir em solidariedade aos perseguidos. A crise culminou com a renúncia de Vaz, com

---

28 *Ibidem*, p. 30-31.

a justificativa de que ele iria organizar a futura Universidade de Campinas (Unicamp).

O novo reitor, Laerte Ramos de Carvalho, agradou mais aos militares. Apesar de Carvalho também ter se comprometido com o projeto original da UnB, as ações autoritárias do novo reitor não tardaram. Carvalho confirmou a demissão de um professor, cujo processo ainda estava sendo analisado devido às tentativas de Vaz de mantê-lo no cargo. A ação mais uma vez levou a amplos protestos por parte de toda a comunidade acadêmica e os coordenadores se demitiram coletivamente. O reitor respondeu de maneira violenta, solicitando e autorizando a entrada da polícia no campus, que prendeu e espancou estudantes e professores. Quinze professores foram demitidos sem justificativas formais. Desiludidos com o futuro da universidade modelo de Jango e indignados com a situação de violência, cerca de 80% dos docentes pediram demissão em massa em outubro de 1965. Carvalho não aceitou a sugestão da comissão de sindicância do Conselho Federal, que investigava a crise na UnB, de recontratar os quinze professores demitidos e fazer os demissionários voltarem. Ao longo dos meses, outros professores foram contratados para refazer o quadro docente destruído e docentes que pediram demissão nos protestos foram recontratados. O autoritário ministro Flávio Suplicy de Lacerda sugeriu a nomeação de um oficial diplomado pela Escola Superior de Guerra para reitor, porém sua ideia não foi acatada. Ao longo dos anos, a UnB amargaria outras crises, seria invadida pela polícia, atacada e chamada pela imprensa conservadora de comunista e muito do seu projeto original sofreria perdas ou retrocessos.

Nas outras universidades, as sindicâncias foram usadas para perseguir os inimigos do regime e os inimigos pessoais. Na USP, o reitor Gama e Silva, identificado com a linha dura e que já havia sido Ministro da Educação, nomeou apenas três professores catedráticos, pertencentes às três escolas mais conservadoras e tradicionais – ou seja, membros das faculdades de Direito, Medicina e da Escola Politécnica. Os trabalhos, desenvolvidos em sigilo, causaram protestos por parte da comunidade acadêmica e manifestações de apoio – inclusive do exterior para os professores mais renomados – aos perseguidos. A lista final, elaborada a partir de delações secretas, focava em professores considerados de esquerda e favoráveis às reformas, mas muitas vezes as denúncias foram movidas por interesses puramente pessoais, inveja ou desejos de vingança. Foi recomendada a demissão de 44 professores, porém somente sete da Faculdade de Medicina e dois da Faculdade de Ciências Econômicas e Administrativas (FCEA) foram expurgados, situação que desagradou os setores da linha dura, que voltariam a agir após o AI-5.[29]

Na Universidade Federal de São Paulo (UFSP), que ainda estava em gestação, o novo governo revogou os decretos que definiam a organização da instituição, dissolveu o conselho e exonerou o reitor, Marcos Lindenberg. O reitor e mais três professores foram afastados da abortada universidade.[30] Além da USP e da UFSP,

29 Motta explica que talvez uma das razões da Faculdade de Medicina ter sido a única realmente atingida nesse momento é o fato de que os próprios dirigentes da faculdade terem pressionado para as expulsões. Isso se deu pela insatisfação dos professores conservadores – que eram maioria e sempre prezaram pelas tradições da faculdade – com os jovens professores, muitos deles de esquerda, que traziam ideias e propostas de mudanças para a instituição. *Ibidem*, p. 53-54. Na FCEA, os professores Lenina Pomeranz e Paul Singer foram exonerados em 1964. Singer foi contratado pela Faculdade de Saúde Pública da USP posteriormente. Cf. SAES, Flávio A. M., CYTRYNOWICZ, Roney. *Tradição e utopia: 70 anos de história do CAVC: Centro Acadêmico Visconde de Cairu*. São Paulo: Narrativa Um, 2015, p. 45.

30 MULLER, Angélica. *Violações de direitos humanos nas universidades*. Comissão Nacional da Verdade (CNV). Volume II. Textos Temáticos, p. 270.

no estado de São Paulo, houve demitidos também no Instituto Butantã, na Faculdade de São José do Rio Preto e no ITA.

O reitor da URGS, José Fonseca Milano, recém-empossado após a destituição do reitor Eliseu Paglioli, com o apoio dos grupos mais conservadores, também foi outro que se empenhou na busca por "subversivos" na universidade gaúcha. A comissão era formada por 15 membros de quase todas as unidades universitárias mais um general do III Exército. Segundo Cunha:

> Houve de tudo na Comissão Especial de Investigação Sumária: candidato derrotado a concurso de cátedra que se vingou do rival; instrutores de ensino que se vingaram de catedráticos; membro da própria comissão demitido por não merecer a "confiança" do Comando III do Exército.[31]

A investigação puniu com aposentadorias e demissões 17 professores da URGS, a maioria ligada ao PTB, ao PCB e à AP.

A Universidade do Recife foi outra instituição que também teve um número considerável de professores afastados. No entanto, os professores atingidos não foram indicados pela própria universidade, que recomendou apenas um professor e um funcionário em seu inquérito, número bem abaixo do esperado pela direita. O ministro da Educação, com o apoio do Comando Militar da região, aposentou dez professores, sendo seis catedráticos, e demitiu outros cinco docentes, além de alguns funcionários. O pequeno número de membros indicados para punição pela Universidade do Recife pode ser relacionado com o fato de que o reitor empossado em julho de 1964 não ser o preferido dos militares e não estar disposto a colaborar com o novo regime. Em certa medida, foi o que ocorreu com a UMG – que será tratada em detalhes aqui. Para a

---

31 CUNHA, Luiz Antônio. *A universidade reformanda*, p. 53.

instituição mineira, no entanto, as consequências foram distintas em relação à instituição pernambucana.[32]

Outras universidades também tiveram professores demitidos ou aposentados. Foram quatro na Universidade do Ceará (UCE), três na Universidade da Paraíba (UPB), um na Universidade da Bahia (UBA), quatro na Universidade de Goiás (UGO), dois na Universidade de Santa Maria (USM), dois na Universidade do Paraná (UPR) e um na Universidade do Pará (UPA).

Concluindo os casos de professores aposentados e demitidos nos meses iniciais do pós-golpe, o Rio de Janeiro teve algumas instituições que foram vítimas da repressão de diferentes maneiras. O ISEB foi extinto, sua biblioteca destruída, e alguns de seus docentes que atuavam em outras instituições foram aposentados. No Centro Brasileiro de Pesquisas Físicas (CBPF) houve duas demissões. O Instituto Manguinhos foi investigado e ocorreram mudanças de coordenadores e chefes, além do diretor, que foi substituído por um aliado dos golpistas.

A UB, maior universidade federal e bastante visada pelos órgãos de repressão, teve um número de demitidos abaixo do esperado. Foram seis os afastados na tradicional instituição. A reitoria nomeou um general para presidir a comissão de inquérito, Acyr da Rocha Nóbrega, que recebeu as principais denúncias do professor Eremildo Vianna. Vianna se tornou um dos símbolos da delação durante a ditadura militar brasileira, ao acusar de "subversão" mais de 40 colegas. O mesmo professor havia invadido a

---

32 As informações foram retiradas dos trabalhos de Luiz Antônio Cunha e Rodrigo Patto Sá Motta. Há algumas diferenças em relação ao número de demitidos nas universidades e outros dados. Optei por utilizar, na maioria dos casos, os números apresentados por Motta, por ser um trabalho mais recente, com maior diversidade de fontes e com dados atualizados. *Ibidem*, p. 39-54; MOTTA, Rodrigo Patto Sá. *As universidades e o regime militar*, p. 38-42 e 51-58.

Rádio MEC nos primeiros momentos do golpe, juntamente com os militares, e acusado a diretora Maria Yeda Linhares, sua colega de curso, de utilizar a rádio para propagar discurso subversivo e esconder armas. Apesar do empenho de Vianna, sua ânsia em delatar seus colegas se voltou contra ele, e o general Nóbrega, além de não encontrar provas das acusações contra a maioria dos professores, apontou o próprio Vianna como suspeito de práticas ilegais à frente da Diretoria da FNFi. A imprensa repercutiu os embates que começaram a ser travados entre o general e o professor, e o foco contra os docentes visados pelo regime foi, pelo menos inicialmente, desviado, o que ajuda a explicar o baixo número de professores demitidos na UB.[33]

Reitores também foram afastados, como no caso da já citada UnB. As outras instituições que sofreram intervenções e tiveram seus reitores afastados, seguindo procedimentos parecidos ao que o ocorreu em Brasília, foram a Universidade da Paraíba (UPB), a Universidade do Rio Grande do Sul (URGS), a Universidade Rural do Rio de Janeiro (URRJ), a Universidade do Espírito Santo (UES) e a Universidade de Goiás (UFG). A Universidade de Minas Gerais (UMG) chegou a sofrer uma tentativa de intervenção, porém, como mostraremos adiante, ela fracassou e não foi adiante.

Na Universidade do Recife, o reitor renunciou em junho de 1964. A instituição já estava sendo atacada pelos grupos de direita na imprensa antes mesmo do golpe, devido aos projetos de cultura e alfabetização popular dirigidos por Paulo Freire. A pressão foi tão intensa que o reitor acabou cedendo e entregou o cargo. O CFE indicou um reitor temporário enquanto o Conselho Universitário

---

33 *Ibidem*, p. 58-60. Especificamente sobre o caso da UB, cf. FERREIRA, Marieta de Moraes. "Ditadura militar, universidade e ensino de história: da Universidade do Brasil à UFRJ". *Cienc. Cult.*, São Paulo, n. 4, v. 66, dez. 2014, p. 32-37.

se organizava e decidia sobre o novo reitor. Porém como já mostrado, o novo reitor escolhido não era um entusiasta do novo regime.

Nas outras instituições, os motivos para afastamento estiveram ligados às questões de conexões com grupos de esquerda. Na URGS e na UES, os reitores tinham ligações com o PTB. Na UPB e na URRJ, os reitores teriam apoiado diretamente atividades dos comunistas, principalmente ligadas ao movimento estudantil. Na instituição do Rio de Janeiro, o reitor chegou a ser preso com um grupo de estudantes e funcionários, sendo também uma das vítimas dos expurgos.[34]

Passado um primeiro momento em que foram efetivados os expurgos, vários professores e estudantes retomaram as atividades básicas do meio acadêmico, mas ainda sob vigilância do regime militar.

No Chile, após a forte repressão que se abateu sobre as instituições superiores nos primeiros dias do golpe, o regime pinochetista resolveu liquidar de vez a autonomia de todas as universidades chilenas. No dia 2 de outubro de 1973, foi publicado o decreto nº 50 da Junta Militar no *Diario Oficial*, que avisava da designação de reitores delegados em todas as universidades do país. No mesmo impresso já era divulgado o afastamento do reitor Enrique Kirberg Baltiansky da *Universidad* Técnica del *Estado* e a nomeação de um reitor delegado, o coronel do exército Eugenio Reyes Tastets.[35]

No dia 8 de outubro de 1973, foi publicada a intervenção em mais cinco universidades. Na *Universidad de Chile*, foi nomeado como reitor delegado o *General Del Aire* César Ruiz Danyau, ex-comandante em chefe da Força Aérea; na *Universidad Católica de Chile*, o Vice-almirante Jorge Swett Madge; na *Universidad*

34 MOTTA, Rodrigo Patto Sá. *As universidades e o regime militar*, p. 42-45.

35 Diario Oficial de 02/10/1973. P. 3318. Biblioteca Nacional. Santiago.

Católica de Valparaíso, o Contralmirante Luis de la Maza, na *Universidad Técnica Federico Santa Maria*, o Capitão de Fragata Juan Naylor Wieber e na *Universidad de Concepción*, o Capitão de Navio Guillermo González Bastias.[36]

Por fim, no dia 12 de novembro de 1973 foram publicadas as nomeações dos reitores delegados das outras duas universidades que faltavam, a *Universidad Austral de Chile*, em que foi nomeado o Coronel Gustavo Dupuis Pinillos e a *Universidad del Norte*, onde assumiu o Coronel Hernán Danyau Quintana. Na prática, todos os reitores delegados já estavam atuando desde o início de outubro.[37]

Antes da decisão de intervenção nas universidades chilenas ser publicada, o reitor da UCh e presidente do Conselho de Reitores, Edgardo Boeninger, teve uma reunião com o novo ministro da Educação, o almirante Hugo Castro Jiménez. A opinião dos militares em relação às universidades foi bem definida em uma frase do novo ministro para Boeninger:

> - Veja, reitor, a verdade é que nós intervimos na Empresa Portuária e ocorre que na Universidade há muitos mais marxistas que na Empresa Portuária. Como o senhor deseja que não intervenhamos na Universidade?[38]

A partir dessa reunião, Boeninger resolveu renunciar ao seu cargo, mas foi persuadido pelos membros da Junta Militar[39] a re-

36 Diario Oficial de 08/10/1973. P. 3371. Biblioteca Nacional. Santiago.

37 Diario Oficial de 12/11/1973. P. 3717 e 3718. Biblioteca Nacional. Santiago.

38 Tradução do autor. No original: "-Mire, rector, la verdad es que nosotros hemos intervenido la Empresa Portuaria y resulta que en la Universidad hay muchos más marxistas que en la Empresa Portuaria. ¿Cómo quiere usted que no intervengamos la Universidad?" MÖNCKEBERG, María Olivia, *op. cit.*, p. 36.

39 A junta era constituída pelos comandantes em chefe do Exército, Marinha, Força Aérea e *Carabineros*. Augusto Pinochet, José Toríbio Merino, Gustavo Leigh e César Mendoza, respectivamente.

considerar sua decisão e a apresentar um memorando, em nome de todos os reitores, ao novo governo. O documento foi intitulado *Objetivos comunes* e nele, segundo o próprio reitor, buscou-se passar uma mensagem de reconciliação. No dia 28 de setembro, a Junta convidou todos os reitores (com exceção do reitor da UTE, preso em um campo de trabalho forçado) para uma nova reunião. Pinochet, como presidente da Junta e do país, expôs que o governo estava em total desacordo com o documento apresentado pelos reitores.[40] Mais uma vez, o destino que esperava as universidades, e todo o país, pode ser resumido nas palavras do ministro da educação, o almirante Jiménez:

> - Estou com o memorando do reitor Boeninger. E, por exemplo, aqui, no começo, diz: "Objetivos comuns". Não há objetivos comuns. Os únicos objetivos são os da honorável Junta de Governo e todos os demais cidadãos têm a obrigação de obedecer de maneira incondicional.[41]

Passados quatro dias seria publicado o decreto que institucionalizava o fim da autonomia nas universidades. Ao final de 1973, e durante todo o primeiro semestre de 1974, foram sendo publicados no D.O. vários decretos que concediam amplos poderes aos reitores delegados.[42] Qualquer estudante ou professor

---

40 Cf. MÖNCKEBERG, María Olivia, *op. cit.*, p. 39.

41 Tradução do autor. No original: "-Tengo el memorando del rector Boeninger. Y por ejemplo, aquí, al comienzo, dice: 'Objetivos comunes'. No hay objetivos comunes. Los únicos objetivos son los de la honorable Junta de Gobierno y todos los demás ciudadanos tienen la obligación de obedecer de manera incondicional." *Ibidem*, p. 40.

42 O Decreto lei nº 139 de 29 de outubro estabelecia as atribuições dos reitores delegados das Universidad Catolica de Chile e da Universidad Catolica de Valparaiso e foi publicado no Diario Oficial de 14/11/1973, p. 3734. Era uma maneira de reafirmar e institucionalizar o poder da ditadura sobre as insti-

poderia ser expulso ou demitido sem prévia explicação. Com o fortalecimento dos poderes dos reitores delegados, outras medidas de cunho repressivo ocorreram. Bibliotecas particulares e universitárias foram destruídas. Alguns militares roubavam os livros raros de intelectuais presos ao invadirem suas casas em busca de material subversivo e vendiam em outros lugares. Muitos autores foram presos, às vezes somente baseado no título de suas obras, como foi o caso de Gustavo Olavo, que permaneceu preso durante três meses por haver escrito um livro, seis meses antes do golpe, intitulado *Los asesinos del suicida.*[43] A obra continuou proibida mesmo após o esclarecimento do equívoco, e só seria liberada com a mudança do título.[44] O Decreto supremo nº 1183 dizia que não se aceitaria na educação pública ou privada "infiltração" de doutrinas marxistas que fossem contra o espírito "livre e democrático". Na mesma página, vários livros eram proibidos, entre eles *A Universidade Latino-americana* de Darcy Ribeiro e *La Revolución Chilena* de Gustavo Toro.[45] Houve queima de livros de bibliotecas universitárias e fotos das fogueiras eram reproduzidas no *El Mercurio.*[46] O Decreto lei nº 679 estabeleceu normas sobre filmes, documentários e qualquer

---

tuições da Igreja Católica. Posteriormente o mesmo decreto foi aplicado às outras instituições. A partir dele várias modificações de caráter autoritário foram aplicadas. Cf. Diario Oficial dos dias 21/11/1973, p. 3817; 19/04/1974, p. 1597-1598; 04/06/74, p. 2117-2118; e 17/06/1974, p. 2273 e 2274. Biblioteca Nacional. Santiago.

43 Como se sabe, Allende suicidou-se no interior do La Moneda durante o ataque das Forças Armadas ao palácio presidencial.

44 MUÑOZ, Heraldo, *op. cit.*, p. 72-73.

45 Diario Oficial de 31/12/1974, p. 4592. Biblioteca Nacional. Santiago

46 MÖNCKEBERG, María Olivia, *op. cit.*, p. 91-92.

documento audiovisual e criou um Conselho Cinematográfico para classificar e censurar as produções.[47]

A intervenção nas universidades se consolidava definitivamente com uma efetiva "operação limpeza". Sindicatos e associações de trabalhadores da área da educação foram fechados,[48] assim como 23 centros de pesquisas, além de departamentos de cursos das áreas de humanas.[49] Milhares de professores foram demitidos, buscando outras formas de sobrevivência que não as universidades, já que seus nomes constavam em listas de exonerados políticos que foram divulgadas em várias instituições, dificultando a contratação, inclusive em escolas de ensino fundamental e médio. O exílio foi a opção para grande parte deles.

Quando as aulas começaram a ser retomadas, no início de outubro de 1973, muitos estudantes e professores foram surpreendidos com listas imensas de nomes de pessoas que deveriam ser expulsas e exoneradas das universidades. No caso dos professores, muitas vezes a descoberta da exoneração se deu no momento em que foram convocados para receberem seus salários. E, para piorar a situação, muitos foram presos nessa ocasião. As listas eram organizadas por integrantes da direita das próprias universidades, que buscaram identificar o maior número possível de "subversivos".

Na UdeC, o reitor delegado cancelou todas as matrículas efetuadas e encarregou uma comissão de doze estudantes de direita para reanalisá-las. A universidade ficou sem funcionar durante um mês e meio. Cerca de 40% dos estudantes foram expulsos da

---

47 Diario Oficial de 10/10/1974, p. 3627-3630. Biblioteca Nacional. Santiago.

48 Diario Oficial de 19/12/1975, p. 3318. Biblioteca Nacional. Santiago. Apesar de ser publicado apenas em 1975, na prática os sindicatos e associações já estavam fechados desde os primeiros dias do Golpe.

49 CONSTABLE, Pamela; VALENZUELA, Arturo. *Una nación de enemigos:* Chile bajo Pinochet. Santiago: Ediciones Universidad Diego Portales, 2013, p. 254.

instituição. O Instituto de Sociologia, a Escola de Jornalismo e o Departamento de Teatro foram fechados. Outros onze cursos, a maioria da área de humanas, foram encerrados e ao menos 229 professores e funcionários simpatizantes ou pertencentes à UP foram demitidos entre outubro de 1973 e dezembro de 1974.[50]

Alguns documentos do Ministério da Educação mostram que a UdeC continuou a ser afetada nos anos seguintes, com demissões e perseguições. Ao final de julho de 1976, o diretor da Escola de Educação de Chillán, pertencente à UdeC, Humberto Silva, escreveu uma carta ao reitor questionando com grande pesar a demissão de vários professores, entre eles o ex diretor da unidade e seu amigo Carlos Haquín, que já havia sido retirado da posição de diretor da mesma escola anteriormente. Silva, após afirmar que sempre apoiou a "Revolução de 73", apresenta sua renúncia à diretoria, por não concordar com tais demissões, mas diz que continuaria no cargo de docente, único sustento de sua família. A resposta do reitor-delegado, Heinrich Rochna, foi dura. Rochna afirma que se Silva continuasse realmente em desacordo com as medidas tomadas pela reitoria, ele deveria, então, apresentar sua renúncia ao cargo de docente também. E conclui a carta dizendo que espera uma resposta do professor. O mesmo reitor-delegado teria problemas e embates com o diretor e o subdiretor do Instituto de História e Geografia e trocaria acusações com ambos, em uma espécie de disputa para saber quem seria o verdadeiro "subversivo" e traidor da "Revolução". Documentos oficiais como esses em

50 O historiador Mario Valdés calculou em 44% a porcentagem de estudantes expulso da *Universidad de Concepción*. A jornalista María Olivia Mönckeberg relata que cerca de 7 mil estudantes, de um total de 18 mil, foram expulsos da UdeC, o que significa quase 40%. Cf. VALDÉS, Mario, *op. cit.*, p. 185-186; MÖNCKEBERG, María Olivia, *op. cit.*, p. 83 e 104; e CONSTABLE, Pamela; VALENZUELA, Arturo, *op. cit.*, p. 253.

arquivos do Estado chileno são raros, mas mostram como as perseguições, demissões em massa e a intervenção nas universidades no país continuaram mesmo após os momentos iniciais do golpe e antes mesmo da efetivação da Reforma Universitária neoliberal desencadeada pelo governo de Pinochet.[51]

Na USM, o Departamento de Ciências Humanas e Sociais, criado durante a reforma, foi extinto e substituído pelo Departamento de Administração e Economia. Em todas as universidades do país se passou algo similar. O Instituto Pedagógico da UCh ficou fechado durante todo o mês de setembro e a vice-reitora da Sede Oriente foi presa e levada ao Estádio Nacional, após boatos de que havia armas em seu gabinete. O reitor-delegado César Ruiz criou o cargo de fiscal, que foi instituído em todas as faculdades da instituição. Os fiscais criaram comissões para investigar todos os alunos e professores suspeitos. Um clima de delação foi criado e denúncias chegavam a todo o momento. Por volta de 80% dos professores da Escola de Jornalismo e cerca de 30 professores e funcionários da Escola de Teatro foram demitidos. As listas eram constantes e a UCh perdeu mais da metade do corpo docente da área de humanas. Em 17 de novembro, por exemplo, o fiscal coordenador da Sede Oriente mandou demitir nove professores da Faculdade de Ciências Sociais, três da Faculdade de Filosofia e Letras e a diretora do Departamento de Educação.[52]

Assim como no caso da UdeC, há documentos do Ministério da Educação sobre a perseguição aos professores da UCh. Eles mostram claramente que o principal motivo para os expurgos era o caracterizado como ideológico, ou seja, qualquer pessoa de

51 Cf. Libro 45222 do Ministerio de la Educación Pública. Archivo Nacional de la Administración.

52 MÖNCKEBERG, María Olivia, *op. cit.*, p. 83 e 86-102.

esquerda tinha que ser expulsa da universidade. Uma carta de janeiro de 1974, escrita por uma professora que exercia a profissão há 30 anos, revela a atuação dos fiscais da UCh. A professora do *Departamento de Educación Física, Deportes y Recreación* endereçou a carta diretamente para a Junta e nela afirma ter sido indicada para exoneração por um fiscal, que afirmou que ela tinha ideias de esquerda. A professora não nega seu posicionamento político, porém se justifica dizendo que nunca misturou o pessoal com o trabalho docente. Não há nenhum tipo de resposta, porém, dada a polarizada situação no Chile, a carta da professora provavelmente selou seu destino na UCh e ela deve ter sido jubilada. Outro documento, desta vez um ofício datado de 6 de novembro de 1973, da sede da UCh de Valparaíso, enviado ao ministro da educação, também revela o caráter das perseguições. O ofício responde algumas informações sobre um professor, chamado de um "*activista marxista caracterizadamente sectário*", que deverá ser expulso da instituição. Pelo teor do documento, buscava-se saber se o professor estava em liberdade ou sofrendo algum processo, o que as autoridades universitárias não souberam responder.[53]

A *Universidad Católica de Chile* também sofreu expurgos, mesmo sendo a preferida da ditadura e não possuindo um número significativo de membros da esquerda. Na verdade, a repressão desencadeada contra ela visava justamente torná-la ideal para o grupo de professores apoiadores do golpe e que se tornariam os principais aliados civis do regime pinochetista. A UC possuía importantes centros de estudos, principalmente da área de humanidades. Praticamente todos sofreram com a gana do reitor delegado, Jorge Swett, de acabar com o "câncer marxista"

53 Cf. Libros 42223, 42273 e 42281 do Ministerio de la Educación Pública. Archivo Nacional de la Administración.

que ainda contaminava a instituição. Nesse processo foram fechados os *Centro de Estudios de la Realidad Nacional* (CEREN), o *Centro de Estudios Agrarios* (CEA) e o *Programa de Estudios y Capacitación Laboral* (Prescla). O *Centro Interdisciplinario de Desarrollo Urbano* (CIDU) perdeu sua autonomia e foi anexado à Escola de Arquitetura, ao mesmo tempo em que a Escola de Trabalho Social e a de Artes da Comunicação eram postas em "reestruturação". Mais de 50 docentes tiveram seus contratos encerrados com o fechamento dos centros de pesquisas. Diversos diretores de institutos e escolas foram obrigados a renunciar e seis professores do Departamento de Sociologia foram expulsos nos primeiros dias após a reabertura da universidade.

A repressão política na UC atingiu não somente os professores vinculados à esquerda, como também professores ligados a DC, o principal obstáculo do *Movimiento Gremial* na universidade. As demissões dos professores da DC vieram, normalmente, nos anos seguintes, quando a oposição dos membros ligados ao partido foi se tornando cada vez mais evidente. Passado pouco tempo, fecharam a Escola de Sociologia e dois anos depois encerraram as atividades do Instituto de Ciência Política. O *Centro de Estudios de Planificación* também foi desvinculado da UC após um tempo.[54]

Como se buscou apresentar, as ditaduras militares do Brasil e do Chile não pouparam as universidades no que tange à repressão. Ela ocorreu de variados modos e em diferentes graus. Algumas semelhanças são óbvias. As universidades mais politizadas e mais identificadas com o governo deposto foram as que mais sofreram. Os professores de esquerda ou simpatizantes de ideias mais progressistas foram os mais perseguidos pelos dois regimes. Em ambas as experiências houve ataques a bibliotecas

54 Cf. MÖNCKEBERG, María Olivia, *op. cit.*, p. 50-51.

e listas organizadas por grupos de direita pertencentes às próprias universidades.

Entidades estudantis foram postas na ilegalidade, como a UNE, no caso do Brasil, e a FECH, no caso do Chile. Os governos militares buscaram enquadrar e atrair os estudantes de diversas maneiras. No Brasil, a Lei Suplicy buscou controlar o movimento estudantil criando uma nova estrutura de representação. A lei fracassou totalmente e só fez aumentar a indignação estudantil contra o governo.[55] Posteriormente, foi criado o Projeto Rondon, que buscava atrair os jovens, "apelando para o idealismo e o patriotismo, em benefício das metas nacionalistas dos militares."[56] No Chile, o regime de Pinochet criou uma política nacional voltada para os jovens. Ao final de outubro de 1973, foi criada a *Secretaría Nacional de la Juventud*, que foi dirigida, inicialmente, por Sergio Gutiérrez, gremialista próximo de Gúzman. Ela era subordinada à poderosa *Secretaría General de Gobierno*, comandada pelo coronel Pedro Ewing. Guardadas certas particularidades, a *Secretaría Nacional de la Juventud* também organizou projetos como o Rondon – como as *Campañas de Invierno* e os *Trabajos de Verano* – que levavam os jovens universitários a lugares remotos ou que necessitavam de ajuda, em uma tentativa de conectá-los com "ações verdadeiramente patrióticas", longe do perigoso proselitismo marxista que desviava os jovens do caminho correto.[57]

---

55 Cf. MARTINS FILHO, João Roberto, *op. cit.*, p. 87-96; MOTTA, Rodrigo Patto Sá. *As universidades e o regime militar*, p. 61-64; CUNHA, Luiz Antônio. *A universidade reformanda*, p. 54-59.

56 MOTTA, Rodrigo Patto Sá. *As universidades e o regime militar*, p. 88.

57 Cf. VALDIVIA, Verónica. Lecciones de una Revolución: Jaime Guzmán y los gremialistas, 1973-1980. In: VALDIVIA, Verónica (org.). *Su revolución contra nuestra revolución*, p. 70-80.

As semelhanças encontradas entre Brasil e Chile no que tange à repressão contra os docentes e as universidades não são exclusivas dos dois países e podem ser vistas em outras ditaduras latino-americanas. Isso revela, em grande parte delas, o anticomunismo das forças autoritárias e conservadoras do continente, intensificado por um contexto de Guerra Fria e, principalmente, de pós-Revolução Cubana. Dessa maneira, as diferenças na dinâmica repressiva contra os docentes nas universidades apresentam mais aspectos singulares e relevantes sobre as duas ditaduras do que as semelhanças. Alguns desses aspectos particulares mostram o Brasil e o Chile como polos diametralmente opostos em algumas características da história de suas ditaduras.

No Chile, a repressão desencadeada não somente foi mais violenta contra os docentes em termos quantitativos de mortos e torturados, como também visou desestruturar as universidades em vários setores. Concomitantemente ocorreu a militarização da chefia de todas as universidades, o que refletia a preocupação dos militares com o setor educacional e o fato de todos os ministros da área, nos primeiros cinco anos do governo, serem militares. Como já explicado, parte disso ocorreu devido ao ambiente altamente polarizado do país andino que rompeu, bruscamente, a "neutralidade" das instituições nas quais os chilenos - ao menos aqueles da classe média e alta - confiavam. Isso gerou a impossibilidade de acordos, considerados por alguns autores como típicos da cultura política chilena, principalmente se analisados a partir da ótica dos partidos políticos institucionalizados, representantes da considerada "inabalável e mitificada" democracia chilena. Quando saíram as listas com os nomes que deveriam se apresentar às autoridades, a maior parte dos chilenos não pensou que correria riscos e o resultado foi o conhecido: milhares de prisões arbitrárias e de pessoas torturadas. Os docentes das universidades não escaparam da violência desencadeada pelo novo governo, que tratou de acentuar o ódio e espalhar o medo em toda população.[58] A análise da repressão contra os docentes na UTE serve como modelo exemplar para compreender o grau de violência que o regime atingiu.

No Brasil, apesar da repressão também ter sido dura nas universidades em um primeiro momento, várias situações foram contornadas e tiveram um desenrolar menos drástico. Isso ocorreu por meio de contatos em que favores pessoais foram requisitados em nome da amizade ou de laços familiares ou por meio de pressão dos próprios docentes brasileiros e/ou estrangeiros. Os resultados impediram, pelo menos em um primeiro momento, que o impacto contra os docentes nas universidades fosse mais grave. Em relação ao comando dos militares nas reitorias das universidades, a única tentativa da ditadura brasileira falhou completamente. O estudo do caso da UFMG revela como acordos e conciliações foram feitos em meio à repressão que atingia a universidade mineira. Obviamente, nem sempre foi possível chegar a um consenso e as forças repressivas se impuseram em diversos momentos. Foi um jogo constante de acomodações, que talvez reflita parte da cultura política brasileira de conciliação e a própria imagem que os primeiros governos da ditadura quiseram passar.[59] Essa situação serve não apenas para Castello Branco – da

58 O trabalho de Stern sobre os embates da memória sobre a ditadura chilena revela questões bem delicadas a respeito de como o ódio e o medo foram alimentados juntos, causando sequelas não apenas nas vítimas, mas também naqueles que tiveram que seguir ordens de crimes contra os direitos humanos e escolher entre sua vida e a de outras pessoas. Cf. STERN, Steve J., *Recordando el Chile de Pinochet*, p. 178-186.

59 Como defende Motta em seu livro sobre as universidades e o regime militar. Cf. MOTTA, Rodrigo Patto Sá. *As universidades e o regime militar*, p. 288-324.

linha moderada, mas que institucionalizou a ditadura através do AI-2 e a Constituição – como para Costa e Silva, militar da linha dura, mas que prometeu, desde o início de seu mandato, dialogar com os diferentes segmentos da população. Como resultado, a ditadura militar brasileira apresentou ações ambíguas que geraram resultados contraditórios.[60]

Pressões internas e externas também ocorreram no Chile, mas não surtiram o mesmo efeito que no Brasil. O governo de Pinochet se mostrou preocupado com a imagem da ditadura no exterior, porém não cedeu às pressões internacionais e calou as vozes dissidentes nas universidades chilenas. Em ofício enviado ao ministro da educação em maio de 1974, o Secretário de Imprensa expôs a preocupação da Junta Militar com uma espécie de comunicado convocatório assinado por importantes universidades dos EUA, que condenava a repressão nas universidades chilenas e pedia para que instituições em todo o mundo ajudassem os docentes e estudantes universitários perseguidos. A Associação de Estudos Latino Americanos (*Latin American Studies Association*, LASA) chegou a criar, com o apoio financeiro da Fundação Ford, um comitê emergencial de ajuda para os acadêmicos latino-americanos (*Emergency Committee to Aid Latin American Scholars*, ECALAS), visando, principalmente, socorrer os professores chilenos perseguidos. O comitê era composto, por exemplo,

60 Motta nos apresenta ao longo de seu estudo sobre as universidades e o regime militar vários exemplos de como a ditadura brasileira apresentou contradições a partir de suas ações, o que a tornou, de certa maneira, paradoxal em diferentes aspectos. Para compreender essa nuance da ditadura brasileira, o autor se apoiou em um tripé conceitual de adesão, resistência e acomodação, como já mencionado na introdução, que acabou por revelar a influência da cultura política brasileira nos relacionamentos desenvolvidos com distintos setores da sociedade, principalmente os de elite, o que abarca o ensino superior. Cf. MOTTA, Rodrigo Patto Sá. *As universidades e o regime militar*, cap. 7.

por membros da *Harvard University*, *Stanford University* e *The Johns Hopkins University*. O comunicado, de março de 1974, intitulado *University Presidents call for Aid to Chilean scholars* foi assinado pelos reitores da *Stanford University*, *The Johns Hopkins University*, *Cornell University*, *University of Notre Dame*, *Carleton College* e *Amherst College*. Mesmo com a pressão dos mais prestigiados centros universitários do mundo, a ditadura chilena não se dobrou. O Secretário de Imprensa propôs ao ministro que reunisse autoridades universitárias chilenas para explicar publicamente a "realidade" do que ocorreu no país, principalmente em relação às universidades.[61]

Ocorreram casos de professores e estudantes chilenos que se utilizaram de contatos no âmbito pessoal para fugir da repressão e se mantiveram nas universidades, porém isso foi a exceção da exceção.[62] A diferença do tratamento dado pelos regimes às universidades se mostram em números. Em 1973, havia por volta de 146 mil estudantes universitários para uma população total de 10 milhões no Chile. Esse número é bastante significativo se comparado aos 142 mil estudantes universitários brasileiros em uma população de 80 milhões em 1964. Os governos de Jango e Allende tinham aumentado consideravelmente o número de estudantes em seus respectivos países. A desestruturação que a ditadura pinochetista realizou nas universidades chilenas fez com que em 1981 houvesse menos de 100 mil estudantes universitários para uma população de 11,5 milhões. Em 1973, as oito universidades chilenas ofereceram cerca de 47 mil vagas, 70% so-

61 Libro 42281 do Ministerio de la Educación Pública. Archivo Nacional de la Administración.

62 Situação como essa aparece na minha pesquisa sobre a UTE. Ver também MÖNCKEBERG, María Olivia. *La privatización de las universidades*, p. 104.

mente nas duas estatais, a UCh e a UTE. No ano seguinte, a oferta já havia diminuído em 10 mil vagas, e em 1980 não alcançavam 33 mil vagas. O movimento no Brasil foi justamente o contrário. Para o mesmo número de anos, o número de estudantes saltou para quase 700 mil em uma população de 100 milhões. O crescimento brasileiro se deu principalmente no âmbito privado, mas as universidades públicas também conheceram um significativo aumento do número de seus estudantes, que passou de quase 88 mil em 1964 para cerca de 280 mil em 1972. No caso chileno, as universidades estatais e a UdeC foram as que mais perderam alunos na depuração feita pela ditadura pinochetista.[63]

O desmonte das universidades chilenas se deu, pelo menos em um primeiro momento, a partir de um sentimento de ódio contra os aliados e membros dos partidos da UP. Limpar a universidade dos marxistas era o principal objetivo de Pinochet e da Junta Militar, mesmo que isso custasse a própria existência de algumas faculdades. Não existia ainda um projeto claro de uma nova reforma universitária e diferentes grupos ainda buscavam se impor na nova situação, apesar dos gremialistas e dos *Chicago Boys* já possuírem influência no governo ditatorial. O mesmo ocorreu no Brasil, em que diferentes projetos se apresentaram, incluindo os que pensavam as reformas nas universidades. É preciso ter em vista, no entanto, que as reformas universitárias realizadas pelas duas ditaduras se deram em contextos globais distintos. Na verdade, ao mesmo tempo em que se discutia e se começava a implementar a reforma universitária no Brasil, os chilenos também realizavam sua própria reforma universitária, porém em um

---

63 Cf. GARRETON, Manuel Antonio; MARTÍNEZ, Javier. *Antecedentes estructurales de las universidades chilenas*. Tomo V. Santiago: Ediciones Sur, 1985, p. 17, 24 e 28.

governo democrático, que incorporou inúmeras demandas populares. A reforma universitária iniciada no Governo Frei continuaria no Governo Allende, de forma a buscar uma radicalização do processo democrático. A ditadura de Pinochet destruiria a experiência em construção nas universidades chilenas e abriria caminho para um novo paradigma, em que a educação superior seria tratada exclusivamente como um bem de consumo. Os planos e projetos relativos às reformas universitárias nos dois países serão tratados no terceiro capítulo, tendo em vista a repressão contra os professores, temática principal do trabalho.

Todas as diferenças apontadas ao final desse capítulo entre as repressões desencadeadas contra os docentes e as universidades no Brasil e no Chile vão se tornar bem claras nos dois casos analisados a partir do próximo capítulo. A UFMG e a UTE se constituem em exemplos singulares, mesmo em relação às outras universidades de seus respectivos países, para tratar das diferenças e peculiaridades das duas ditaduras. Seja no âmbito da repressão contra os docentes, das tentativas (e ausências) de conciliação ou das reformas universitárias.

II. A repressão inicial contra os professores na UFMG e na UTE

Em 1973, cerca de um terço da população chilena vivia em Santiago. A capital concentrava a maior parte dos principais eventos e confrontos políticos do governo Allende e tinha uma importância política e social majoritária. A *Universidad Técnica del Estado* possuía na capital seu principal *campus*, onde ficava a sede nacional, e outros edifícios em que funcionavam diferentes cursos. Além de Santiago, a UTE possuía *campi*, faculdades e escolas isoladas em 24 cidades do Chile, o que lhe conferia um *status* de universidade nacional, assim como a UCh.[1] Apesar de que, quando ocorrido o golpe, diferentes sedes regionais da UTE, como, por exemplo, Concepción e Calama, sofreram violência e repressão política, o impacto maior se deu na capital, onde se concentrava a maior parte dos estudantes, professores e o poder central da instituição.

Já a UMG possuía suas unidades à época do golpe apenas na cidade de Belo Horizonte. Diferentemente de Santiago, a capital de Minas Gerais não tinha a mesma importância política e o mesmo nível de influência nacional, como ocorria com São Paulo e Rio de Janeiro. No entanto, era um importante centro regional político e econômico, e contou com setores da elite civil e militar que participaram ativamente do planejamento golpista.

---

1 O livro escrito pelo ex-reitor da UTE, Enrique Kirberg, detalha todos os números e reformas empreendidas na universidade, principalmente durante sua gestão. Cf. KIRBERG, Enrique. *Los nuevos profesionales. Educación universitaria de trabajadores. Chile: UTE, 1968-1973*. Guadalajara: Universidad de Guadalajara, 1981, p. 318.

A cidade também era uma fonte de preocupações para as forças repressivas, por ter a presença de relevantes grupos da esquerda, em especial a AP, que havia sido fundada na cidade em 1962, tendo a UMG como uma de suas principais bases. Soma-se a isso o fato de importantes eventos da esquerda nacional terem sido realizados em Belo Horizonte durante o governo Jango, como: o I Congresso Nacional de Lavradores e Trabalhadores do Campo, realizado em novembro de 1961, e marcado pelo discurso de Francisco Julião de seguir com a reforma agrária "na lei ou na marra, com flores ou com sangue";[2] o III Seminário Nacional de Reforma Universitária, em 1963, que levou à produção do documento "Luta Atual Pela Reforma Universitária"; e a tentativa de comício em defesa das Reformas de Base ao final de fevereiro de 1964, no qual a principal liderança a discursar seria Brizola, mas que foi atacado por forças conservadoras – principalmente a Liga da Mulher Democrata (LIMDE) – financiadas pelo Instituto de Pesquisa e Estudos Sociais (IPES).[3] Os membros da UMG participavam de ações de ambos os lado em meio a esse turbilhão polarizado em que se convertia a cidade.

As duas universidades tiveram um papel de destaque no que tange à Reforma Universitária. As discussões sobre a reestruturação das universidades, que já vinham de décadas anteriores, encontraram na UTE e na UMG espaços onde puderam florescer. O movimento estudantil de ambas as universidades, juntamente com o apoio de jovens professores, já pressionava por mudanças desde o início da década de 1960. Mesmo que elas não fossem o

2 NAPOLITANO, Marcos. *1964*, p. 37.

3 Sobre a LIMDE e suas ações, incluindo o episódio do comício de Brizola, cf. STARLING, Heloísa. *Os senhores das gerais: os novos inconfidentes e o golpe de 1964*. Petrópolis: Vozes, 1986, p. 151-192.

principal foco das atenções, inicialmente, no que diz respeito à luta pela Reforma Universitária – seja por não estarem no centro do poder ou por não serem as instituições mais antigas e representativas do país – as duas universidades foram impulsionadoras das reformas universitárias desde um primeiro momento. A diferença é que a UTE fez sua reforma em um governo democrático, enquanto a UFMG desenvolveu sua reforma já durante a ditadura. Como se sabe, as universidades chilenas serão afetadas por um novo tipo de reforma estrutural na ditadura de Pinochet e é essa reforma que me interessa, já que a pesquisa trata de comparar a repressão das duas ditaduras contra os docentes da UFMG e da UTE. Não obstante, seria um exercício interessante comparar as duas reformas universitárias que ocorreram no mesmo período no Brasil e no Chile. Não sendo esse o foco, porém, é preciso considerar que a reforma universitária em desenvolvimento pela UTE antes da ditadura é relevante, em companhia de outros aspectos, para se compreender a repressão inicial sofrida pela instituição logo após o golpe. O mesmo ocorre para as discussões prévias sobre a reforma que ocorria na UMG.

A UTE nasceu a partir da união de várias escolas e institutos técnicos a partir do decreto presidencial de 1947, sendo totalmente organizada em 1952, quando foi escolhido seu primeiro reitor. Durante toda a década de 1950, a UTE expandiu seus cursos a partir de três vertentes: formação de engenheiros industriais, formação de técnicos industriais e pelo Instituto Pedagógico Técnico, que visava à formação de professores para o Estado. Também na década de 50, a UTE já possuía parceria com algumas associações de trabalhadores, algo proveniente de experiências anteriores das escolas técnicas, como a Associação de Mineiros de Copiapó e a Associação de Indústrias Metalúrgicas, e que aumentaria ainda mais durante o reitorado de Enrique Kirberg.

O movimento de Reforma Universitária no Chile teve como marco inicial a manifestação planejada pela *Federación de Estudiantes de la Universidad Técnica del Estado* (FEUT) que se iniciou com uma greve de 48 horas, em abril de 1961, promovida pelos estudantes da Escola de Minas de Copiapó após a morte do seu diretor e da escolha, sem consulta à comunidade acadêmica, de um professor para assumir a direção da escola. A greve se espalhou por outras unidades e se tornou nacional. A partir dessa greve, que durou cerca de dois meses, as reivindicações por mudanças na estrutura universitária se tornaram uma constante durante toda a década de 1960 e buscaram mudanças no sistema de cátedras, melhorias no ensino e na infraestrutura, aumento do número de vagas e um processo mais democratizante na escolha de diretores e reitores.

> Percebia-se que o movimento de reforma era imparável. E dessa maneira se produziu um apoio considerável do corpo acadêmico às demandas estudantis. Para dizer a verdade, as propostas mais sérias de reforma estrutural e funcional vieram dos estudantes.[4]

Em maio de 1963, houve o primeiro Seminário de Reforma Universitária, no qual linhas gerais para a reestruturação começaram a ser traçadas. Ao final de 1967, o movimento estudantil da UTE ocupou a reitoria e passou a protestar efetivamente pela reforma, que não saía do papel.[5] Após intensos embates, os estu-

---

4 Tradução do autor. No original: "Se veía que en la UTE el movimiento reformista era imparable. Y entonces sí que se produjo un apoyo considerable del profesorado a las demandas estudiantiles. A decir verdad, las propuestas más serias de reforma estructural y funcional provinieron del estudiantado". CIFUENTES, Luis. *Kirberg.* Testigo y actor del Siglo XIX. Santiago: Editorial USACH, 2009, p. 113.

5 Ao final da ditadura de Pinochet foi produzido um livro sobre a "história oficial" da USACH, produzido pela própria universidade. O livro apresen-

dantes conseguiram, com o apoio de funcionários e professores, a criação da Comissão de Reforma, após a tentativa de escolha do novo reitor de maneira unilateral pelo conselho da universidade. Com a renúncia deste e a Comissão de Reforma atuando, houve a primeira eleição democrática para reitor em março de 1968, com os professores tendo 75% de peso na votação e os estudantes 25%. Kirberg foi nomeado reitor interino por um ano pelo presidente Eduardo Frei e, em 1969, foi reeleito reitor, desta vez também com participação dos funcionários. (Os professores passaram a ter 65% de peso nos votos, os estudantes continuaram com 25% e os funcionários ficaram com 10%).

Kirberg assumiu a reitoria da UTE ao final do governo da Democracia Cristã e a maior parte de sua gestão se deu durante o governo da UP. Era a primeira vez que uma das grandes universidades chilenas possuía um reitor abertamente comunista. A isso se somou o fato de cumprir seu reitorado durante um governo também abertamente de orientação socialista. Durante o reitorado de Kirberg houve o fim do sistema de cátedras, a criação de departamentos como a menor fração da estrutura universitária e a adoção do sistema de créditos. Seu reitorado também foi marcado por uma rápida ampliação e popularização da UTE. Várias novas carreiras foram criadas, houve um amplo incentivo ao aperfeiçoamento dos professores, um convênio foi firmado com a CUT, em 1969, com o objetivo de aumentar o número de

ta vários dados e números que mostram o desenvolvimento da instituição e de suas antecessoras desde o século XIX. Qualitativamente o livro é pobre e não realiza nenhum tipo de análise ou crítica sobre a história da UTE/USACH. O golpe é chamado brevemente de "pronunciamento militar" e não há nenhuma referência aos crimes cometidos contra os direitos humanos. Sobre a Reforma Universitária da década de 60, cf. MUÑOZ, Juan et al. *La Universidad de Santiago de Chile: sobre sus orígenes y su desarrollo histórico.* Santiago: Editorial USACH, 1987, p. 155-163.

trabalhadores e filhos de trabalhadores na UTE, além de outros convênios firmados com cerca de 50 empresas para que os seus operários tivessem a chance de se formar em carreiras técnicas. As provas de ingresso foram eliminadas e substituídas por outra abordagem que desse chances aos menos favorecidos. O número de alunos cresceu de 9 mil em 9 cidades em 1968 para 33 mil em 24 cidades em 1973.

> De forma definitiva, a UTE montou e inaugurou 37 institutos tecnológicos nos locais de trabalho [dos operários, etc.], não só em Santiago como também em numerosos pontos ao longo do país. Juntamente com os institutos tecnológicos que funcionavam nas 24 cidades já indicadas no capítulo anterior, se formava uma densa rede com o objetivo de atrair os operários, mineiros ou camponeses que estivessem em condições ou desejosos de estudar.[6]

Além do reitor, membro do PCh, outros importantes nomes da esquerda chilena figuravam nos quadros da Universidade. Carlos Orellano, um dos nomes mais influentes do mundo literário chileno, era diretor da editora da UTE na Pró-reitoria de Extensão e Comunicação, e trabalhava juntamente com Victor Jara, também membro do Partido Comunista. Ricardo Núñez, membro do Partido Socialista, era Secretário Geral da UTE. Um exemplo significativo das conexões da UTE com a esquerda foi o compareci-

---

6 Tradução do autor. No original: "En forma definitiva, la UTE montó y puso en marcha 37 institutos tecnológicos en los mismos sitios de trabajo no sólo en Santiago sino que también en numerosos puntos a lo largo del país. Junto con los institutos tecnológicos que funcionaban en las 24 ciudades ya indicadas en el capítulo anterior, se formaba una densa red con el objeto de captar a los obreros, mineros o campesinos que estuviesen en condiciones y deseos de estudiar." KIRBERG, Enrique. *Los nuevos profesionales*, p. 356.

mento de Fidel à instituição. Em sua visita ao Chile em 1971, Fidel Castro fez um dos seus longos discursos na *Universidad Técnica del Estado*, marcando de vez a alcunha dela de "*universidad roja*", e tratou com os estudantes e simpatizantes sobre a Revolução Cubana e de como se fazer a Revolução no Chile.[7]

Voltando ao Brasil, desde o início da década, o movimento estudantil da UMG já vinha se destacando na luta pela Reforma Universitária. A esquerda da JUC e, posteriormente, a AP, possuía significativa relevância na UMG, principalmente na Faculdade de Ciências Econômicas (FACE).[8] A esquerda católica seria a principal força na UNE ao longo da década de 1960, e a entidade estudantil estava à frente dos protestos e pressões em torno da reforma universitária. Sendo a UMG uma das universidades onde a esquerda católica possuía mais relevância, importantes lideranças do movimento estudantil surgiram na instituição, como Herbert José de Souza, o Betinho, um dos fundadores da AP, e Vinícius Caldeira Brant, que seria eleito presidente da UNE em 1962. Outros importantes intelectuais também atuaram no movimento estudantil da UMG, como Theotonio dos Santos, Bolívar Lamounier, Simon Schwartzman, Fábio Wanderley Reis, entre outros.[9]

No mesmo ano em que os estudantes da UTE em Copiapó fizeram a primeira greve que se espalharia pelo país, na UMG ocorreu uma Conferência sobre a Reforma Universitária, que contou com a participação de professores que apoiavam a reestruturação

7 O discurso se encontra em <http://www.archivochile.com/America_latina/fidelcl/fidelcl0027.pdf > Acesso em: 25 ago. 2015.

8 Cf. MARTINS FILHO, João Roberto, *op. cit.*, p.47. Todos os nomes citados faziam parte da FACE.

9 Segundo Martins Filho, Vinícius Caldeira Brant pertencia ao MRT em 1962 e não à AP, mas aquele teve todo apoio desta para a eleição daquele ano, que levou à direção da UNE também quatro integrantes da AP. *Ibidem*, p. 49.

do ensino superior. Como será mostrado adiante, esses professores e estudantes eram investigados pelo DOPS, que via no meio universitário um claro foco de subversão. Com o surgimento da AP, quase que concomitantemente ocorrido com a eleição de Brant para a presidência da UNE, o movimento estudantil se radicalizou, no Brasil e na UMG. A luta pela reforma nas universidades continuou como evidencia o III Seminário Nacional de Reforma Universitária,[10] porém, como defendido pela AP, outras pautas nacionalistas ligadas, principalmente, ao movimento operário e camponês, deveriam fazer parte das reivindicações e protestos estudantis. A derrota da greve do 1/3,[11] em 1962, contribuiu para a radicalização das ideias no movimento estudantil, que havia evidenciado sua força organizativa com a abrangência nacional da mesma greve e que, após a derrota, deu uma guinada ainda maior para esquerda, passando a apoiar os principais movimentos populares externos ao mundo acadêmico.[12]

Seguindo pelo mesmo viés que tornava a UMG uma preocupação para as forças conservadoras, a instituição mineira também possuía um grupo de professores jovens que era a favor da Reforma Universitária. Em 1963, alguns professores e pesquisadores de Química de diferentes escolas da UMG já haviam feito

10 O trabalho de Flávia Santana é uma boa análise para se compreender as ideias e os caminhos traçados pelo movimento estudantil no que diz respeito à reforma universitária nos anos 1960. Cf. SANTANA, Flávia de Angelis. *Movimento estudantil e ensino superior no Brasil: a reforma universitária no centro da luta política estudantil nos anos 60*. Tese (doutorado em História Social). Faculdade de Filosofia, Letras e Ciências Humanas - USP, São Paulo, 2014.

11 A greve nacional do 1/3 foi liderada pela UNE e exigia a representação estudantil de 1/3 nos órgãos de direção da Universidade. Ela fazia parte de amplos movimentos, desencadeados pelo movimento estudantil, que reivindicavam a democratização e modernização das universidades.

12 MARTINS FILHO, João Roberto, *op. cit.*, p. 52-65.

uma experiência de coordenação de atividades, visando romper com o particularismo tradicional das unidades. A experiência esboçava um futuro instituto central de Química. Na FACE e na Faculdade de Filosofia (FAFI)[13] também havia professores que lutavam pela reforma e participavam de grupos de esquerda. Além da forte presença da AP e do PCB, a POLOP também se fazia representar na UMG. Todos esses fatores ajudam a compreender como, em 1964, foi eleito para o cargo de reitor Aluísio Pimenta.

Ligado ao PTB e com apoio do movimento estudantil, Pimenta possuía bons contatos com o governo de João Goulart, principalmente por meio da figura de San Thiago Dantas. Porém, o reitor também tinha importantes contatos no governo estadual, que era, ainda que de maneira pragmática, opositor a Jango e foi responsável direto pela antecipação e eclosão do golpe. Segundo o próprio Pimenta, a ideia para que ele fosse candidato partiu de Dantas a partir de articulações políticas ocorridas dentro do PTB. Quando a candidatura se tornou pública, o reitor da época, Orlando Carvalho, e a direita da UMG fizeram ampla campanha contra Aluísio:

> Quando a coisa veio a público, tive então uma enorme campanha contra do Orlando de Carvalho e do grupo da direita da universidade. Não sei se você se lembra do *Correio de Minas*. Publicaram, na primeira página, que eu seria candidato a reitor, junto com uma fotografia: "A Esquerda Ameaça Tomar Conta da Universidade". Ao lado do meu retrato, o do Orlando de Carvalho. [...]Sim. Primeiro, talvez, essa coisa de, apesar de não ser político atuante, participar do PTB. Mas, por outro lado, nos meios católicos, eu sempre tive presença e fama de ser liberal, de defender a reforma. Quando estudante, fui líder estudan-

13 Antiga Faculdade de Filosofia, hoje atual FAFICH, Faculdade de Filosofia e Ciências Humanas.

> til, mas não muito ativo – porque era professor e estudante – mas bastante presente; durante toda a minha carreira universitária, fui presidente do DA da Faculdade. E existe aquele tipo de brasileiro que, se você defende idéias liberais, taxam-no de esquerdista. Havia, naquela época, um pessoal católico muito reacionário e eles, evidentemente, me consideravam comunista, mesmo que o indivíduo seja socialista, tenha idéias liberais, é a mesma coisa.[14]

A campanha do reitor foi feita em cima da ideia da reforma universitária, apesar de ele não ter explicitado desde um primeiro momento o plano de centralizar o poder na reitoria para que a universidade deixasse de ser uma mera união de faculdades e escolas, visando conseguir votos de setores mais conservadores, principalmente do direito, da engenharia e da medicina. Com a vitória de Pimenta e sua nomeação pelo executivo em tempo recorde, o reitor Orlando Carvalho renunciou, alegando que não seria ele a passar o cargo para o reitor da esquerda. No discurso de sua posse, Pimenta reforçou o seu compromisso com a reforma e com a democratização da universidade, o que certamente deve ter desagradado as forças mais conservadoras da UMG. A tensão se mostrou evidente na aula inaugural do ano letivo de 1964, em que Darcy Ribeiro foi o conferencista. Entre várias autoridades presentes estava o General Carlos Luís Guedes, comandante da 4ª Divisão de Infantaria de Minas Gerais, que foi vaiado pelos estudantes. O general, na visão do movimento estudantil, era a representação das forças conservadoras e autoritárias contrárias às reformas de base e ao governo Jango. Esse episódio, somado ao fato de a UMG ter um relevante contingente de pessoas ligadas

14 Entrevista com Aluísio Pimenta.

às esquerdas e ao governo deposto, trouxe consequências para a universidade, que ficou na mira do general Guedes após o golpe.

Como se vê, não foi por pouco que as duas universidades se tornaram alvos da política repressiva dos dois regimes. Ambas possuíam um movimento estudantil combativo e com relevância nacional e um grupo de jovens professores ligado às esquerdas que defendiam a realização ou a continuação de uma reforma universitária que modernizasse e democratizasse o ensino superior. Os docentes e o corpo dirigente das duas universidades estiveram na mira dos órgãos de informação e repressão desde os momentos iniciais do pós-golpe, mas a "operação limpeza" atingiu-os de maneiras distintas nas duas universidades.

Com o intuito de compreender a "operação limpeza", será analisada separadamente, a partir de variadas fontes, a repressão nas duas universidades. Optei por dar voz direta aos professores entrevistados em diferentes momentos do texto, seguindo os direcionamentos sobre memória e história oral explicitados na introdução do trabalho, principalmente no caso chileno, em que há uma escassez de fontes oficiais escritas.

A repressão policial contra os docentes da UMG: inquéritos policiais militares (IPMs) e professores na prisão

Logo após o golpe no Brasil, ocorreram prisões de professores, intervenções e perseguições na UMG. Inquéritos foram abertos e comissões de sindicâncias foram requisitadas aos reitores das universidades em todo o país.

No dia 3 de abril de 1964, foi apreendida pelo DOPS/MG a caderneta de contatos de Marilda Almeida Trancoso, militante da AP, professora de ensino secundário em Belo Horizonte e estudante de Pedagogia na UMG. A caderneta possuía dezenas de nomes, muitos deles ligados à área de educação e à UMG. Constavam na caderneta nomes de professores como, por exemplo, Aluísio Pimenta, reitor recém-empossado e professor da Faculdade de Farmácia e da FAFI, Fábio Lucas Gomes, Francisco Iglésias, José Nilo Tavares e Simon Schwartzman, professores da FACE, Edgar de Godoi da Mata Machado, da Faculdade de Direito, e José de Anchieta Correa, professor da FAFI.[15] A partir dessa caderneta e de outros antecedentes de ligação com a esquerda registrados no DOPS/MG, alguns professores da instituição mineira foram chamados para interrogatórios, enquanto outros foram presos por serem considerados "subversivos" e/ou comunistas.

O DOPS/MG já registrava atividades diversas dos professores da UMG desde antes do golpe. Os documentos do DOPS/MG anteriores a 1964 possuem variados tipos de informações, como o registro da presença de Aluísio Pimenta, Edgar de Godói da Mata-Machado, Simon Schwartzman, Morse Belem Teixeira (FAFI) e Amilcar Viana Martins (Faculdade de Medicina e Faculdade de Farmácia) em uma conferência sobre os problemas da universidade e a Reforma Universitária em maio de 1961,[16] ou como o registro de professores, como Iglesias, Schwartzman e Fábio Wanderley Reis, que assinaram um manifesto pró Cuba e pró Fidel, publicado nos jornais Última Hora e *Binômio*, ambos de esquerda, também em maio de 1961.[17] Alguns documentos informam situações inusitadas, como o registro de professores que participaram de um

15 Arquivo do DOPS/MG, Pasta 0011{2}, Rolo 001, imagens 13 a 15.

16 Arquivo do DOPS/MG, Pasta 0098, Rolo 010, imagem 140 e Pasta 0197, Rolo 014, imagem 146.

17 Arquivo do DOPS/MG, Pasta 0104, Rolo 010, imagem 180.

churrasco em homenagem a Jorge Amado, escritor comunista que visitou Belo Horizonte em agosto de 1952.[18]

Já em 1962, o DOPS/MG possuía uma lista de professores considerados esquerdistas baseada em registros como os citados acima. Há um predomínio de professores da FAFI e, principalmente, da FACE, a faculdade com mais integrantes de esquerda da UMG. Além de Iglésias, constavam na lista os seguintes professores da FACE: Hélio Pontes (que depois iria para UnB e seria preso em Brasília), Joaquim Sena Jerônimo, José Madureira Horta, Rui de Souza, Osório da Rocha Diniz, Celio Goyatá, Paulo Pena, Oswaldo Gusmão, Júlio Barbosa, Obregon de Carvalho, Amilcar de Castro e Washington Albino. Da FAFI, além do já citado Morse Teixeira, constavam os nomes de Rubens Costa Romanelli, Eduardo Frieiro, Elzio Fonseca Dolabela, Amaro Xisto Queiroz, Pompeu Accioly, Waldemar Versiani Anjos e José Israel Vargas. Eram citados na lista ainda os professores Edgar Godoi da Mata Machado e Orlando Vilela, este também da Faculdade de Direito, Herbert Magalhães Alves, da Escola de Engenharia, e Amilcar Viana Martins.[19] Essa é uma das listas encontradas na documentação do extinto DOPS/MG que apontam mais docentes "esquerdistas" da UMG, porém outras listas também foram formuladas, além de centenas de outros documentos que registram individualmente os professores suspeitos.

A FACE aparece na documentação como a faculdade mais esquerdista da UMG no pré-golpe e, por isso mesmo, foi a mais visada pelo aparato repressivo no momento da "operação limpeza". Somente posteriormente que outras faculdades da insti-

18 Arquivo do DOPS/MG, Pasta 0514, Rolo 023, imagem 22 e Pasta 5486, Rolo 096, imagem 104.

19 Arquivo do DOPS/MG, Pasta 0011{2}, Rolo 001, imagem 219.

tuição mineira geraram a mesma, ou mesmo maior, preocupação para a ditadura e para os órgãos de informação. Entretanto, nesse momento, a FACE, que era praticamente um dos locais de nascimento da AP, reunia um grupo de esquerda significativo e uma militância estudantil aguerrida, como apontado por Bolívar Lamounier, na época estudante da faculdade:

> Lá na faculdade uma efervescência muito grande, na Rua Curitiba, era uma espécie de... Hoje eu percebo que ela era realmente um dos principais centros do Brasil da efervescência estudantil - se não fosse o principal, não é. Pelo... Pelo... Trâmite das lideranças que circulavam lá. E era muito visada também.[20]

Apesar da preocupação com os grupos de esquerda, ser considerado esquerdista - e, portanto, potencialmente "subversivo" - pela polícia, não seguia um critério muito claro e, muitas vezes, independia da filiação partidária ou da identificação com determinada cultura política. Professores como Aluísio Pimenta, que era filiado ao PTB, ou como Simon Schwartzman, que teve uma rápida passagem pela POLOP, eram considerados esquerdistas, ao lado de professores como Edgar de Godói da Mata Machado, político da UDN nesse período. Machado talvez tenha sido considerado suspeito pelos órgãos de informação por ser Secretário do Trabalho do governo Magalhães Pinto e estar envolvido com o meio sindical.[21] No entanto, a classificação de vários professores como "subversivos" ou "comunistas", em um viés generalizante, mostrava certo despreparo dos órgãos de informação.

---

20 Entrevista com Bolivar Lamounier.

21 Entrevistas com Aluísio Pimenta, Simon Schwartzman e Edgar de Godoi da Mata Machado.

A partir dos antecedentes do DOPS/MG, novas investigações e delações feitas por membros da própria UMG, IPMs foram criados e professores foram presos. Não é possível saber exatamente todos que foram presos, mas alguns nomes são recorrentes na documentação do DOPS/MG e ajudam a compreender a repressão inicial na UMG. Simon Schwartzman e Marcos Rubinger, pertencentes à FACE, Celson Diniz, Henrique de Lima Vaz, Ely Bonini Garcia, José de Anchieta Correa, Guido Antônio de Almeida, Rúbio Dias Ribeiro e Moacyr Laterza, docentes da FAFI,[22] e Sylvio de Vasconcellos, da Escola de Arquitetura, foram presos no início de abril. De uma maneira geral, eles eram acusados de serem “subversivos”, o que na concepção policial e militar abarcava um leque muito grande de ações e atitudes, que poderia ser desde ter ligação com algum grupo de esquerda, ter sido ligado ao PCB no passado ou até não reprimir as ações estudantis consideradas esquerdistas.

O caso de Sylvio de Vasconcellos é emblemático por conter diferentes aspectos da repressão política no imediato pós-golpe. Vasconcellos era o diretor da Escola de Arquitetura e

---

22 A documentação da AESI também revela o nome de alguns desses professores da FAFI presos. O documento, do dia 14 de maio de 1964, cita os nomes de Bonini, Almeida, Laterza, Diniz e Ribeiro. O ofício com a informação foi enviado à Comissão de Sindicância da UMG, que será analisada posteriormente, pelo vice-diretor em exercício da FAFI, Emanuel Brandão Fontes, e também constava o nome de dois alunos presos. O vice-diretor, no entanto, ressalta já no primeiro parágrafo, antes de apresentar os nomes, que não há informações sobre elementos da faculdade que tenham desenvolvido “atividades subversivas”. Arquivo AESI/UFMG: Caixa 1, maço 21. Cabe ressaltar que os professores citados ao longo dessa pesquisa possuíam diferentes vínculos com as instituições e variavam entre professores catedráticos, auxiliares e assistentes. Na pesquisa também foram considerados os pesquisadores, que na época não eram, necessariamente, ligados à carreira docente.

possuía antecedentes no DOPS/MG que remontavam à sua participação na Juventude Comunista e à sua filiação à Aliança Nacional Libertadora (ANL), liderada por Prestes, na década de 1930. Imediatamente após o golpe de 1964, alunos e professores, encabeçados por um contendor do diretor, o professor José Geraldo Faria, delataram Vasconcellos como "comunista notório" – acusação que ele negou em interrogatório realizado pelos policiais do DOPS-MG. O diretor também foi acusado de ser conivente com estudantes de esquerda, de permitir a circulação de jornais e a fixação de cartazes de cunho "subversivo" nos painéis da instituição e de ter liberado verbas da faculdade para financiar uma viagem de estudantes a um Congresso de Arquitetura em Cuba.

Em seu interrogatório no DOPS/MG, Sylvio acusou o reitor de favorecer financeiramente a Escola de Farmácia, do qual Aluísio Pimenta fazia parte, em detrimento de outras escolas e faculdades, como a de Arquitetura. Também consta que, logo após o golpe, tentou reunir os diretores das escolas e faculdades da UMG para fazer um manifesto em favor da "Revolução" e contra a permanência do reitor Aluísio Pimenta, apoiado pela esquerda católica, mas que protestos impediram a reunião com os membros do Conselho Universitário de continuar. Vasconcellos também questionou a maneira como Pimenta foi escolhido reitor, baseado em critérios políticos. As acusações do diretor contra o reitor na documentação do DOPS/MG podem ser lidas como um recurso de defesa e uma tentativa de se livrar das acusações, mostrando lealdade aos golpistas, já que era conhecida a insatisfação dos militares com o reitor. Vasconcellos também lança mão de seus contatos políticos – algo que será recorrente na fuga da ânsia repressiva pós-golpe –, mencionando Milton Campos (ministro da Justiça no governo Castello

Branco) e Pedro Aleixo (que será vice-presidente durante o governo Costa e Silva).[23]

Sofrendo pressões diversas, Vasconcellos renunciou à direção da Escola de Arquitetura no dia 6 de abril de 1964, já com sua prisão decretada.[24] A carta de renúncia foi publicada no jornal Estado de Minas, que noticiou os acontecimentos da Escola de Arquitetura juntamente com o impedimento de posse do novo diretor da Escola de Engenharia, Cássio Mendonça Pinto, que também não era benquisto pelo general Guedes.[25] Apesar de toda sua defesa, o professor não convenceu os militares, já que mais de uma ordem de prisão foi expedida contra ele. Em junho do mesmo ano, um termo de custódia colocou Sylvio de Vasconcellos em liberdade, mas ainda à disposição da justiça militar.[26] O docente resolveu partir para o exílio na Europa e escapou de outro pedido de prisão em fevereiro de 1965.[27] Sylvio de Vasconcellos só retornou ao país no segundo semestre de 1965, quando a efervescência política pós-

23 Arquivo do DOPS/MG, Pasta 0470, Rolo 022, imagens 2 a 16. Toda essa pasta contém documentos a respeito do professor Sylvio de Vasconcellos. Uma grande quantidade de documentos da pasta contém o interrogatório feito com Vasconcellos no Inquérito Policial Militar em que ele foi arrolado. As informações sobre seu passado comunista são negadas por Sylvio, assim como as acusações de ser conivente com estudantes de esquerda. Segundo a documentação, o docente conseguiu apoio contra o reitor dos diretores da Faculdade de Medicina, Direito, Odontologia, Farmácia, da Escola de Engenharia, do Conservatório de Música e de um membro do Conselho. Não cabe aqui citar todas as acusações contra o professor e as defesas apresentadas, pois o depoimento é longo. Cabe apenas dizer que o caso de Vasconcellos é exemplar, pois mostra a ação das forças repressivas e conservadoras a partir de diferentes espectros, dos antecedentes do DOPS, passando pela delação de membros da UMG, até a sua prisão.

24 Arquivo do DOPS/MG, Pasta 5489, Rolo 097, imagem 1051.

25 Arquivo AESI/UFMG: Caixa 1, maço 1.

26 Arquivo do DOPS/MG, Pasta 5489, Rolo 097, imagem 1052.

27 Arquivo do DOPS/MG, Pasta 0057, Rolo 005, imagem 433.

-golpe começou a esfriar e sua situação começou a ser, momentaneamente, resolvida após tramitações na justiça militar.[28]

No geral, os professores presos eram filiados a grupos de esquerda ou haviam pertencidos a alguma organização ou partido de esquerda no passado, como foi o caso de Vasconcellos. Apesar do vanguardismo da FACE, a FAFI foi a faculdade que apresentou mais professores presos em um primeiro momento. O padre Henrique de Lima Vaz foi um dos fundadores da AP e uma referência para os militantes mais radicais da esquerda católica. Vaz foi um dos principais teóricos da AP e mesclou teorias do marxismo e do cristianismo em seus escritos.[29] O docente influenciou a formação de outros professores de filosofia, como Guido Antônio de Almeida e José de Anchieta Correa, que também foi um dos fundadores da AP. Segundo consta na documentação do DOPS/MG, Vaz, Almeida e Correa ficaram presos durante o mesmo período que Ely Bonini e Moacyr Laterza, ambos também apontados como militantes da AP, e Rúbio Dias Ribeiro e Celson Diniz, militantes do PCB.[30]

---

28 Em 09 de dezembro de 1964 o Ministério Público aceita denúncia contra Sylvio. Arquivo do DOPS/MG, Pasta 0054, Rolo 005, imagem 376. Em 16 de dezembro de 1966, foi julgado e concedido o *Habeas Corpus* por falta de justa causa para o prosseguimento da ação penal. Arquivo do DOPS/MG, Pasta 0470, Rolo 022, doc. 2 a 16. Finalmente, em 3 de janeiro de 1967, a partir da reclamação de *Habeas Corpus*, é trancada a ação penal contra Slyvio. Arquivo do DOPS/MG, Pasta 0054, Rolo 005, doc. 291.

29 Há um site sobre o Padre Vaz que reúne grande parte de seus escritos, memórias e entrevistas, além de contar com depoimentos de outras pessoas a respeito do intelectual da AP. No site também se encontra a catalogação de toda obra dele, que se encontra no Memorial Padre Vaz, na Faculdade Jesuíta de Filosofia e Teologia (FAJE). Cf. www.padrevaz.com.br Acesso em: 10 out. 2015; Cf. Arquivo do DOPS/MG, Pasta 4232, Rolo 058, imagem 171.

30 Arquivo do DOPS/MG, Pasta 5489, Rolo 097, imagens 214 e 215; Pasta 5291, Rolo 085, imagens 111 a 113; Pasta 0004, Rolo 001, imagem 18. Cf. Entrevista com Celson Diniz.

Alguns processos dos professores parecem ter caminhado juntos na Justiça Militar, já que Bonini, Vasconcellos, Correa, Schwartzman e Rubinger tiveram as denúncias contra eles aceitas pelo Ministério Público no mesmo dia, assim como seus *habeas corpus* e o trancamento de suas ações penais foram concedidos para todos em datas iguais.[31] Cabe mencionar que, assim como Vasconcellos, no caso de Bonini também constam em seu IPM delações de alunos contra o docente, que é chamado de "subversivo" e "doutrinador ideológico", além de ser acusado de constranger "moças de famílias distintas" em suas aulas.[32]

A tortura física durante a prisão não foi recorrente no caso dos professores, mas chegou a ocorrer contra alguns docentes. Celson Diniz relatou que sofreu tortura física e psicológica:

> Mas pancada brava, não é. Tem uma pancada inclusive de um camarada lá... que se dizia do serviço secreto do Exército...golpe de *karate* aqui. Mas, é... e pancada até o olho...[...] É, inchar e ficar roxo. E tortura moral. Dizia que ia dar choque nos órgãos genitais. [...] No fundo, veja bem, eles não tinham informações dos últimos mais de doze meses. Porque se tivesse informação, a tortura teria sido mais brava. Eles não tinham registros. Na verdade eles não tinham registros de [19]63. Muito menos de [19]64. Então eles estavam como o quê... jogando verde.[...] Porque tinha... quem chefiava a tortura é o Nelson Sarmento[...] Então ele ficava sentado fazendo a pergunta e os outros batiam. Às vezes eles fizeram uma encenação, que tinha metralhadora, fuzil, era uns cinco camaradas ali, não con-

31 Arquivo do DOPS/MG, Pasta 0054, Rolo 005, imagens 291 e 376.

32 Arquivo do DOPS/MG, Pasta 0012, Rolo 001, imagem 14; Pasta 3899, Rolo 049, imagem 7.

> seguia brigar [com um deles]. Eles faziam rodízio nas pancadas, não é. Teve uma hora, eu desejei morrer. [33]

Simon Schwartzman também revelou ter sofrido maus tratos na prisão, apesar de não considerar que tenha sido torturado:

> Não, quando eu fui preso, no dia que fui preso, eu recebi uma, uma pancada lá[...] É, uns tapas lá. Tinha um cara, que era um rapaz que era um integralista lá que [inaudível], ficou que ali, que aquilo seria de denunciante. Como é o nome do cara? Eu esqueci o nome dele, é Sarmento, eu acho... Era um [inaudível] integralista, eu acho, e ele servia de intermediário da polícia, então me deu um tapa. Um cara truculento etc.[34]

O que parece ter pesado mais para os professores, no entanto, foi a indefinição de seus destinos quando indiciados pelos IPMs, que enquadraram a maioria na Lei de Segurança Nacional.[35] Como bem exposto por Diniz, foi uma espécie de tortura mental/moral:

> Não, quer dizer, o pessoal não vinha atrás não, mas você sabia que era vigiado. Quer dizer, de [19]64 a [19]67 eu diria que eu vivi um clima de tortura mental. Tortura moral. Porque inclusive, você estava aguardando julgamento. Acho que a pena que pediram para mim era de quinze a trinta anos. Foi o que foi considerado [inaudível]. Porque eu era muito falante. Então eu fui muito notado, não é. [...] É, eu tinha característica de líder, eu estudava muito, gostava muito da ciência, aquela coisa toda, tinha uma certa liderança científica também, essa coisa toda e... Mas até, até o

33 Entrevista com Celson Diniz.

34 Entrevista com Simon Schwartzman.

35 Lei nº 1802 de 5 de janeiro de 1953.

> *habeas corpus*, é, você vivia naquele clima, quando é que vai ter o julgamento, quer dizer, eu fiquei três anos esperando o julgamento. Quer dizer, você sabia que podia ser daqui um mês e tudo. Então foi uma tortura moral terrível.[36]

Voltando aos registros da polícia política, apesar dos documentos do DOPS/MG revelarem aspectos significativos do comportamento e da militância de alguns professores, a perspectiva se deu pelo lado repressivo, sendo necessário questionar a veracidade de algumas informações fornecidas. Muita confusão era feita em relação aos grupos de esquerda e até sobre quem não pertencia a eles. Há documentos que indicam Mata Machado como militante da AP, apenas por ele estar ligado ao meio católico e ter contatos com os sindicatos. No entanto, até o momento do golpe, ele era um professor e político ligado à UDN.[37] Também em relação ao tempo de prisão algumas informações não batem com os testemunhos dos docentes. José de Anchieta Correa, segundo consta no DOPS/MG, foi liberado em 3 de junho de 1964. Porém, em entrevista, Correa revelou ter ficado preso mais de um ano antes de partir para o exílio:

> Eu tinha sido preso e condenado por dez anos, cinco anos por ter fundado a AP e cinco por corrupção à juventude. Fiquei preso com presos comuns quase um ano. Depois consegui um habeas corpus. Minha sogra tinha relação com políticos. Fui para o Rio tentar me exilar [...] fui com uma carta para entregar ao Alceu Amoroso Lima. Ao mesmo tempo, eu já tinha escrito para Louvain. Informei tudo o que podia para provar que realmente eu precisava da bolsa [...] eu já estava desesperado quando

36 Entrevista com Celson Diniz.

37 Arquivo do DOPS/MG, Pasta 1254, Rolo 028, imagem 156.

> finalmente saiu a bolsa pra Louvain. Eu fui com minha mulher e meus dois filhos.[38]

O trecho do depoimento de Correa é revelador por outros aspectos, além do fato de apresentar informações diferentes da DOPS/MG. Assim como Vasconcellos, Correa buscou se aproveitar de contatos que interviessem por ele, no caso sua sogra, que possuía boas conexões com políticos. Celson Diniz foi outro professor que teve seu tempo de prisão reduzido por possuir bons contatos pessoais, também com políticos:

> Não, no DOPS eu fiquei pouco tempo. Depois... é não emendou um pouco. Não, não chegou a ficar um mês não. Não chegou a ficar isso tudo não. Porque eu tive um apoio, veja bem, de um amigo em família, um conterrâneo, o [Alvimar Mourão], que era deputado da UDN, era um coronelão, amigo dos líderes da Revolução.[39]

A possibilidade de usufruir de contatos pessoais para tentar escapar da repressão, porém, não estava ao alcance de todos, e outros subterfúgios foram utilizados. Diferentemente da maioria de seus colegas, o professor de antropologia da FACE, Marcos Rubinger, permaneceu preso até o natal de 1964. Segundo Motta, Rubinger deve ter sido um dos docentes que ficaram mais tempo na prisão em todo o país, o que trouxe consequências bastante negativas para sua carreira. Rubinger, que era acusado de ser filiado ao PCB, perdeu seu cargo por não comparecimento e teve sua prisão preventiva renovada já em junho, quando ainda estava preso, diferindo

38 FERREIRA, Daniela Maria. *Conversão e reconversão: a circulação internacional dos filósofos de origem católica*. Tese (doutorado em Educação). Faculdade de Educação - Unicamp, Campinas, 2007, p. 92.

39 Entrevista com Celson Diniz.

dos casos de outros professores, quando uma nova prisão só foi solicitada no início de 1965. Apesar dos documentos disponíveis no DOPS/MG não revelarem nenhum aspecto diferencial sobre Rubinger em relação a outros professores considerados "subversivos", alguns depoimentos de colegas apontam que a polícia política considerava o professor da FACE como um "elemento perigoso". Para conseguir fugir da prisão, Rubinger aproveitou um indulto de Natal, concedido para visitar a família, e buscou asilo, juntamente com sua esposa, na embaixada da Bolívia.[40]

Herbert José de Souza, o Betinho, pesquisador da FACE, partiu para o exílio no Uruguai logo após o golpe, evitando a prisão, mas perdendo seu cargo de pesquisador. Betinho foi um dos indiciados no IPM da UNE e era considerado pela polícia política como um extremista. Durante seu primeiro exílio, os militares, através do MEC, pediram informações a respeito do sociólogo, que vivia em situação clandestina, ao diretor da FACE, Rodolpho de Abreu Bhering.[41] Ao retornar para o Brasil na clandestinidade, Betinho foi preso em dezembro de 1966.[42] Resultado distinto teve as pressões contra Simon Schwartzman. Schwartzman que havia recém retornado de um intercâmbio institucional da Faculdade Latino Americana de Ciências Sociais (FLACSO), em 1964, também foi preso e houve abertura de processo administrativo contra ele. Ele, no entanto, conseguiu escapar da demissão por ter enviado carta da prisão ao diretor da FACE, Rodolpho de Abreu

40 Cf. entrevistas com Celson Diniz, Fábio Wanderley Reis e Simon Schwartzman; Arquivo do DOPS/MG, Pasta 0262, Rolo 017, imagens 211 a 213; Cf. MOTTA, Rodrigo Patto Sá. *As universidades e o regime militar*, p. 30 e 57.

41 Arquivo AESI/UFMG: Caixa 2, maço 31.

42 Arquivo do DOPS/MG, Pasta 0011, Rolo 001, imagens 128 e Pasta 0065, Rolo 006, imagem 186.

Bhering, oficializando sua condição de detenção e impedindo sua exoneração forçada.[43]

As investigações policiais visando os docentes da UMG tiveram grande impacto no meio acadêmico, mas não foram os únicos meios de coerção utilizados pela ditadura militar nesse momento.

A U(F)MG impactada: investigação, vigilância e intervenção

Os IPMs e as prisões contra os professores não foram as únicas tentativas de atingir o corpo docente das universidades. Cerca de uma semana após o reinício das aulas na UMG, "com as graças" do General Guedes,[44] o ministro da educação, Flávio Suplicy de Lacerda, promulgou a portaria nº 259, com base no Ato Institucional - enviada à UMG no dia 22 de abril pelo aviso nº 705 –, que determinava a instauração de inquéritos administrativos para apurar condutas incompatíveis com o serviço público e severa vigilância sobre atividades que pudessem comprometer a "causa da paz social e a reintegração da ordem jurídica, democrática."[45]

Na UMG, assim como em outras universidades brasileiras, houve manifestações de apoio ao golpe contra Jango. O Conselho Universitário, a partir de proposição do diretor da Faculdade de Medicina, Oscar Versiani Caldeira, aprovou "moção de apoio ao movimento revolucionário", apesar da oposição do reitor, e a Congregação do Conservatório Mineiro de Música (atual Escola de Música da UFMG) aprovou "voto de aplausos e de irrestrita so-

---

43 Arquivo do DOPS/MG, Pasta 5293, Rolo 085, imagens 9 e 11; Pasta 0012, Rolo 001, imagens 2 a 4 e 14. Cf. entrevista com Simon Schwartzman; Cf. MOTTA, Rodrigo Patto Sá. *As universidades e o regime militar*, p. 57.

44 Arquivo AESI/UFMG: Caixa 1, maço 2.

45 O documento completo pode ser visto no Arquivo AESI/UFMG: Caixa 1, maço 5. Motta reproduz parte do documento em seu livro. Cf. MOTTA, Rodrigo Patto Sá. *As universidades e o regime militar*, 51.

lidariedade às forças armadas e às autoridades civis, pela restauração das franquias democráticas em nossa Pátria e pela restituição da tranquilidade e do sossego à família brasileira."[46] Alguns professores da Faculdade de Medicina também produziram uma carta de congratulação ao General Guedes e ao seu esforço de buscar "agitadores comunistas entre os estudantes estrangeiros". Mencionavam ainda na carta que era preciso punir os apoiadores do "comício comunista" realizado na FACE no dia 2 de março de 1964, o que nada mais era do que a polêmica aula inaugural do ano proferida por Darcy Ribeiro, chamado na carta de "inspetor de aluno".[47] No entanto, quando houve o pedido de instalação das comissões para realizar os inquéritos administrativos, as direções das faculdades e a reitoria adotaram uma postura de "resistência passiva" no geral.[48]

A Comissão de Sindicância da UMG foi criada pelo então reitor Aluísio Pimenta apenas no dia 8 de maio e começou a funcionar no dia 9 do mesmo mês, contando com apenas 5 dias para apresentar seu relatório final. Antes de acatar as recomendações do Ministério da Educação, a reitoria e o Conselho Universitário pediram pareceres ao consultor jurídico da universidade e à Comissão de Legislação e Ensino, composta, entre outros nomes, pelo diretor da Faculdade de Direito, Alberto Deodato, que fazia parte do grupo IPES/Novos Inconfidentes em Minas Gerais.[49] A Comissão de Sindicância foi aprovada e foram nomeados os professores Levindo Furquim Lambert – presidente da comissão e, sintomaticamente, diretor do Conservatório Mineiro de Música –, Caio Benjamin Dias, Francisco de Assis Castro e Mário

46 Arquivo AESI/UFMG: Caixa 1, maço 3.

47 Arquivo AESI/UFMG: Caixa 1, maço 10.

48 MOTTA, Rodrigo Patto Sá. *As universidades e o regime militar*, p. 56.

49 STARLING, Heloísa, *op. cit.*, p. 347.

Barbosa e o estudante Paulo Roberto Diniz para dirigir as investigações e montar o relatório.[50]

Ironicamente, a Comissão de Sindicância funcionou no prédio da FACE. A ideia era reunir informações a respeito dos crimes cometidos contra o Estado no âmbito acadêmico. Algumas notas e matérias a respeito da comissão foram publicadas nos jornais *O Diário*, *Correio de Minas* e *Estado de Minas*. Neste último foi exaltada a importância das investigações, criticada as influências "nefastas" do governo Jango no meio universitário e explicado quais eram os objetivos da comissão, que buscava contar com o apoio de comunidade acadêmica.[51] Na prática, porém, a comissão se limitou a pedir informações aos generais Manoel Francisco Pacheco (responsável pelos IPMs de investigação dos docentes em todos os níveis em Minas Gerais) e Carlos Luiz Guedes, ao DOPS/MG e às faculdades da instituição. Aluísio Pimenta, representando o Conselho Universitário, afirmou, em documento produzido na reunião de apresentação do relatório da Comissão de Sindicância, que irregularidades ou delitos seriam sempre apurados pelas autoridades universitárias, porém, ponderou no mesmo ofício que a UMG não deliberaria sobre os indiciados ou denunciados, pois as responsabilidades já estavam sendo apuradas pelas autoridades competentes. O teor do documento revela certo incômodo do reitor em produzir as investigações ao mesmo tempo em que tenta evidenciar que as recomendações estavam sendo seguidas.[52]

Todas as faculdades da UMG mandaram listas completas de seus alunos e professores para a Comissão de Sindicância – que

50 Arquivo AESI/UFMG: Caixa 1, maço 5.

51 Arquivo AESI/UFMG: Caixa 2, maço 24.

52 Arquivo AESI/UFMG: Caixa 1, maço 5; Caixa 2, maço 24.

foram enviadas ao DOPS/MG também –, porém nenhuma apontou estudantes, funcionários ou professores considerados "subversivos".[53] Mesmo em relação aos estudantes estrangeiros, que estavam sendo especialmente vigiados, não houve denúncias de irregularidades que ameaçassem a "ordem democrática".[54] O máximo de informações de práticas "subversivas" veio da FAFI e da Escola de Engenharia, que relataram a circulação de boletins que criticavam a ditadura militar, mas ninguém foi apontado como responsável. A Escola de Arquitetura se destacou pelo apoio dado a comissão, principalmente na figura do professor catedrático José Geraldo de Faria (um dos denunciantes do professor Sylvio de Vasconcellos), que enviou carta à comissão se dizendo disposto a delatar nomes de alunos e ex-alunos que "conturbaram a vida da Escola". Já a FACE parece ter sido a mais pressionada pelos militares, como era de se esperar. Não só o diretor da unidade, como os chefes dos departamentos (a FACE já se dividia em estrutura departamental em 1964) e de institutos ligados a ela tiveram que responder aos pedidos da comissão.[55]

A Comissão de Sindicância entregou seu relatório final, enaltecendo os militares e o golpe de 1964, porém não chegou a apontar culpados de "subversão" ou qualquer outro crime, o que desagradou profundamente os militares da região, princi-

53 Arquivo AESI/UFMG: Caixa 1, maços 6 a 9 e 11 a 22.

54 Arquivo AESI/UFMG: Caixa 2, maço 25. Foi criada também uma Comissão Especial de Inquérito designada para apurar atividades subversivas de alunos hispano-americanos, presidida por Caio Líbano de Noronha. A comissão também não apontou responsáveis por nenhum crime. Cf. Arquivo AESI/UFMG: Caixa 2, maço 26. Na FACE, as investigações sobre alunos estrangeiros continuaram ocorrendo até julho de 1964. Cf. Arquivo AESI/UFMG: Caixa 2, maço 32.

55 Arquivo AESI/UFMG: Caixa 1, maços 21 e 23.

palmente o General Guedes.[56] As relações entre o reitor Aluísio Pimenta e o Comandante da 4ª Região Militar (RM), que já eram complicadas desde a aula inaugural de Darcy Ribeiro, se tornaram ainda mais tensas, como relata Pimenta:

> Tive, nessa ocasião, um encontro com o General Carlos Luís Guedes que tornou as nossas relações mais difíceis. Ele me dizia que o relatório da Comissão de Sindicância não tinha o menor valor e eu com serenidade e firmeza comunicava-lhe que, do ponto de vista da Universidade, considerava-o conclusivo. Adiantava-lhe também que nada mais seria feito e que a Universidade não se transformaria em organismo inquisitorial.[57]

O general Guedes não se deu por satisfeito, pois esperava obter a demissão de pelo menos quinze professores com os trabalhos da Comissão de Sindicância.[58] O general continuou a fazer pressão contra o reitor, que se tornou um inimigo pessoal. No dia 7 de junho de 1964, foi elaborada pelo general Guedes, a partir das investigações ocorridas em Minas Gerais, uma lista com mais de 200 nomes a terem seus direitos políticos suspensos. Constavam na lista os nomes dos professores da UMG Marcos Rubinger, Ely Bonini, José Nilo Tavares, Sylvio de Vasconcellos, José Israel Vargas, Edgar Godói da Mata Machado, Aluísio Pimenta, Washington Albino, Celson Diniz, Júlio Barbosa, Fábio Lucas, Rui de Souza, Morse Belém Teixeira e José de Anchieta Correa.[59] A lista foi enviada ao

---

56 Arquivo AESI/UFMG: Caixa 2, maço 24.

57 PIMENTA, Aluísio. *Universidade. Universidade: a destruição de uma experiência democrática*. Petrópolis: Vozes, 1985, p. 35 e 36.

58 MOTTA, Rodrigo Patto Sá. *As universidades e o regime militar*, p. 46.

59 Arquivo do DOPS/MG, Pasta 0065, Rolo 006, imagens 150 a 152.

Conselho de Segurança Nacional (CSN),[60] que a considerou exagerada.[61] Para decepção de Guedes, nenhum dos professores da lista foi demitido ou teve seus direitos políticos suspensos em 1964. A pressão sobre a UMG foi recorrente nos meses iniciais após o Golpe, como demonstra o reitor em suas memórias:

> Comecei nesse período a receber, dos serviços de informação então existentes, uma avalanche de fichas em que estavam anotadas as ações, atitudes e iniciativas de professores, alunos e funcionários da Universidade, consideradas subversivas. Desejavam que eu, apoiado nelas, abrisse inquéritos ou realizasse sindicâncias. Nunca vi tanta desinformação junta, tanta inutilidade catalogada. Acusavam, por exemplo, a um professor de Física de ter comparecido, em uma determinada ocasião, ao Aeroporto da Pampulha para receber uma comissão da Euraton. Ora, a Euraton era considerada por muitos pesquisadores e professores como uma organização comprometida com o "capitalismo internacional" e outras avaliações do mesmo teor. Outros eram acusados de terem participado de um churrasco oferecido a Jorge Amado etc. Eu, nessa oportunidade, tive o prazer de tomar conhecimento, lendo a minha própria ficha, das pesadas acusações que recaíam sobre mim. Fundamentalmente, acusavam-me de ter participado de diversas reuniões com estudantes que lutavam pela reforma universitária. O que era, além de rigorosamente verdadeiro, muito louvável pois é dever elementar de um professor dialogar e discutir sobre matéria de fundamental interesse para a vida universitária, com os

60 Sobre o papel do CSN, cf. ALMEIDA, Guilherme Bacha de. "O Conselho de Segurança Nacional e a Ditadura (1964-1969)". In: MOTTA, Rodrigo Patto Sá (org.). *Ditaduras militares*, p. 83-100.

61 MOTTA, Rodrigo Patto Sá. *As universidades e o regime militar*, p. 369.

> segmentos que a compõem. Lembro-me também de que pesava contra mim o fato de ser contrário à vitaliciedade da cátedra. O que era também pura verdade e não depunha contra mim, que, por concurso, obtivera três cátedras, mas refletia a opção por um princípio de reorganização da Universidade. Na verdade, tudo aquilo fazia parte de um plano que visava constranger-me a abrir processos contra colegas, estudantes ou funcionários. Se esperavam esse tipo de colaboração, ficaram a ver navios, pois jamais transformaria a reitoria numa delegacia e jamais transformaria o Reitor num pequeno e miserável inquisidor. Mas as provocações não pararam aí."[62]

As provocações às quais Pimenta se refere foram as duas intervenções ocorridas na UMG a mando do general Guedes, em mais um evidente episódio de desrespeito à autonomia universitária. O comandante, em sua ânsia por atingir a universidade e o reitor, nomeou o tenente-coronel Expedito Orsi Pimenta como interventor da FAFI em junho de 1964, após panfletos estudantis da UNE, que criticavam duramente a ditadura, terem sido encontrados na referida faculdade. A intervenção durou do dia 12 ao dia 16 de junho e tinha o objetivo principal de punir os responsáveis pelos panfletos. Outras medidas também foram tomadas contra os docentes, revelando as reais intenções da intervenção, ou seja, efetuar um expurgo não conseguido anteriormente. Aluísio Pimenta chegou a escrever uma carta de renúncia, não publicada, durante a intervenção na FAFI, ao mesmo tempo em que aguardou, com o diretor da faculdade atingida, as atitudes que seriam tomadas pelos militares.[63]

62 PIMENTA, Aluísio, *op. cit.*, p. 36 e 37.

63 *Ibidem*, p. 37.

O interventor resolveu afastar cinco alunos suspeitos de terem distribuído os panfletos e tentou afastar docentes que se encontravam na lista de Guedes. Um deles foi o professor José Israel Vargas, da área de física e química, e que havia tido militância de esquerda nos anos 1940 e 1950. Vargas já havia sido afastado da Comissão Nacional de Energia Nuclear (Cnen) e estava sob investigação em um IPM, que apurava atividades subversivas nas universidades. Segundo relato do professor, o interventor Orsi Pimenta chegou a informá-lo de sua suspensão no gabinete do diretor, porém Vargas não se conformou com o ato secreto e disse que faria denúncia pública. A atitude de Vargas fez o militar recuar e rasgar o documento na mesma hora.[64] Porém, outros docentes foram efetivamente afastados e suas situações na universidade ficariam em suspenso até o final de agosto do mesmo ano. A resolução das punições contra os discentes e docentes na FAFI seria favorável aos próprios atingidos, justamente por mais um passo desastroso dado pelo general Guedes após a primeira intervenção na instituição mineira.

Em julho do mesmo ano, Guedes decidiu intervir diretamente na reitoria e, para isso, nomeou novamente o tenente coronel Expedito Orsi Pimenta e afastou o reitor Aluísio Pimenta. A reação do reitor foi imediata e cirúrgica. Mobilizando todos os contatos possíveis, Aluísio Pimenta reuniu apoio da imprensa liberal da capital, que havia apoiado o golpe, de políticos do alto escalão do governo federal e contou com a solidariedade da maioria da UMG.

---

64 Sobre a militância de esquerda e a presença do nome de Vargas em IPM, cf. Arquivo do DOPS/MG, Pasta 4081, Rolo 052, imagem 18 e Pasta 3749, Rolo 042, imagem 50; Cf. também entrevista com José Israel Vargas. Motta também narra o episódio em seu livro, cf. MOTTA, Rodrigo Patto Sá. *As universidades e o regime militar*, p. 46.

Ao assumir o cargo de interventor, Orsi Pimenta baixou portaria decidindo o afastamento de todos "os alunos e professores indiciados em inquéritos, presos ou detidos para averiguações de atividades subversivas, ou acusados de corrupção."[65] A intervenção, no entanto, durou apenas 48 horas devido ao amplo apoio que Aluísio Pimenta angariou contra seu afastamento. Os jornais saíram em defesa da autonomia universitária, utilizando um discurso de uma Minas Gerais "defensora natural da liberdade" e de Belo Horizonte como a cidade "mais anticomunista de todo o país." O jornal Estado de Minas se destacou na defesa da universidade, chamando-a de "espelho cristalino do pensamento democrático e das tendências liberais do povo montanhês". Apelou-se também para os valores católicos, afirmando a integridade do reitor como "frequentador assíduo da Santa Mesa". É interessante notar como valores que foram usados para justificar o Golpe foram usados pela imprensa para defender a autonomia da UMG e o próprio reitor.[66] Além da imprensa, o reitor buscou apoio do Ministro da Justiça, Milton Campos, que era professor da instituição, e mandou telegramas ao Presidente da República, ao Ministro da Guerra e ao Presidente do Conselho Federal de Educação. A repercussão da intervenção foi tão negativa que o próprio presidente Castello Branco mandou suspendê-la. O general Guedes amargou uma transferência para São Paulo e a figura do reitor obteve ainda mais simpatia com o episódio, aumentando sua base de apoio dentro da instituição.

Aproveitando o apoio do governo federal, que considerou injustificável a intervenção na reitoria, a FAFI reintegrou, após consulta ao reitor, ao Conselho Técnico Administrativo e ao

---

65 Arquivo AESI/UFMG: Caixa 2, maço 29.

66 Arquivo AESI/UFMG: Caixa 2, maço 28.

Consultor Jurídico da Universidade, os professores suspensos na intervenção de junho. A decisão foi enviada, em tom respeitoso, ao Comando da 4ª RM, já sob nova direção.[67]

Passada a crise política inicial e a campanha contra a UMG desencadeada por Guedes, o reitor Aluísio Pimenta pôde iniciar as promessas de sua campanha, cujo foco era a reforma universitária.[68] O segundo "ciclo repressivo" contra os docentes universitários será analisado no contexto de discussão da reforma universitária no próximo capítulo.

A vigilância e a repressão política contra os docentes da UMG, apesar de terem diminuído após o primeiro semestre de 1964, nunca cessaram completamente. Outros tipos de repressão e controle político também ocorreram, principalmente por meio do recém-fundado Sistema Nacional de Informações (SNI),[69] que passou a exigir informações sobre variados assuntos de cunho "subversivo" e/ou que contestavam a ditadura.

Alguns nomes foram vetados para serem paraninfos, como ocorreu no caso do impedimento de Carlos Heitor Cony, escolhido para ser homenageado por uma turma de formandos em

---

67 Arquivo AESI/UFMG: Caixa 2, maço 29. Os documentos no arquivo da AESI dão a dimensão das decisões oficiais e a posição dos jornais a respeito das intervenções. Motta analisa o episódio em seu livro. Cf. MOTTA, Rodrigo Patto Sá. *As universidades e o regime militar*, p. 45-48. Cunha discorre rapidamente sobre os acontecimentos e enfatiza a defesa da autonomia universitária pelos membros da UMG. Cf. CUNHA, Luiz Antônio. *A universidade reformanda*, p. 112-114. Em seu livro de memória e em entrevista, o ex-reitor relembra o episódio. Cf. PIMENTA, *op. cit.*, p. 37-41; Cf. Entrevista com Aluísio Pimenta.

68 Cf. PIMENTA, Aluísio, *op. cit.*, p. 21-29; Cf. Entrevista com Aluísio Pimenta.

69 Sobre o aparato de informação e repressão durante a ditadura, cf. JOFFILY, Mariana. "O aparato repressivo: da arquitetura ao desmantelamento". In: AARÃO REIS, Daniel; RIDENTI, Marcelo; MOTTA, Rodrigo Patto Sá (orgs.), *op. cit.*, p. 158-171.

jornalismo ao final de 1964, e de Juscelino Kubistchek, chamado para ser paraninfo de uma turma de formandos de engenharia ao final de 1965. O ex-presidente teve seu mandato cassado em 1964 pelo Ato Institucional. Cony era um conhecido jornalista que, após o golpe, passou a escrever crônicas de oposição à ditadura. Os dois eram considerados inimigos do novo regime e causaram incômodos aos militares ao serem indicados como paraninfos de cursos de universidades públicas. Não se sabe o desenrolar dos acontecimentos, porém, no caso de Cony, o comandante da 4ª RM, Dióscoro Gonçalves Vale, chegou a sugerir algumas opções ao reitor Aluísio Pimenta para evitar a presença do jornalista. As sugestões iam desde pressionar o paraninfo escolhido a não aceitar o convite, passando pelo cancelamento da cerimônia, até o uso de força policial, que poderia gerar consequências imprevisíveis, como lembrado, em tom ameaçador, pelo próprio comandante.[70]

Também continuaram a ocorrer denúncias e pressões para obter informações e punir alguns professores da UMG. Em janeiro de 1965, o professor Roberto Carneiro, da Escola de Engenharia, foi denunciado como comunista em carta anônima enviada diretamente ao ministro da Educação e Cultura, Flávio Suplicy. A carta ainda acusava o referido professor de ser protegido do diretor da Escola de Engenharia, Joaquim Marcelo Klein, e de assumir funções e cargos de importância na universidade. O missivista ainda recordava que Carneiro havia sido aposentado do cargo de Superintendente da Rede Mineira de Viação pelo Ato Institucional. A celeuma se dava em um contexto de críticas ao ministro por parte do senador da UDN, Faria Tavares. Tavares repudiava as atitudes meramente repressivas de Suplicy contra as universidades e os estudantes que, segundo o senador, estavam

70 Arquivo AESI/UFMG: Caixa 2, maço 33 e Caixa 3, maço 16.

em sua maioria integrados ao "espírito revolucionário". O anônimo denunciante apoiava o ministro em sua missão repressora e desejava, através da carta, mostrar que havia ainda pessoas "subversivas" nas universidades, incluindo docentes. A resposta do diretor da Escola de Engenharia se limitou a dizer que as denúncias da carta não passavam de boatos escondidos sob anonimato que pretendiam jogar o ministro contra a UMG. Klein também defendeu o professor acusado e relembrou a resolução do episódio de intervenção na reitoria, quando o presidente Castello Branco havia mostrado total confiança na instituição mineira.[71]

Informações também foram solicitadas sobre professores que estavam sob investigação em IPMs, como Sylvio de Vasconcellos, Hélio Pontes e José Nilo Tavares. O comando da 4ª RM pediu informações sobre Vasconcellos em setembro de 1965, questionou a direção da UFMG[72] por ter concedido licença e férias ao professor quando ele estava sob custódia e chegou a afirmar que o docente era foragido da justiça quando se encontrava no exílio em Paris. A Divisão de Pessoal da UFMG respondeu aos questionamentos alegando que, com o processo contra Vasconcellos em andamento e sem conclusões, não era justificável aplicar nenhum tipo de punição contra o docente.[73]

O mesmo ocorreu com os professores da FACE, Hélio Pontes e José Nilo Tavares. O primeiro havia voltado à UFMG após sua expulsão da UnB. Pontes havia sido cedido pela instituição mineira à instituição do planalto para ajudar em sua organização. O professor era responsável por ajudar na estruturação do cur-

---

71 Arquivo AESI/UFMG: Caixa 3, maço 2.

72 A partir de agosto de 1965 o nome da instituição mineira passou a ser Universidade Federal de Minas Gerais (UFMG). Cf. nota 13 da introdução.

73 Arquivo AESI/UFMG: Caixa 3, maço 11.

so de Administração Pública.[74] Tavares estava sob investigação administrativa, porém nada foi provado contra o docente, que foi mantido na instituição segundo a Divisão de Pessoal da universidade.[75] No entanto, Tavares havia se mudado para o Rio de Janeiro após o golpe de 1964 para lecionar na PUC/RJ.

No geral, a pressão contra os docentes nos anos seguintes, principalmente contra os diretores e o reitor, ocorreu mais por questões relacionadas ao movimento estudantil. Em 11 de novembro de 1964, foi aprovada a lei nº 4464, que ficou conhecida como Lei Suplicy, levando o nome do ministro da Educação e patrono da lei. A Lei Suplicy visava regular as entidades estudantis e buscava substituir a UNE e as Uniões Estaduais Estudantis (UEEs) pelo Diretório Nacional dos Estudantes (DNE) e pelos Diretórios Estaduais de Estudantes (DEEs), que seriam os novos órgãos oficiais de representação estudantil em nível nacional e estadual, respectivamente. A proposta da lei, que pretendia enquadrar os estudantes, foi rechaçada inclusive pelas entidades estudantis que apoiaram o golpe. A lei estabelecia um prazo de dois meses para que as entidades se adequassem a ela, porém, como isso não estava sendo seguido, o prazo foi prorrogado e as eleições para as organizações estudantis foram marcadas para o dia 16 de agosto de 1965. Os estudantes, em sua maioria, a ignoraram e continuaram com suas entidades, ainda que caracterizadas como ilegais.[76]

Cabe mencionar que a lei tinha aspecto punitivo para a direção das universidades: "O Diretor de Faculdade ou Escola e o Reitor de Universidade incorrerá em falta grave se, por atos,

---

74 Entrevista com Hélio Pontes.

75 Arquivo AESI/UFMG: Caixa 4, maço 2.

76 Cf. MARTINS FILHO, João Roberto, *op. cit.*, p.87-98; CUNHA, Luiz Antônio. *A universidade reformanda*, p. 54-62; MOTTA, Rodrigo Patto Sá. *As universidades e o regime militar*, p. 61-64.

omissões ou tolerância, permitir ou favorecer o não cumprimento desta lei." Com a prorrogação do prazo para meados de agosto, o caráter autoritário dela se ampliava em sua responsabilização aos dirigentes universitários: "Serão destituídos os Diretores que não observarem ou não fizerem observar os prazos fixados neste decreto e o Conselho Federal de Educação intervirá nas Universidades que não tiverem observado as presentes normas ou os prazos fixados pelo decreto."[77]

Na UFMG, o SNI pressionou a direção das faculdades e a reitoria objetivando controlar o movimento estudantil. Os documentos mostram, ao longo dos anos de 1965 e 66, cobranças às autoridades acadêmicas quanto ao cumprimento da Lei Suplicy pelas entidades estudantis, proibições de conferências e peças teatrais organizadas pelos estudantes consideradas contrárias aos valores do novo regime, pedidos de censura e aberturas de sindicâncias de investigação à imprensa e a boletins estudantis "subversivos", questionamentos sobre a participação de entidades consideradas ilegais (no caso a UEE/MG) em cerimônias oficiais da UFMG, informações sobre a adequação dos Diretórios Acadêmicos e Centros Acadêmicos à Lei Suplicy, problemas diversos com o Diretório Central de Estudantes da UFMG (DCE/UFMG), entre outras questões relativas ao movimento estudantil. Aplicando as determinações da Lei Suplicy, o Conselho Universitário chegou a retirar a representação discente por não cumprimento da lei por parte das entidades estudantis. No entanto, dado o histórico dos próprios dirigentes da UFMG, houve questionamentos por parte do SNI sobre o cumprimento exato da lei.[78]

77 CUNHA, Luiz Antônio. *A universidade reformanda*, p. 59.

78 Arquivo AESI/UFMG: Caixa 3, maços 4 a 7 e 12 a 14; Caixa 4, maços 3 a 15.

Como mostrado por Martins Filho, após a surpresa inicial do golpe e a promulgação da Lei Suplicy, o movimento estudantil voltou a crescer, primeiro timidamente em 1965, e a tomar as ruas em manifestações significativas em 1966. Em 1967 e 1968, como será mostrado rapidamente no próximo capítulo, o movimento estudantil vai se tornar a principal preocupação da ditadura, influindo diretamente nas discussões sobre a Reforma Universitária e, consequentemente, sendo duramente reprimido, principalmente após o endurecimento do regime ao final de 1968.[79]

O impacto inicial do golpe na UFMG se fez sentir em diferentes aspectos. Houve uma paralisação ou um atraso de questões essenciais para o bom funcionamento da universidade para que inquéritos, investigações e punições fossem aplicados. Apesar dos militares cessarem por um tempo os pedidos de exoneração, muitos dos docentes atingidos pelos IPMs se sentiram inseguros e temerosos e saíram, em variados momentos, para um exílio temporário, como foi o caso de Sylvio de Vasconcellos, Simon Schwartzman e Celson Diniz. Outros perderam seus empregos, como no caso de Marcos Rubinger e Betinho. Mesmo os que não foram presos, mas estavam sendo investigados em IPMs, como José Nilo Tavares e Jessé Guimarães de Brito (Escola de Arquitetura),[80] sentiram a pressão dos órgãos de informação e repressão da ditadura. Como evidenciado, criou-se um clima de delação e medo na UFMG, que resultou em ações que prejudicaram a instituição. Além disso, outros tipos de censuras e coações mais simbólicas ocorreram, como as chamadas "cassações brancas", em que os militares impediam que professores que não

---

79 MARTINS FILHO, João Roberto, *op. cit.*, p. 99 a 109.

80 Arquivo do DOPS/MG, Pasta 0013, Rolo 001, imagem 75 e Pasta 0011{2}, Rolo 001, imagem 136.

eram vistos com bons olhos pelo regime se tornassem diretores ou conseguissem verbas para pesquisas e estudos no exterior.[81]

Aos poucos o ambiente acadêmico foi buscando normalizar-se na medida do possível e as reformas empreendidas na UFMG começaram a chamar a atenção do governo federal. A repressão política contra os professores voltaria a evidenciar-se no ano de 1968 e, fundamentalmente, no ano de 1969, após a instauração do AI-5 e o consequente endurecimento da ditadura militar.

A UTE bombardeada: a repressão contra os docentes nos primeiros momentos após o golpe

A violência física, moral e psicológica desencadeada contra a UTE e seus membros nos primeiros dias após o golpe foi algo sem precedentes na história das universidades durante os regimes militares da América Latina. Há vários relatos dos acontecimentos que se sucederam nesses dias e todos convergem para um uso de força excessivo, até mesmo para as ditaduras, no que se refere ao tratamento dado às universidades.[82]

A UTE era a universidade com mais estudantes e professores, inclusive dirigentes, pertencentes aos partidos que compunham a *Unidad Popular*, além de haver entre os estudantes um número significativo de militantes do MIR. Como já explicitado, além do

---

81 Entrevista com Fábio Wanderley Reis.

82 Em seu livro, Kirberg relata brevemente como a UTE foi invadida e seus integrantes humilhados baixo mando militar. KIRBERG, Enrique, *op. cit.*, p. 419-420. O ex-reitor faz um relato mais completo no livro de Luis Cifuentes. CIFUENTES, Luis, *op. cit.*, p. 153-158. Ricardo Núñez, secretário geral da universidade na época, também dá o seu relato de como a universidade foi cercada no dia 11. O atual político pelo Partido Socialista conseguiu sair da UTE no mesmo dia, porém foi preso ao final do mês. MÖNCKEBERG, Maria Olivia, *op. cit.*, p. 27-30.

caráter de militância de esquerda que havia na UTE, ela também era uma universidade popular, que possuía o maior contingente de trabalhadores e filhos de trabalhadores, o que a distinguia das outras universidades chilenas, que eram mais elitizadas. Com todos esses fatores, a UTE foi um dos poucos locais que mereceram quase a mesma atenção que o palácio *La Moneda*.

Na madrugada do dia 11 de setembro de 1973, militares da marinha atacaram e destruíram a antena da rádio universitária e a sala de transmissões da UTE em Santiago, o que ocorreu com quase todas as outras rádios pró-governo do país. Durante o dia estava programada a inauguração de uma importante exposição intitulada *Por la Vida Siempre*, que integrava uma série de ações apoiadas pelo governo Allende contra uma possível guerra civil, medo real que assolava a população dado o grau de polarização em que a sociedade chilena se encontrava. Quem iria inaugurar a exposição era o próprio presidente Allende, que aproveitaria para anunciar um plebiscito que consultaria a população sobre a continuidade do governo da UP. Allende, como se sabe, foi obrigado a mudar de planos e ir para o *La Moneda* com o desencadeamento do golpe. Devido à exposição e à expectativa da presença do presidente, a universidade se encontrava cheia, com a presença de centenas de estudantes, personalidades, – incluindo o famoso cantor e compositor Victor Jara, funcionário da universidade, que iria cantar na abertura da exposição – e dos principais dirigentes. O reitor convocou uma reunião de emergência com a direção da UTE e os dirigentes estudantis. O diretor da *Secretaría Nacional de Extensión y Comunicaciones de la Universidad Técnica del Estado*, Mario Navarro, que pertencia ao PCCh e era o principal responsável pela exposição, relembrou em entrevista as decisões tomadas na reunião:

> Na reitoria se reúne o reitor com as autoridades e as direções políticas dos partidos. [...] o reitor não é partidário

> de permanecer na universidade, que era... Bem, ele tinha que propor uma coisa assim, pois estavam os estudantes, ou seja, não podia...não é certo? Assumir uma responsabilidade tão terrível...não é certo?... Um massacre de estudantes. Mas a federação dos estudantes e os estudantes propuseram o contrário, de permanecer na universidade. Bem, ganhou a postura de ficar na universidade, o reitor de maneira democrática [...] aceita, bem...acata a maioria. E permanecemos na universidade.[83]

Era possível ver da reitoria da UTE o bombardeio do palácio *La Moneda* e as colunas de fumaça que subiam do incêndio. Na tarde do mesmo dia, com o presidente já morto, a situação na universidade se tornou mais tensa. Os militares golpistas decretaram toque de recolher e muitos professores, funcionários e estudantes foram impedidos de voltar para casa. No livro-entrevista de Luis Cifuentes Seves, o reitor Enríque Kirberg relata os acontecimentos do dia:

> Já pela tarde a coisa ficou séria. A rádio falou de Estado de Sítio, toque de recolher. Em um momento me anunciaram que vinha uma delegação militar para falar comigo. Eu lhes pedi que me esperassem na entrada. Isto é, não permiti que entrassem na universidade. Chefiava a delegação o Major de carabineros da delegacia mais perto, quem eu conhecia porque nos dias 18 de setembro içávamos a

83 Tradução do autor. No original: "En la Casa Central se reúne el rector con las autoridades y las direcciones políticas de los partidos. [...] el rector no es partidario de quedarse en la universidad, que era...Bueno, él tenía que plantear una cosa así, pues estaban los estudiantes, o sea, no podía...no es cierto? Asumir una responsabilidad tan terrible...no es cierto?...Una masacre de estudiantes. Pero la federación de los estudiantes y los estudiantes planteaban lo contrario, de quedarse en la universidad. Bueno, ganó la postura de quedarse en la universidad, el rector en una forma democrática[...] acepta, bueno...acata la mayoría. Y nos quedamos en la universidad." Entrevista com Mário Navarro.

> bandeira e convidávamos aos carabineros, que, às vezes, traziam a banda de música. Trataram-me com respeito e ele me disse "A universidade está cercada, de modo que ninguém pode entrar nem sair, porque há toque de recolher. Amanhã, às oito da manhã, virão ônibus que os deixaram em suas residências."[84]

Foi acordado, dessa maneira, que os estudantes, funcionários e professores que ali estavam passassem a noite dentro da universidade. Parte dos dirigentes permaneceu na *Casa Central* (Reitoria), enquanto a maioria dos estudantes e outros dirigentes se refugiaram no prédio da *Escuela de Artes y Oficios* (EAO), uma das construções mais antigas e sólidas da UTE. O reitor permaneceu com vários assessores e o presidente da FEUT, o estudante comunista Osiel Núñez, na reitoria. Já o Secretário Geral da UTE, o socialista Ricardo Núñez, Mário Navarro e todo o setor de extensão e comunicação chefiado por ele, outros professores, funcionários e a maior parte dos estudantes foram para EAO.

> Me pediram para que ficasse responsável por todo o pessoal da extensão e que... refugiamos-nos na Escola de Artes e Ofícios, que é um edifício de ladrilhos do século XIX, muito firme, etc. E que, digamos, dá maior segurança que os

84 Tradução do autor. No original: "Ya en la tarde la cosa se puso seria. La radio habló de estado de sitio, toque de queda. En un momento me anunciaron que venía una delegación militar a hablar conmigo. Yo les pedí que me esperaran en la entrada. Es decir, no les permití entrar a la universidad. Encabezaba la delegación el Mayor de Carabineros de la comisaría cercana, a quien yo conocía porque los 18 de septiembre izábamos el pabellón e invitábamos a los carabineros, que a veces traían banda de música. Me trataron con respeto y él me dijo 'La universidad está acordonada, de manera nadie puede entrar ni salir, porque hay toque de queda. Mañana, a las ocho de la mañana, van a venir buses que los van a repartir a sus domicilios.'" CIFUENTES, Luis, *op. cit.*, p. 155.

> outros edifícios, como a reitoria. [...] Nós, a gente que trabalhávamos na Extensão...e a equipe que estávamos em condições de produzir manualmente comunicação, ou seja, cartazes, desenho etc., nos refugiamos completamente debaixo do palco do Teatro da Escola de Artes e Ofícios. Claro...que é subterrâneo...mais seguro. Ali guardamos as carteiras de identificação dos militantes, ali as escondemos.[85]

Durante a noite, a situação se tornou ainda mais delicada e tiros de metralhadoras eram disparados em todas as direções. O cinegrafista Hugo Araya, funcionário da universidade, foi atingido por uma bala e acabou falecendo dentro da EAO, já que os militares não deixavam ninguém sair ou entrar durante a noite e os apelos de Kirberg para que uma ambulância socorresse o cinegrafista não surtiram efeito.[86] O clima de terror na universidade se tornaria pior ainda na manhã do dia seguinte.

Ao amanhecer do dia 12, a reitoria foi bombardeada e metralhada. O prédio, que possui até hoje quase toda a fachada principal composta por grandes janelas, ficou completamente destruído. Os militares diziam para que todos que ali estavam se rendessem. Enríque Kirberg saiu da *Casa Central* agitando uma camisa branca, seguido pelos outros que se encontravam no prédio, para que os militares não atirassem. Os ocupantes da reitoria

85 Tradução do autor. No original: "A mi se me indica que me haga cargo de toda la gente de extensión y que…nos refulgimos en la Escuela de Artes y Oficios, que es un edificio de ladrillos del siglo XIX, muy firme, etc. Y que, digamos, da mayor seguridad que las otras edificaciones, como la Casa Central. […] Nosotros, la gente que trabajábamos en Extensión... y el equipo que estábamos en condiciones de producir manualmente comunicación, o sea, carteles, diseño etc., nos refugiamos completamente debajo del escenario del Teatro de la Escuela de Artes y Oficios. Claro… que es subterráneo…más seguro. Ahí guardamos los carnets militantes, ahí los escondimos." Entrevista com Mário Navarro.

86 CIFUENTES, Luis, *op. cit.*, p. 155.

foram imobilizados e colocados no chão. A *Casa Central* e outros prédios da UTE, como a EAO, foram invadidos pelos militares e *carabineros* (como a polícia chilena é conhecida) que atiravam e utilizavam, inclusive, granadas. Por volta de 600 pessoas, incluindo vários professores, foram feitas prisioneiras e levadas, inicialmente, a um pequeno estádio próximo à UTE, chamado de *Estadio Chile*.[87] Sobre a repressão na EAO, Navarro recorda:

> Se escutavam disparos e ordens imediatas de que tínhamos que sair de onde estávamos. E os jovens começaram a sair das salas de aula. Eu contive meus companheiros na porta do Teatro da Escola de Artes e Ofícios e saímos com as mãos para cima. Imediatamente, nesse pátio que há na saída do teatro, coronhadas, golpes, gritos e nos jogaram ao chão com as mãos na nuca e a boca para baixo. Proibido olhar para os lados. Mais gritos e movimentos de armas, etc. Separaram as mulheres dos homens. [...] Depois de nos darem mais coronhadas, nos levaram a quadra de futebol de salão que dava saída para a rua Sur, ao lado do ginásio. Aí separaram os estudantes estrangeiros do nosso grupo. Devem ter sido uns dez rapazes que levaram até os pátios que estão depois do teatro da EAO. Nós, com as mãos na nuca, estávamos nesse espaço em que não se dá para ver os outros pátios. Logo veio uma situação muito difícil. Chegou um pelotão de carabineros que informou a Moren Brito que a delegacia 35 havia sido atacada por franco-atiradores e que os disparos vinham da Universidad Técnica. "Vocês, comunistas, todos de pé! Instalem uma metralhadora!", gritou Moren. Nos fizeram ficar de pé, instalaram a metralhadora perto da parede que

---

87 Atual Estadio Victor Jara. O nome foi dado em homenagem ao cantor e compositor de música folclórica Víctor Jarra, que pertencia a Secretaria de Extensão e Comunicações da UTE, e que foi assassinado nesse estádio.

> dá para a Avenida Sur e começaram a disparar [a esmo] para eliminar os hipotéticos franco-atiradores que haveriam estado nos tetos da Escola de Artes e Ofícios. Depois Moren Brito disse: "vou retirar os mais extremistas: os negros e todos os barbudos ponham-se aqui!"[88]

O reitor da UTE foi preso no dia 12 e levado para diferentes lugares nas primeiras 24 horas. Kirberg passou pelo regimento Tacna, pelo *Estadio Chile*, novamente pelo regimento Tacna e, finalmente, pela *Escuela Militar*, sofrendo alguns tipos de torturas psicológicas e físicas. Na *Escuela Militar*, o reitor permaneceu

---

88 Tradução do autor. No original: "Si oían disparos y órdenes perentorias de que teníamos que salir de donde estábamos. Y los jóvenes empezaron a salir de las salas de clases. Yo contuve a mis compañeros en la puerta del Teatro de la Escuela de Artes y Oficios y salimos con las manos arriba. Inmediatamente, en ese patio que hay a la salida del teatro, culatazos, golpes, gritos y nos lanzaron al suelo con manos en la nuca y boca abajo. Prohibido mirar hacia los costados. Más gritos y movimiento de armas, etc. Separaron a mujeres de hombres.[...] Después de pegarnos más culatazos, nos trasladaron a una cancha de baby fútbol que daba a la calle Sur, al costado del gimnasio. Ahí separaron a los estudiantes extranjeros de nuestro grupo. Deben haber sido unos diez muchachos a los que llevaron hacia los patios que están a continuación del teatro de la EAO. Nosotros, con las manos en la nuca, estábamos en ese espacio en que uno no ve hacia los otros patios.[...] Luego vino una situación muy difícil. Llegó un piquete de carabineros que le transmitió a Moren Brito que la Comisaría 35 había sido atacada por francotiradores y que los disparos provenían de la Universidad Técnica. '¡Ustedes, comunistas, todos de pie! ¡Emplacen una ametralladora!', gritó Moren. Nos hicieron poner de pie, emplazaron la ametralladora cerca de la pared que da a la Avenida Sur y empezaron a disparar para anular a los hipotéticos francotiradores que habrían estado en los techos de la Escuela de Artes y Oficios. A continuación Moren Brito dijo: '¡voy a sacar a los más extremistas: los negros y todos los barbones pónganse acá!'". GALLARDO, Juanita. *Vivir enfrentando las flechas: relatos de vida de la EAO-UTE-USACH*. Santiago: Ediciones de la Corporación Cultural Universidad de Santiago de Chile, 2015, p. 148-150.

com senadores, ministros e outras autoridades governamentais. Três dias mais tarde, Kirberg foi enviado ao campo de trabalho forçado da ilha Dawson, ao sul do Estreito de Magalhães, juntamente com as principais autoridades do governo Allende e da esquerda parlamentar.

> Éramos um número considerável. Recordo dos ministros Clodomiro Almeyda, Sergio Bitar, José Cademártori, Orlando Cantuarias, Edgardo Enríquez, Fernando Flores, Arturo Jirón, Orlando Letelier, Luis Matte, Aníbal Palma, Pedro Felipe Ramírez, Jorge Tapia y Jaime Tohá; dos parlamentares Luis Corvalán, Hugo Miranda, Aniceto Rodríguez, Camilo Salvo, Anselmo Sule e de muitos outros dignitários, entre eles, Daniel Vergara, Carlos Matus, Carlos Morales, Tito y Julio Palestro, Sergio Vuskovic, etc. Continuando com minhas recordações, nos colocaram em um regime de trabalhos forçados limpando um reservatório, cortando lenha, reparando estradas, transportando areia, pedras, grama sintética.[89]

Kirberg permaneceu na ilha por nove meses, tendo passado posteriormente por outros campos de trabalho forçado e outros recintos prisionais. O reitor esteve em Quintero, Puchuncaví, Ritoque, a Penitenciária Pública de Santiago e Capuchinos, um

89 Tradução do autor. No original: "Éramos un número considerable. Recuerdo a los Ministros Clodomiro Almeyda, Sergio Bitar, José Cademártori, Orlando Cantuarias, Edgardo Enríquez, Fernando Flores, Arturo Jirón, Orlando Letelier, Luis Matte, Aníbal Palma, Pedro Felipe Ramírez, Jorge Tapia y Jaime Tohá; a los parlamentarios Luis Corvalán, Hugo Miranda, Aniceto Rodríguez, Camilo Salvo, Anselmo Sule y a muchos otros dignatarios, entre ellos, Daniel Vergara, Carlos Matus, Carlos Morales, Tito y Julio Palestro, Sergio Vuskovic, etc. Continuando con mis recuerdos, nos pusieron a régimen de trabajos forzados limpiando un tranque, cortando leña, reparando caminos, trasladando arena, piedras, pastelones de pasto". Cf. CIFUENTES, Luis, *op. cit.*, p. 162.

anexo da penitenciária, onde o reitor permaneceu por alguns meses. As acusações contra ele nunca foram provadas e uma pressão internacional, liderada pelo prêmio Nobel Linus Pauling, ajudou o reitor a conseguir um emprego na Universidade de Columbia e a liberdade. Depois de dois anos preso, Kirberg foi liberado exatamente no dia 11 de setembro de 1975, com a condição de sair do país.[90]

Com o próprio reitor preso em um campo de trabalho forçado juntamente com as principais autoridades do país, não é de se espantar que a repressão contra a UTE tenha atingido um enorme número de professores, incluindo outros dirigentes e importantes nomes da universidade. Quase todos os vice-reitores, com exceção de dois, e todos os decanos foram substituídos. Ao mesmo tempo em que o reitor era preso, centenas de pessoas da UTE foram levadas para o *Estadio Chile* e para o *Estadio Nacional.* O editor e famoso escritor, diretor da revista da UTE no momento do Golpe, Carlos Orellano foi preso e permaneceu nos dois estádios, sendo posteriormente libertado. Orellano partiu para o exílio na França em dezembro de 1973.[91]

---

90 Em discursos feitos no lançamento do livro de Luis Cifuentes sobre Kirberg – e que se encontram em apêndices ao final do livro – o ex-ministro da educação do governo Allende e ex-reitor da *Universidad de Concepción*, Edgardo Enríquez, discorre brevemente sobre sua relação com Kirberg. Enríquez esteve preso com Kirberg na Ilha de Dawson e foi posto em liberdade primeiro. Enríquez fez contato com o presidente da UNESCO, monsieur M'Bo, em outubro de 1975 e pediu para que o mesmo pressionasse o governo de Pinochet para libertar Kirberg e dois ex ministros da educação, Jorge Tapia e Aníbal Palma. Além de Pauling e Enríquez, houve outras pressões pela liberdade do reitor da UTE. Kirberg foi libertado e partiu para o exílio nos EUA. Cf. CIFUENTES, Luis, *op. cit.*, p. 257.

91 Cf. ORELLANA, Carlos. *Penúltimo Informe: memoria de un exilio.* Santiago: Editorial Sudamericana, 2002.

O mesmo destino não tiveram outros membros da UTE. O caso mais famoso foi o do cantor e compositor Victor Jara. Jara era membro do PCCh e funcionário da UTE, ligado ao departamento de *Extensión Artística*, chefiado pela professora Cecilia Coll, que era um dos três grandes departamentos que estavam subordinados à *Secretaria Nacional de Extensión y Comunicaciones*, dirigida por Mario Navarro. O cantor foi barbaramente torturado e depois assassinado no *Estadio Chile* no dia 16 de setembro. Uma das últimas pessoas a verem Victor Jara com vida foi o professor de história do Departamento de Ciências Sociais do Instituto Pedagógico da UTE, Augusto Samaniego. Samaniego era militante do PCCh e também foi levado ao *Estadio Chile*. Posteriormente foi levado ao *Estadio Nacional* e finalmente ao "campo de concentração" de Chacabuco, no deserto do Atacama, sendo torturado em todos os lugares. Nenhuma acusação foi formulada contra Samaniego, que foi liberado após um ano, em setembro de 1974, e partiu em seguida para o exílio em Paris por ordens do próprio Partido Comunista, como ele mesmo relatou:

> E logo me detiveram novamente, mas felizmente...a Policia de Investigações. Mas foi muito breve, na prática foi um dia...um dia...como uma noite. E oficiosamente, o policial que me interrogou insistiu para que eu saísse do país. Eu não queria sair do país, mas o partido...o Partido Comunista me deu instruções imediatas de que devia sair do país e fui a França. Tinha o visto francês [...] eu tinha uma irmã que vivia em Paris.[92]

92 Tradução do autor. No original: "Y luego me detuvieron nuevamente, pero afortunadamente...la Policía de Investigaciones. Pero fue muy breve, en la práctica fue un día..un día...como una noche. Y oficiosamente, el policía que me interrogó me instó a que saliera del país. Yo no quería salir del país, pero el partido...el Partido Comunista me dio instrucciones perentorias de que

Apesar do ápice da repressão ter se desencadeado contra a UTE em sua sede principal em Santiago, outros *campi* da universidade também foram atacados e sofreram com a violência inicial do golpe. O *campus* da UTE em Concepción foi cercado e invadido por militares da região. O mesmo ocorreu no *campus* de Copiapó, local de surgimento das primeiras manifestações estudantis pela Reforma Universitária da década de 1960. No *campus* da UTE em Talca, professores e funcionários foram presos no início do mês de outubro quando foram receber seus pagamentos. No *campus* da UTE em Puerto Montt, prisões também foram realizadas. O chefe do Departamento de Extensão Cultural do Instituto Tecnológico da UTE em Puerto Montt, o colombiano Fernando Jiménez Murcia, foi preso dois dias após o golpe. O diretor do Instituto Tecnológico, Luis Gonzalo Herrera Guerrero, que seria exonerado no mesmo mês, tentou intermediar a liberdade do colega e professor junto ao chefe da polícia local, que prometeu sua soltura. No entanto, Jiménez foi transferido para outra prisão em Puerto Montt e, posteriormente, enviado ao *Estadio Nacional* em Santiago sem que ninguém de sua família fosse avisado. Sua esposa, com a ajuda do embaixador da Colômbia, conseguiu encontrá-lo na capital. O professor foi obrigado a se exilar no dia 22 de outubro.[93]

A repressão nas sedes regionais da UTE, apesar de pouco documentada, parece ter sido comum. Há vários relatos sobre o que ocorreu na universidade em Santiago, porém a violência do regime atingiu diversas unidades da UTE no país. Como será

---

debía salir del país y fui a la Francia. Tenía la visa francesa [...] yo tenía una hermana que vivía en París." Entrevista com Augusto Samaniego.

93 VALDÉS, Mario, *op. cit.*, p.175-176; Cf. documentação de Luis Eduardo Aramburu, Luis Gonzalo Herrera Guerrero e Fernando Jiménez Murcia no Fundo de Perseguidos Políticos. Departamento de Recursos Humanos da USACH.

mostrado adiante, professores de sedes regionais da UTE foram assassinados pelo regime, evidenciando a dimensão que a repressão atingiu em todo o Chile.

A repressão contra os docentes continua: intervenção militar, exonerações, torturas e mortes na UTE

Ao final de setembro de 1973, a sede da UTE em Santiago continuava fechada e ocupada. No dia 27 de setembro a junta decretou como reitor delegado da UTE o Coronel do Exército Francisco Eugenio Reyes Tastets.[94] O novo reitor delegado foi dotado de amplos poderes para "reorganizar a universidade". Passada a surpresa inicial do golpe, muitos chilenos pensaram que a situação iria se acalmar e que os presos nos variados locais de detenção, como o *Estadio Nacional*, seriam liberados. O que ocorreu foi justamente o contrário. Ao final de setembro e início de outubro, os docentes foram convocados para pegarem seus salários na UTE. Dirigentes da UTE, como Cecília Coll e Felipe Chiang, coordenador docente da Faculdade de Educação da UTE, foram demitidos nessa ocasião.[95] Ricardo Núñez e Mario Navarro, além de demitidos, foram presos nessa situação.

Navarro havia conseguido escapar da prisão no *Estadio Chile* no dia posterior ao golpe por intermédio do cineasta Fernando Balmaceda, chefe do *Departamento de Cine* e subordinado do docente, que havia prestado serviços para a Força Aérea e fez uma lista dos integrantes de sua equipe, acrescentando o seu próprio chefe.

---

94 Reyes foi o primeiro reitor delegado nomeado pelo governo. Sua nomeação foi publicada no Diario Oficial de 02/10/1973, p. 3318. Disponível na Biblioteca Nacional em Santiago.

95 Cf. documentação de Maria Cecilia Coll e Felipe Chiang no Fundo de Perseguidos Políticos. Departamento de Recursos Humanos da *USACH*.

Nesse momento, Fernando Balmaceda - que já era grisalho, com aparência de prócer da pátria e de ser descendente do presidente Balmaceda - aproximou-se de Moren Brito dizendo: "Oficial, eu vim para filmar a vinda do Presidente Allende. É meu trabalho como funcionário da Universidade. Estou com toda minha gente aqui, com equipamentos que são de alto valor e que pertencem à Universidade." E mostrou-lhe um documento dizendo: "no meu trabalho profissional eu desenvolvi uma série de documentários para a Força Aérea do Chile", o que era verdade. Então Moren Brito lhe respondeu: "muito bem, faça-me uma lista e vou deixá-los livres." [...] Eu estava muito perto e escutava e via todo. Então Balmaceda escreveu um salvo-conduto para o cidadão fulano, beltrano e sicrano. Balmaceda perguntou-lhe: "e como vão respeitar este documento?" E o oficial disse em voz alta: "ninguém desconhece a assinatura do capitão Marcelo Moren Brito." Fernando anotou ali toda sua gente e me incluiu, porque eu era seu chefe, então sai com esse grupo, junto com todas as pessoas de cinema e televisão da Universidade. [...] Mas antes que saíssemos, Ángel Pizarro fez o mesmo que Balmaceda. Ángel era professor e, se bem me lembro, estava responsável por uma unidade de formação e aperfeiçoamento para professores que eram engenheiros ou técnicos em determinas áreas e que tinham aulas nas escolas industriais, carecendo de formação pedagógica. [...]. Então Ángel Pizarro se aproximou e reclamou a Moren Brito que haviam destruído os para-brisas de seu carro. "E você, quem é?", perguntou-lhe. E Ángel mostrou-lhe sua identidade. Moren Brito olhou a identidade e disse-lhe "mas você vive em Las Condes, você é um cavaleiro, então pode sair." [...] Ángel Pizarro disse que me levava para minha casa. No caminho, uma série de patrulhas da FACH nos pararam e nós

> mostrávamos o documento e passávamos. Efetivamente, todos conheciam Marcelo Moren Brito.[96]

Ao se apresentar para receber seu salário no dia 28 de setembro, no entanto, Navarro foi preso – seu nome constava em lista organizada por grupos de extrema direita –, juntamente com Ricardo Núñez, o professor Felipe Richardson, diretor de Planificação, o professor Antonio Clemente, diretor do Departamento de Matemática e conhecido comunista, o profes-

---

96 Tradução do autor. No original: "En ese momento Fernando Balmaceda -que ya era canoso, con aspecto de prócer de la patria y de ser descendiente del presidente Balmaceda- se acercó a Moren Brito diciendo:'Oficial, yo vine a filmar la venida del Presidente Allende. Es mi trabajo como funcionario de la Universidad. Estoy con toda mi gente acá, con equipos que son de alto valor y que pertenecen a la Universidad.' Y le mostró un documento diciéndole: 'en mi trabajo profesional he desarrollado una serie de documentales para la Fuerza Aérea de Chile', lo que era efectivo. Entonces Moren Brito le contestó: 'muy bien, hágame una lista y los voy a dejar libres.'[...] Yo estaba muy cerca y escuchaba y veía todo. Entonces Balmaceda escribió un salvoconducto para el ciudadano tanto y tanto y tanto. Balmaceda le preguntó '¿y cómo van a respetar este documento?' Y el oficial dijo en voz alta, 'nadie desconoce la firma del capitán Marcelo Moren Brito.' Fernando inscribió a toda su gente y me incluyó, porque yo era su jefe, así que salí en ese grupo, junto con la gente de cine y televisión de la Universidad.[...] Pero antes que saliéramos, Ángel Pizarro, hizo lo mismo que Balmaceda. Ángel era profesor, y si mal no recuerdo, estaba a cargo de una unidad de formación y perfeccionamiento para profesores que eran ingenieros o técnicos en determinadas áreas y hacían clases en las escuelas industriales, careciendo de formación pedagógica. [...]. Entonces Ángel Pizarro se acercó y le reclamó a Moren Brito que le habían destruido el parabrisas de su auto. '¿Y usted quién es?', le preguntó. Y Ángel le mostró su carnet. Moren Brito miró el carnet y le dijo 'pero usted vive en Las Condes, usted es un caballero, así que puede salir.' [...]Ángel Pizarro me dijo que me llevaba a mi casa. En el camino nos pararon una serie de patrullas de la FACH y les mostrábamos el papel y pasábamos. Efectivamente, todos conocían a Marcelo Moren Brito". GALLARDO, Juanita, *op. cit.*, p.151.

sor Luis Isamitt, chefe de Aperfeiçoamento de Pessoal e o professor Víctor Sánchez, da área de engenharia de computação. Todos foram levados para a *Casa Central* e torturados, alguns dentro do gabinete do reitor. Posteriormente, foram levados ao *Estadio Nacional*, onde sofreram torturas ainda mais intensas.[97]

> Já havia outros detidos no corredor que dava à porta da reitoria. No chão, amarrados com fios, estavam Ricardo Núñez, Secretário Geral da Universidade, ou seja, a segunda autoridade; Felipe Richardson, que era o chefe de planejamento; Luis Isamitt, chefe de aperfeiçoamento de pessoal. Tenho a impressão de que depois chegou o professor Antonio Clemente, um destacado professor de Matemática de idade avançada e muitos anos de Universidade, que havia sido professor de todos os estudantes de engenharia da Escola de Artes e Ofícios. Não interrogavam. Era só bater e xingar. Muito indigno, muito duro. Além disso, era no mesmo gabinete onde eu tinha estado nas reuniões mais importantes com o reitor Kirberg. Então isso tornava tudo mais terrível. Xingamentos, mais xingamentos. Amarraram minhas mãos para trás pelas costas com um fio, as mãos para cima e a amarra passava pelo pescoço e pelos dedos polegares, de modo que deixava qualquer um imóvel e qualquer movimento produzia dor. [...] Na tarde desse dia, às cinco ou seis da tarde, alguém passou por cima da gente, pisando na gente, algum civil que não reconheci. E ele deu a ordem aos soldados "batam forte nesses comunistas." Mil xingamentos mais.[98]

97 *Ibidem*, p. 172; Cf. Entrevista com Mario Navarro.

98 Tradução do autor. No original: "Ya había otros detenidos en el pasillo que enfrenta a la puerta de la rectoría. En el suelo, amarrados con alambres, estaban Ricardo Núñez, Secretario General de la Universidad, o sea, la segunda autoridad; Felipe Richardson, que era el jefe de planificación; Luis Isamitt, jefe de per-

Ricardo Núñez relatou que houve um militar aposentado que atuou como delator de professores chamado Guillermo Clericus.[99]

Clericus era professor de matemática da UTE e membro do Conselho Universitário:

> Sobre o tema da minha prisão, muito mais do que já se sabe eu não posso contar, exceto que uma das coisas

feccionamiento del personal. Me da la impresión que después llegó el profesor Antonio Clemente, un destacado profesor de Matemáticas de edad avanzada y muchos años en la Universidad, que había sido profesor de todos los estudiantes de ingeniería de la Escuela de Artes y Oficios. No interrogaban. Era solo golpear y garabatear. Muy indigno, muy duro. Además, era en la misma oficina donde yo había estado en las reuniones más importantes con el rector Kirberg. Entonces eso lo hacía más terrible. Garabatos, más garabatos. Me amarraron las manos con alambres en la espalda, las manos muy hacia arriba y la amarra pasaba por el cuello y los dedos pulgares, de modo que uno quedaba inmóvil y cualquier movimiento producía dolor.[...] En la tarde de ese día, a las cinco o seis de la tarde, pasó por encima de nosotros, pisándonos, alguien de civil a quien no reconocí. Y les dio la orden a los soldados '¡a estos comunistas péguenles fuerte!' Mil garabatos más". GALLARDO, Juanita, *op. cit.*, p. 153.

99 Segundo nota do libro de Juanita Gallardo: "Guillermo Clericus Etchegoyen egresó en 1946 de la Escuela Militar con grado de bachiller en matemáticas e ingeniero politécnico militar con especialización en química. Se retiró del Ejército en 1967 con el grado de mayor. Desde 1968 fue profesor de la Facultad de Ingeniería de la sede en Valdivia de la UTE. En 1972 fue elegido miembro del Consejo Superior de la Universidad. Después del golpe lo nombraron Secretario Nacional Administrativo; en 1974 ocupó el cargo de Pro rector y en 1978 fue director general de bibliotecas de la UTE. Fue rector delegado en la Universidad de Concepción entre 1980 y 1987." Na minha tradução: "Guillermo Clericus Etchegoyen formou-se em 1946 na Escola Militar com o grau de bacharel em Matemática e Engenheiro Politécnico Militar com especialização em Química. Aposentou-se do Exército com o grau de Major. Desde 1968 foi professor da Faculdade de Engenharia da sede de Valdivia da UTE. Em 1972, foi eleito membro do Conselho Superior da Universidade. Depois do golpe o nomearam Secretario Nacional Administrativo; em 1974, ocupou o cargo de Pró-reitor e em 1978 foi diretor geral de bibliotecas da UTE. Foi reitor delegado na Universidad de Concepción entre 1980 e 1987". *Ibidem*, p. 171.

mais significativas no que se refere à magnitude moral do Golpe foi que um personagem como o senhor Guillermo Clericus - que na sua condição de membro do Conselho Superior da Universidade Técnica do Estado havia sido tão bem tratado pelo próprio reitor Kirberg e por mim mesmo - fizera o que fez: apontar com o dedo e com um pedaço de pau na mão quem deviam ser detidos. Ele foi a principal carta dos militares para indicar quem eram os partidários da Unidade Popular e quem devia ser enviado para a prisão. Foi um delator. Posteriormente, pensando em sua atuação, não me pareceu estranho, porque Clericus integrava alguma dessas entidades de civis vinculados às Forças Armadas. Era um militar reformado, coisa que não se sabia, pelo menos eu não tinha ciência disso. Mas desde antes, era um expoente muito claro do pensamento de direita dentro da Universidade, respeitado como professor de matemática, creio, mas que se prestou da maneira mais vil e vexatória para atuar contra todos nós.[100]

100 Tradução do autor. No original: "Del tema de mi detención mucho más de lo que ya se sabe no puedo contar, salvo que una de las cosas más significativas en cuanto a la magnitud moral del Golpe fue que un personaje como el señor Guillermo Clericus -que en su calidad de miembro del Consejo Superior de la Universidad Técnica del Estado había sido tan bien tratado por el propio rector Kirberg y por mí mismo- hiciera lo que hizo: señalar con el dedo y con un palo en la mano a quienes debíamos ser detenidos. Él fue la principal carta de los militares para indicar quiénes éramos partidarios de la Unidad Popular y quiénes debíamos ser enviados a prisión. Fue un delator. Posteriormente, pensando en su actuación, no me pareció extraño porque Clericus formaba parte de alguna de estas entidades de civiles vinculados a las Fuerzas Armadas. Era un militar retirado, cosa que no se sabía, por lo menos yo no estaba informado. Pero desde antes era un exponente muy claro del pensamiento de derecha dentro de la Universidad, respetado como profesor de matemática, creo, pero que se prestó de la manera más vil y vejatoria para actuar contra todos nosotros." *Ibidem*, p. 171.

Para espanto de todos os presentes, o professor participou da tortura contra seus colegas dentro da UTE:

> Na reitoria foi a primeira vez que me torturaram. Entre outros participava Clericus, que com grande entusiasmo caminhava em cima das minhas costas. Ele se deu conta que eu estava absolutamente em choque ao vê-lo fazer isso. Não sei se estava vestido de militar, parecia que sim, mas não me lembro bem desse detalhe, mas o que eu recordo bem é que tinha um pedaço de pau na mão e com isso me atingia nos ombros. Fazia isso ele mesmo junto com um tenente de sobrenome Montt. [...] Foi um rapaz, que seguramente havia recém terminado de cumprir o serviço militar, que o chamou assim: "meu tenente Montt." O tenente Montt era um rapaz muito jovem e participava com entusiasmo, chutando-nos e queimando cigarros nas nossas mãos e tornozelos, enquanto estávamos atirados com a boca para baixo no corredor do segundo andar da reitoria, que ainda estava com destroços e pedaços de vidros depois do ataque com tiros de canhões. Tanto ele como os outros militares se dedicavam com vontade a nos agredir com chutes e a nos queimar com cigarros. No gabinete grande do reitor estivemos por um momento, não poderia dizer quanto tempo, mas posso assegurar que foi aí onde mais sofri.[101]

101 Tradução do autor. No original: "En la rectoría fue la primera vez que me torturaron. Entre otros, participaba Clericus, que con gran entusiasmo caminaba encima de mi espalda. Él se dio cuenta de que yo estaba absolutamente choqueado al verlo hacer eso. No sé si estaba vestido de militar, parece ser que sí, pero no me acuerdo bien de ese detalle, pero lo que sí recuerdo es que tenía un palo en la mano y con eso me pegaba en los hombros. Lo hacía él mismo junto a un teniente de apellido Montt. [...]Fue un muchacho, seguramente uno que recién había terminado de hacer el servicio militar, el que lo llamó así: "mi teniente Montt." El teniente Montt era un tipo muy joven y participaba

O grupo de professores torturado na Reitoria foi levado posteriormente ao *Estadio Nacional,* onde se encontravam muitos alunos da UTE e alguns professores. As torturas e ameaças continuaram. A principal acusação contra eles era de resistência e enfretamento com as Forças Armadas no interior da UTE. Criou-se uma lenda de que no interior da militante universidade havia ocorrido um violento confronto e que muitos haviam sido mortos, o que não havia ocorrido. Isso era uma das justificativas para a grande quantidade de membros da UTE presos. Segundo Núñez:

> No vestiário me encontrei com gente da UTE, mas não foi imediatamente porque eles estavam recém chegando. Só quando saímos para as arquibancadas me dei conta que havia uma quantidade importante de estudantes e de alguns professores. Depois chegaram outros da UTE que foram detidos em suas casas. Os da UTE constituímos o maior grupo de presos no Estádio.[102]

Ao final do ano de 1973, Navarro e Núñez foram transferidos para a Penitenciária Pública. Os dois saíram da prisão no

---

con entusiasmo dándonos patadas y quemándonos cigarrillos en las manos y los tobillos mientras estábamos tirados boca abajo en el pasillo del segundo piso de la Casa Central, que todavía estaba con astillas y pedazos de vidrios después del asalto con cañonazos. Tanto él como los otros militares se dedicaban con ganas a pegarnos patadas y a quemarnos con cigarrillos. En la oficina grande del rector estuvimos un rato, no podría decir cuánto tiempo pero sí puedo asegurar que fue ahí donde más sufrí". *Ibidem*, p. 172.

102 Tradução do autor. No original: "En el camarín me encontré con gente de la UTE pero no fue inmediatamente porque ellos estaban recién llegando. Sólo cuando salimos a las graderías me di cuenta que había una cantidad importante de estudiantes y de algunos profesores. Después llegaron otros de la UTE que fueron detenidos en sus casas. Los de la UTE constituíamos el grupo más grande de presos en el Estadio". *Ibidem*, p. 175.

segundo semestre de 1974 a partir da defesa apresentada pelo advogado de Ricardo Núñez, que conseguiu uma cópia de documento dos próprios militares que afirmava que não houve conflito entre as forças de repressão e membros da UTE, o que negava a justificativa de suas prisões.

> Ao Ricardo Núñez, a mim e aos outros professores que foram presos esse dia na UTE, dia 28, nos acusavam de enfrentamento à Força Armada no dia 11 na *Universidad Técnical del Estado.* Essa era a acusação. Essa era a falsa acusação que os fascistas inventaram para que fossemos presos. [...] Como saímos da prisão, Ricardo Núñez e eu, particularmente? Porque a solidariedade internacional era muito forte com os professores da *Universidad Técnica* e com Kirberg. Então, lá fora...a solidariedade...se falava, se dizia que na Universidade houve uma matança de estudantes, de professores e de funcionários, o que não era verdade. Não houve matança porque ninguém enfrentou a ninguém, ou seja, os militares atacaram a reitoria, nos levaram presos, nos torturaram etc., mas nós não [fizemos] nada. E foi muito forte isso a nível internacional que gerou muita...bom...e o milico que estava de reitor e o milico que era Chefe de Praça, ou seja, o general a cargo de toda a zona metropolitana [...] fizeram uma declaração, cada um por sua conta, que o dia 11 e 12 na Universidade não houve enfrentamento e declararam aí que o falecido era Hugo Araya, etc. O sogro de Ricardo Núñez nesse momento, de sua primeira esposa, era advogado, um advogado importantíssimo em Santiago e apresentou uma defesa, a favor de Ricardo Núñez, perante o promotor, em que dizia basicamente...lhe acusam de enfrentamento e as autoridades militares declararam que não houve enfrentamento. Bom, Ricardo Núñez saiu livre [...] e...então saiu, suponhamos, na sexta-feira ou ontem... não sei...qualquer dia, um quarta-feira...e no outro dia vem

> o promotor, me chama e também fico livre porque...digamos...ele faz extensiva essa declaração militar oficial e a defesa que apresenta o advogado de Ricardo Núñez ao meu caso, que era o mesmo, pensa bem![103]

Navarro, ao contrário de muitos professores perseguidos e exonerados pela ditadura, optou por permanecer no Chile e trabalhar em sua área de formação, Design Gráfico, em agências de Publicidade. Ricardo Núñez, como vários outros professores e dirigentes da UTE, partiu para o exílio na Europa.

---

103 Tradução do autor. No original: "A Ricardo Núñez, a mí y a los otros profesores que nos tomaron ese día, en la UTE, el 28, nos acusaban de enfrentamiento a la Fuerza Armada el día 11 en la Universidad Técnica del Estado. Esa era la acusación. Esa era la falsa acusación que los fascistas inventaron para que nos tomaran presos. [...]¿Cómo salimos de la Cárcel, Ricardo Núñez y yo, particularmente? Porque la solidaridad internacional era muy fuerte con los profesores de la Universidad Técnica y con Kirberg. Entonces, la fuera...la solidaridad...se hablaba, se decía que en la Universidad hubo una matanza de estudiantes, de profesores y de funcionarios, lo que no es cierto. No hubo matanza porque nadie enfrentó a nadie, o sea, los militares atacaron la Casa Central, nos tomaron presos, nos torturaron etc., pero nosotros no [hicimos] nada. Y fue muy fuerte eso a nivel internacional que tomó mucho...bueno...y el milico que estaba de rector y el milico que era Jefe de Plaza, o sea, el general a cargo de toda la zona metropolitana [...] hicieron una declaración, cada uno por su cuenta, que el día 11 y 12 en la Universidad no hubo enfrentamiento y declararon ahí que el fallecido era Hugo Araya, etc. El suegro de Ricardo Núñez en ese tiempo, de su primera señora, era abogado, un abogado importantísimo en Santiago y presentó un escrito, a favor de Ricardo Núñez, ante al fiscal, en que decía básicamente...se le acusa de enfrentamiento y las autoridades militares declararon que no hubo enfrentamiento. Bueno, Ricardo Núñez salió libre [...] y...entonces salió, supongamos, el día viernes o ayer... no sé...cualquier día, un día miércoles...y al otro día viene el fiscal, me llama y también me quedo libre porque...digamos...él hace extensiva esa declaración militar oficial y el escrito que presenta el abogado de Ricardo Núñez a mi caso, que era el mismo, ¡piensa bien!". Entrevista com Mário Navarro.

Jorge Coloma, professor da área de Ciências Sociais e membro do Conselho Superior da UTE, permaneceu ainda mais tempo preso. Coloma passou por variados lugares de detenção, como o *Estadio Chile*, o *Estadio Nacional*, a Penitenciária Pública, Capuchinos, Puchuncaví, *Trés Alamos e Cuatro Alamos*, este último dirigido pela temível DINA,[104] sendo torturado em diversos momentos. Coloma só foi liberado em meados de 1975, permanecendo preso quase o mesmo tempo que o reitor Enríque Kirberg.[105] Luis Cifuentes Seves foi outro docente da UTE que foi preso e torturado. Segundo Cifuentes:

> O golpe mudou minha vida. Em 12 de setembro de 1973 fui preso na UTE junto com cerca de mil professores, estudantes e funcionários. Permaneci na qualidade de preso político durante cinco meses no Estádio Chile, Estádio Nacional e Chacabuco. Em 1974, sai ao exílio depois de haver sido detido por uma segunda vez.[106]

---

104 Para compreender a criação do sistema de inteligência e repressão da ditadura chilena cf. ANTUNES, Priscila. "O sistema de inteligência chileno no governo Pinochet". *Varia Historia*, Belo Horizonte, n. 38, v. 23, jul./dez. 2007, p. 399-417; Salazar discorre sobre a DINA e, especialmente sua ação no quartel Terranova (Villa Grimaldi). Cf. SALAZAR, Gabriel, *op. cit.*, p. 58-205.

105 COLOMA, Jorge. *Peces en la Arena: crónicas de guerra (UTE, 1973)*. Santiago: Editorial Universidad de Santiago, 2005; COLOMA, Jorge. *Peces en la red: crónicas de guerra - 1973*. Santiago: Ril editores, 2013.

106 Tradução do autor. No original: "El golpe cambió mi vida. El 12 de septiembre del 73 fui aprisionado en la UTE junto a cerca de mil profesores, estudiantes y funcionarios. Permanecí en calidad de preso político durante cinco meses en el Estadio Chile, Estadio Nacional y Chacabuco. En 1974 salí al exilio después de haber sido detenido por segunda vez". Entrevista com Luis Cifuentes Seves disponível em: http://lautevive.blogspot.com.br/2007/08/dr-luis-cifuentes-un-enamorado-de-la.html. Acesso em: 16 jan. 2016.

O número de casos de docentes que sofreram violência física e foram torturados é bastante significativo e buscou-se aqui dar apenas uma amostra do que ocorreu com dezenas de professores da UTE por todo o país.

O golpe na UTE foi marcado por uma extrema violência que se apoiava na ideia que era necessário fazer um expurgo dos que utilizavam a universidade como lugar de "proselitismo político", o que significava expulsar todos os considerados marxistas e opositores ao governo militar. Em pesquisa realizada no Departamento de Recursos Humanos da *USACH* - onde se encontram os pedidos de pensão de professores e funcionários exonerados da *UTE/USACH* - foi possível contabilizar 442 professores que foram exonerados da UTE por motivos políticos entre 1973 e 1988. Os anos que ocorreram os maiores expurgos, segundo a documentação consultada, foram 1973, 74, 75, 80 e 81. Os meses iniciais após o golpe foram, definitivamente, os que mais tiveram docentes exonerados. Apenas nos últimos quatro meses do ano de 1973 foram 283 docentes demitidos. O segundo ano em que ocorreram mais expulsões foi 1974, no qual 58 docentes foram demitidos de acordo com o fundo documental da USACH. Em 1975, o número já cairia para 24 exonerados.[107] Isso revela a ânsia repressiva que atingiu a UTE nos momentos iniciais, já que quase 2/3 dos professores que aparecem no Fundo de Perseguidos Políticos foram demitidos no pós-golpe em 1973.

Não foram, no entanto, todos os professores exonerados que entraram com recursos. Alguns foram para o exílio e não retornaram mais, muitos eram estrangeiros e outros morreram durante a ditadura e suas famílias não buscaram as devidas compensações do

107 Fundo de Perseguidos Políticos. Departamento de Recursos Humanos da *USACH.*

Estado chileno. Estima-se que as universidades mais visadas pelo regime sofreram uma redução por volta de 25% de seu pessoal docente.[108] Se considerados apenas os professores de jornada completa da UTE no momento do golpe, que eram cerca de 2500,[109] os pedidos de pensão se encontrariam próximo dos 20% do total de professores da universidade, considerando que grande parte dos pedidos é de professores de jornada completa. Se considerarmos que muitos pedidos não foram realizados, esse número pode ser ainda maior, como estimam outros autores e alguns professores entrevistados.[110] Independentemente do número exato, que é muito difícil de averiguar, a proporção de professores exonerados políticos na UTE é impressionante, revelando o quão profunda e danosa foi a intervenção militar na *Universidad Técnica del Estado.* Alguns departamentos tiveram todo o seu corpo docente exonerado, como foi o caso do de Ciências Sociais.[111] Listas com centenas de nomes de professores exonerados eram distribuídas nos primeiros dias de outubro. Apenas no Instituto Pedagógico há listas de funcionários e professores em que constam mais de cem nomes.[112]

Somando-se às torturas e aos numerosos casos de exoneração política, ocorreram também assassinatos de professores da instituição, incluindo professores estrangeiros. Os primeiros professores

108 É a porcentagem estimada pelo documento da Flacso: *Las universidades chilenas y los derechos humanos. Flacso.* 1984. Apud MÖNCKEBERG, María Olivia, *op. cit.*, p. 554.

109 KIRBERG, Enrique, *op. cit.*, p. 138.

110 Luis Cifuentes Seves estima esse número em cerca de 50%. Cf. CIFUENTES, Luis, *op. cit.*, p. 178.

111 Entrevista com Carmen Vargas.

112 Documentos avulsos fornecidos por Juanita Gallardo. Listas de funcionários e professores exonerados da Secretaria de Extensão e Comunicação, do Convênio CUT-UTE, da Faculdade de Educação, do Instituto Pedagógico e do Teatro da UTE.

a serem reconhecidos como vítimas fatais do regime foram Pedro Emílio Perez Flores, professor de Engenharia de Minas, e Leonello Vincentti Cartagena, professor de Matemática e Física, ambos da sede da UTE em Copiapó, além de membros do Partido Socialista. Foram detidos em suas casas em 25 de setembro de 1973, torturados no presídio de Copiapó e fuzilados no dia 17 de outubro no deserto do Atacama, quando estavam sendo transferidos para o presídio de La Serena.[113] Os dois professores foram vítimas do que ficou conhecido como "Caravana da Morte".[114]

Foi reconhecido pelo Estado e somou-se a eles posteriormente o professor Alejandro Rodríguez Urzúa, da Escola de Arquitetura da UTE em Concepción, militante comunista desaparecido-político pela DINA em Santiago, em julho de 1976.[115]

Além desses três professores chilenos, há também dois casos de professores brasileiros da UTE assassinados pela ditadura: Luiz Carlos de Almeida, professor de Física, preso em 14 de setembro de 1973, torturado e assassinado às margens do rio Mapocho,[116] e Wânio José de Mattos, ex-policial em São Paulo, guerrilheiro e que dava aulas de Educação Cívica na UTE.[117] Almeida mantinha

113 ZOLEZZI, Juan et. al. *Libro Memorial de la Universidad Técnica del Estado y la Universidad de Santiago de Chile: Informe de la Comisión de Reconciliación Universitaria de 1991, actualizado a 40 años del golpe de Estado de 1973.* Santiago: Editorial USACH, 2013, p. 127-128 e 132-133.

114 Cf. VERDUGO, Patrícia. *A caravana da morte: o livro que levou Pinochet ao banco dos réus.* Rio de Janeiro: Editora Revan, 2001.

115 Cf. ZOLEZZI, Juan et. al, *op. cit.*, p. 219-220.

116 *Ibidem*, p. 202; Cf. Informe sobre calificación de víctimas de violaciones de derechos humanos y de la violencia política de la Corporación Nacional de Reparación y Reconciliación. Chile, 1996, p. 661; Cf. Relatório da Comissão Nacional da Verdade. Brasil, Volume I e III, dez. 2014, p. 213, 238, 579 e 1346-1350.

117 Cf. Informe de la Comisión Nacional de Verdad y Reconciliación (Informe Rettig) de la Corporación Nacional de Reparación y Reconciliación. Chile, Volumen I, Tomo I, Reedición de 1996, p. 189.

relações com militantes do PS, do MAPU e do MIR e havia participado do Partido Operário Comunista (POC) e da Organização de Combate Marxista-Leninista – Política Operária (OCML-PO), uma refundação da POLOP, no Brasil. Indiciado em Inquérito instaurado pelo DEOPS/SP, Almeida fugiu para o Chile quando começou a lecionar na UTE. O relato de um amigo, Luiz Carlos Vieira, que vivia com ele em Santiago, revela o extremo da violência em que chegou o regime de Pinochet nos primeiros meses:

> O estádio parecia estar iluminado para uma noite de futebol. Ainda não sabíamos que o haviam transformado em uma enorme sala de tortura, humilhação e morte. Passamos por uma fileira de soldados. Logo seguimos por um longo corredor cujas paredes eram formadas por corpos humanos, os braços estendidos para o ar, os rostos voltados para as paredes de pedra do corredor do estádio. Chegamos ao que parecia ter sido um dos vestuários, agora transformado em sala de tortura. Um militante uruguaio acabava de ser castigado. Um oficial veio recolher nossos documentos de identificação. A sessão de tortura iniciou-se. O interrogatório girava em torno de um suposto esconderijo de armas, o qual era completamente desconhecido para nós. Diante da resposta negativa, o oficial decidiu que, juntamente com o militante uruguaio, devíamos deixar o estádio. Todas essas viagens foram feitas em uma camioneta, onde íamos acompanhados de dois ou três soldados armados, sempre seguidos de perto por um caminhão com mais soldados. A última viagem levou-nos às margens do rio Mapocho. Os soldados mostravam-se nervosos e agiam com violência. Já não havia dúvida sobre qual seria o nosso destino. Luiz Carlos tentou argumentar com os soldados, mostrando-lhes o absurdo e o inumano de tal situação. Mas naquele momento já não regia nenhuma lei, nem a dos homens nem a de Deus. O uruguaio encaminhou-se para a beira do rio

> e jogou-se nas águas, sendo imediatamente metralhado por um soldado. O oficial mandou Luiz Carlos fazer o mesmo. Um soldado seguiu-o e disparou demoradamente. Depois foi a minha vez. Das três balas que me atingiram, uma pegou de raspão na cabeça, fazendo-me perder os sentidos por algum momento. Quando recuperei a consciência, senti-me levado pela leve correnteza do rio, ouvi as vozes dos soldados, vi as luzes dos caminhões refletirem- se nas águas do rio, iluminando os corpos inertes de meus companheiros. Era o único sobrevivente.[118]

Mattos, ex-capitão da Força Pública do Estado de São Paulo ligado à Vanguarda Popular Revolucionária (VPR), morreu no hospital de campanha do Estádio Nacional, em outubro de 1973, após passar mal por conta de uma peritonite aguda e lhe ser negado socorro.[119]

O número de docentes da UTE assassinados pelo regime ainda não parece estar completo, pois muitos documentos militares sobre as execuções e torturas ainda não foram encontrados ou foram destruídos. Estima-se que o número de professores assassinados possa ter sido maior, principalmente em um primeiro momento, quando o braço repressivo da ditadura chilena atuou impiedosamente sobre as universidades.

Carreiras interrompidas: permanecer no Chile em meio à repressão ou partir para o exílio?

A repressão contra os professores da UTE ocorreu de diferentes formas, porém mesmo aqueles não impactados com a

118 Relatório da Comissão Nacional da Verdade. Brasil, Volume III, dez. 2014, p. 1347.

119 Cf. Relatório da Comissão Nacional da Verdade. Brasil, Volume I e III, dez. 2014, p. 213, 238, 243-244, 579 e 1351-1360.

tortura também optaram pelo exílio, principalmente pela discriminação que se estabeleceu contra os professores da UTE perseguidos pela ditadura. Luis Cruz Salas, Carmen Vargas e Neuda Aguilar Duhau foram três docentes que partiram para o exílio para fugir da ditadura pinochetista.

Salas, que era professor de História da UTE, foi militante de vários movimentos de esquerda ao longo dos anos 1960, sendo que mais ao final da mesma década se filiou ao Partido Socialista, por considerá-lo mais combativo. Porém, no ano de 1973, saiu do PS e se juntou a uma facção do MIR. No dia 11 de setembro de 1973, Salas interrompeu a aula que ministrava no Instituto Pedagógico devido aos tiroteios nas ruas. No instituto, chegou a queimar livros e documentos que poderiam ser considerados subversivos e depois se dirigiu a sua casa. No dia seguinte foi ao local de encontro planejado com seus companheiros do MIR para saber da gravidade da situação. Salas relembrou na entrevista suas primeiras ações do dia 11 e 12 de setembro:

> E aí...permaneci queimando algumas coisas, alguns documentos [...] no Pedagógico Técnico. E permaneci até...aproximadamente como até uma da tarde. E em um ato absolutamente irracional, louco, na quarta-feira, que me parece que foi quando ficamos sem comunicação [...] então fui ao local onde ia ser a reunião dos companheiros do MIR e eles me [...] me contam que praticamente havia ocorrido um massacre na universidade porque haviam [visto] corpos de estudantes, que os tiravam e os colocavam nos caminhões. E...bem...parece que não houve esse tal massacre [...] mas no momento pensávamos que efetivamente havia ocorrido uma matança no interior da universidade.[120]

120 Tradução do autor. No original: "Y ahí...permanecí quemando algunas cosas, algunos documentos [...] en el Pedagógico Técnico. Y permanecí hasta...

Contrariando as expectativas, Salas não chegou a ser preso ou torturado e somente foi chamado para prestar depoimento no Estádio Nacional, onde foi questionado sobre sua relação com o brasileiro Wânio de Mattos. Salas havia estudado com a filha do militar que o interrogou e este pode ser um dos motivos de ter escapado de uma situação mais perigosa. O professor foi exonerado da UTE logo em seguida, exilando-se na Argentina e, posteriormente, na Europa, no momento em que os militares buscavam eliminar todos os militantes do MIR. Ele somente voltaria ao Chile na década de 1990.[121]

Neuda Aguilar Duhau era militante socialista, ligada à direção do partido, e também professora de História na UTE. No dia 11 de setembro, não chegou a ir a UTE e, posteriormente, tomou conhecimento de sua exoneração. Duhau, sabendo do que se passava com seus amigos e colegas, nunca foi à universidade pegar sua carta de demissão por medo de ser presa. Alguns colegas próximos, que também foram demitidos, disseram que na justificativa da demissão de Duhau constava que ela era uma extremista perigosa para a sociedade. Seu marido, Pablo, era militar e também militante socialista. Ele dava aulas na academia da Força Aérea e era chefe de um dos setores do Departamento de Extensão da UTE. Pablo apenas escapou da prisão por ser amigo

aproximadamente como hasta a la una de la tarde. Y en un acto absolutamente irracional, loco, el día miércoles que me parece que fue cuando quedamos sin comunicación [...] entonces partí hacia el punto donde iba a ser la reunión de los compañeros de MIR y ellos me [...] me cuentan de que prácticamente había habido una masacre en la universidad porque habían [visto] cuerpos de los estudiantes, que los sacaban y los ponían en los camiones. Y...bueno... parece que no hubo esa tal masacre [...] pero en ese momento pensábamos que efectivamente había habido una matanza en el interior de la universidad". Entrevista com Luis Cruz Salas.

121 Entrevista com Luis Cruz Salas.

do diretor da academia, que o aconselhou a sair de lá imediatamente após o golpe e não retornar mais.

> Meu esposo era professor da Academia de Guerra da Força Aérea e era chefe de Extensão Universitária aí na UTE, e, então, deram ao meu esposo uma "tifa" na Academia de Guerra, que depois lhe tiraram porque sabiam que era socialista [...] Uma "tifa" era como uma identidade que indicava que era da Força Aérea, portanto...[...] Expulsaram meu marido e ele teve muita sorte por não terem-no levado preso. O diretor o considerava muito [...]... o dia que... Pablo foi dar aula e chegou lá e prenderam-no, mas o diretor lhe disse "olhe, professor, saia já imediatamente da base", assim que ele veio e...tampouco o encontrou na *Universidad Técnica.*[122]

Após sua exoneração, Duhau viveu seu próprio drama familiar. Seu único irmão, político socialista no sul do país, se tornou um dos desaparecidos políticos da ditadura chilena. Duhau passou seis anos procurando pelo paradeiro de seu irmão e sofrendo ameaças dos órgãos de repressão, enquanto buscava sobreviver com o marido, ambos sem empregos formais, como relata:

> A verdade é que não voltei porque eu tive um problema que...meu irmão estava no sul de...prefeito de uma ci-

---

122 Tradução do autor. No original: "Mi esposo era profesor de la Academia de Guerra de la Fuerza Aerea y era jefe de extensión universitaria ahí en la UTE, e a mi esposo, entonces, le dieron una tifa en la Academia de Guerra, que después se la quitaron porque sabían que era socialista. [...] Una tifa era como un carnet que señalaba que era de la Fuerza Aerea, por lo tanto...[...] A mi marido lo echaron y tuvo mucha suerte que no lo hayan tomado preso. El director lo consideraba mucho [...]...el día que... Pablo fue a dar clase y llego allá y lo tomaron preso, pero el director le dijo 'mire, profesor, váyase ya inmediatamente de la base', así que se vino y...tampoco lo encontró en la Universidad Técnica". Entrevista com Neuda Duhal.

dade no sul e o prenderam e eu nunca mais o vi. Então, eu comecei a buscar pelo meu irmão porque me diziam que estava em tal parte, em outra parte, que depois que o levaram...depois me disseram que ele havia ido para a Argentina, que havia...bem...passei anos nessa busca, perceba! Então foi... a verdade é que não me preocupei com a universidade...não me importou de... eu não ia voltar para a universidade, não, não! Roubaram tudo, porque no departamento tinha dinheiro, roubaram tudo! Os livros, não! Porque não lhe interessava. Mas a verdade é que depois eu já não quis voltar, não, não! [...] Mas depois começaram a nos perseguir [...] nos invadiam a casa, então essas invasões eram horríveis porque quebravam tudo e isso nos levou a um momento que nós tivemos que decidir: ou seguir buscando pelo meu irmão, que não apareceu e já o considerávamos morto e... ou se não, simplesmente ficarmos aqui sem trabalho. Nós ficamos sem trabalho de 1973 até 1979 quando partimos.[123]

123 Tradução do autor. No original: "La verdad es que no volví porque yo tuve un problema que…mi hermano estaba en el sur de…gobernador de una ciudad en el sur y lo tomaron preso y no lo he visto nunca más. Entonces yo inicié a buscar a mi Hermano porque me decían que estaba en tal parte, en otra parte, que después que lo llevaron…después me dijeron que se había ido a Argentina él, que se había…bueno…total que pasé años en esa búsqueda, fíjate! Entonces fue…la verdad es que no me preocupé de la universidad…no me importó de…yo no iba a volver a la universidad, no, no! Se robaron todo, porque en el departamento había dinero, se robaron todo! Los libros, no! Porque no le interesaba. Pero la verdad es que después ya no quise volver, no, no![…]Pero después ya nos empezaron a seguir nosotros […] nos allanaban la casa, entonces eses allanamientos eran horribles porque te rompían todo y nos llevó un momento que nosotros tuvimos que decidir: o seguir buscando a mi hermano, que ya no apareció y ya lo dábamos por muerto y…o si no sencillamente quedarnos aquí sin trabajo. Nosotros tuvimos sin trabajo de 73 hasta 79 cuando nos fuimos". Entrevista com Neuda Duhal.

Em 1979, Duhau, sem descobrir o paradeiro do irmão e passando dificuldades no Chile, partiu para o exílio na Venezuela juntamente com o marido.

Carmem Vargas, professora do Instituto Pedagógico também foi uma das exoneradas políticas que partiu para o exílio. Diferentemente de vários colegas seus, Carmem não tinha militância em partido político, apesar de ser simpatizante do governo da UP. No entanto, o fato de ter lecionado na UTE dificultou que a professora conseguisse um emprego. Ela conseguiu passar em um concurso na *Universidad Austral de Chile*, mas foi impedida de assumir o cargo, segundo recorda, por ser exonerada da UTE. O diretor de uma das unidades da *Universidad Austral de Chile* disse que eles estavam contratando pessoas extremistas e sua entrada foi barrada:

> Então fiz o concurso e ganhei o concurso e quando me nomearam, o decano dessa universidade, quando percebeu [...] que eu havia ganhado o concurso e chegava...um professor disse que eu era da *Universidad Técnica* e que ele estava levando gente extremista. E penso que expulsaram o decano depois e expulsaram outra pessoa porque era assim a repressão. [...] Se institucionaliza a delação e começa a haver todo esse tipo de problema e o professor é muito perseguido...muito tempo, muitos anos.[124]

124 Tradução do autor. No original: "Entonces hice el concurso y gané el concurso y cuando me nombraron, el decano de esa Universidad, cuando dio cuenta [...] que había ganado el concurso y llegaba... un profesor dijo que yo era de la Universidad Técnica y que él estaba llevando gente de... extrema. Y creo que echaron después al decano y echaron a otra persona porque era así la represión. [...] Si institucionaliza la delación y empieza a haber todo ese tipo de problema y el profesor es perseguido durante mucho...mucho tiempo, muchos años". Entrevista com Carmen Vargas.

Após um tempo lecionando em outro colégio, colegas e amigos lhe recomendaram que partisse para o exílio, pois ela possuía muitos "antecedentes". Vargas se exilou na Venezuela, onde passou a lecionar na *Universidad de Caracas.*[125]

O caso de Carmem é mais exceção do que regra no que se refere à militância em partidos políticos. Uma significativa parte dos professores exonerados era membro ou militante de partidos da UP, principalmente do PS e do PCCh. Marta Joignant, mais do que militante, foi dirigente do PS. Em 1973, Joignant, professora de matemática, assumiu como secretária política do Partido Socialista na UTE. Além disso, Joignant era irmã do diretor de *Investigaciones* (polícia especial de Santiago), Alfredo Joignant, que foi preso e torturado após o golpe de 1973. Desde o *Tancazo,*[126] Alfredo havia combinado com sua irmã que ele ligaria sempre quando situações críticas fossem resolvidas, já que sua família, que vivia na comuna de San Miguel - perto da casa onde Miguel Enríquez seria emboscado e assassinado -, estava totalmente envolvida com o PS. Caso ele não ligasse, significaria que algum golpe ou crise estava em processo e que era necessário ficar alerta. Joignant, que teve uma reunião no *campus* central da UTE na noite do dia 10 de setembro, não chegou a ir à universidade no dia do golpe. Sabendo que a situação havia saído do controle, Marta Joignant passou a ajudar seu irmão caçula, Fernando Joignant - secretário político de uma das maiores seccionais do

125 Entrevista com Carmen Vargas.

126 *Tancazo* ou *Tanquetazo* foi uma tentativa de golpe perpetuada em 29 de junho de 1973 contra o governo de Allende. A fracassada tentativa de golpe foi chamada assim porque foram utilizados tanques de guerra. O líder do *Tancazo* foi o Tenente Coronel Roberto Souper e a sublevação foi controlada pelo General constitucionalista e Comandante em Chefe do Exército Carlos Prats. Cf. BANDEIRA, Luiz Alberto Moniz. *Fórmula para o caos*, p. 454-458.

PS na região metropolitana – a queimar os registros de militantes do partido que encontravam-se em sua casa.

> Bom, meu irmão caçula, Fernando Joignant, ele era Secretário Político da Seção [?], que abarcava todo este setor, que era muito grande! E ele tinha tudo organizado aí. Me lembro...então, núcleo por núcleo, a ficha da pessoa, com sua foto e tudo. Não somente havia *San Miguel...La Cisterna*, *San Bernardo*, [?], de *Paine*...toda esta zona sul. E ele me disse...ao nos levantarmos no outro dia e com o golpe ocorrendo...[...] E Fernando me disse "sabe, aconteceu isto e tenho que ver certa situação, te peço que por favor não vá trabalhar, além disso Alfredo não ligou, significa que a situação não está controlada" e me disse "tem -se que salvar a vida dos companheiros e você vai ficar em casa e destruir todo este material." [...] Arquivo por arquivo, estava, mas, ordenadíssimo! Sim, imagina sim...a vida de quantas pessoas, com o endereço, a foto, o nome, tudo! Bom, o queimei, queimei também um material que havia, interno do partido, da formação de núcleo, tudo de coisa política [...] de Partido Socialista interno, pura documentação. E queimei, não sei porque me deu, a Revista *Punto Final*, que meu irmão tinha completa, do número um até esse dia, completa! Isto está relacionado com o MIR, tchau![127]

127 Tradução do autor. No original: "Bueno, mi hermano menor, Fernando Joignant, él era Secretario Político de la Seccional [?], que abarcaba todo este sector, ¡que era muy grande! Y él tenía todo ordenado ahí. Me acuerdo…entonces, núcleo por núcleo, la ficha de la persona, con su foto y todo. No solamente había San Miguel…La Cisterna, San Bernardo, [?], de Paine…toda esta zona sur. Y él me dijo…a levantarnos el otro día y ya estaba el golpe… […] Y me dijo Fernando 'sabe ha pasado esto y yo tengo que ir a ver cierta situación, te pido que por favor no vayas a trabajar, además Alfredo no ha llamado, significa que la situación no está controlada' y me dijo 'hay que salvar la vida de los compañeros y tú te vas a quedarte en casa a destruir todo este material.'[…] Archivador por archiva-

Assim como Salas, Joignant foi exonerada em outubro e escapou da prisão. A professora de matemática, porém, resolveu permanecer no país por conta de questões pessoais. Em abril de 1974, Joignant conheceu um rapaz que viria a se tornar seu marido, conseguiu um emprego em um colégio e viu seu irmão ser solto da prisão, depois de meses de tortura e confinamento. Com o irmão caçula já exilado na França, a professora de matemática resolveu atender ao pedido de sua mãe e permanecer no Chile.[128]

Houve outros casos de professores que não mantinham nenhum vínculo com partidos políticos, como Vargas, e que foram exonerados ao longo da década de 1970. Com exceção dos professores que militavam ou que tinham ideias claramente de direita, ser professor da UTE desde antes de 1973 era um motivo de desconfiança, inclusive para professores ligados a Democracia Cristã (DC). Jaime Medina é um claro exemplo disso. Medina era professor do Colégio Pedagógico e, apesar de ter simpatia pelo governo da UP, nunca participou de atos políticos, nem era militante de nenhum partido. Foi exonerado em setembro de 1973, mas, por intermédio de um antigo colega, voltou a ministrar aulas na UTE até 1975.

> Em junho de 1975, me informam oficialmente que por ordem superior devia deixar minhas funções na universidade. Recorri a reitoria e pedi audiência a autoridade máxima entregando cópia de meus antecedentes profissionais

---

dor, estaba, pero, ¡ordenadísimo! ¡Sí, imagina sí...la vida de cuantas personas, con la dirección, la foto, el nombre, todo! Bueno, lo quemé, quemé también un material que había, interno de partido, de la formación de núcleo, todo de cosa política [...] de Partido Socialista interno, pura documentación. Y quemé, no sé porque me dio, la Revista Punto Final, que mi hermano la tenía completa, la número uno hasta ese día, ¡completa! Esto está relacionado con el MIR, ¡Chao!". Entrevista com Marta Joignant.

128 Entrevista com Marta Joignant.

> e de todo o material educativo que utilizava no desenvolvimento de minhas aulas, demonstrando que não fazia proselitismo político, nem inculcava ideologias aos alunos. Até agora -2013- não tive resposta oficial. Pelo desempenho do meu trabalho docente [...] fui convidado a realizar um Curso de Cartografia no Equador por um período de três meses, através de um convênio que mantinha a universidade com o Instituto Geográfico Militar do Chile, curso que não pude realizar [...]. Foi no instante em que recebia a exoneração da universidade. Também, por essa data, fui selecionado para receber uma bolsa de estudos na Espanha, em 1976, na Universidad Complutense de Madrid para realizar estudos superiores na nossa especialidade. O fato de haver sido exonerado e afastado da universidade, provocou um corte drástico na minha carreira docente e foi um dos grandes danos e frustrações que sofri durante o governo militar. O estigma de ser exonerado me fechou as portas para ingressar em cargos públicos.[129]

---

129 Tradução do autor. No original: "En Junio de 1975, me informan oficialmente que por orden superior debía dejar mis funciones en la universidad. Apelé a la Rectoría y pedí audiencia a la autoridad máxima entregando copia de mis antecedentes profesionales y todo el material educativo que utilizaba para desarrollar mis clases, demostrando que no hacía proselitismo político, ni inculcaba ideologías a los alumnos. Hasta ahora -2013- no he tenido respuesta oficial. Por el desempeño de mi labor docente [...], fui propuesto asistir a un Curso de Cartografía en Ecuador por un periodo de tres meses, a través de un convenio que mantenía la universidad con el Instituto Geográfico Militar de Chile; curso que no se materializó[...]. Fue el instante en que recibía la exoneración de la universidad. También, por esa fecha, fui considerado para ser becado a España en 1976 en la Universidad Complutense de Madrid para realizar estudios superiores en nuestra especialidad. El hecho de haber sido exonerado y alejado de la universidad, provocó el corte drástico en mi carrera docente y fue uno de los grandes daños y frustraciones que sufrí durante el gobierno militar. El estigma de ser exonerado me cerró las puertas para ingresar a cargos públicos". Entrevista com Jaime Medina.

O caso de Jaime Medina revela um tipo de perseguição que afetou muitos chilenos da área de educação. A ditadura pinochetista ao interromper suas carreiras e impedi-los de continuarem seus estudos criou um sentimento de frustração e impotência. Medina conseguiu continuar como professor em outros institutos onde já dava aula, mas considerou que a impossibilidade de se aperfeiçoar o prejudicou profissionalmente para sempre.

Os docentes Vargas, Salas e Duhau, além de grande parte dos que foram citados neste capítulo, partiram para o exílio imediatamente após o golpe ou nos anos seguintes. Muitos foram coagidos a saírem do país, recebendo ameaças policiais, tendo suas casas invadidas e sendo impedidos de arranjarem um emprego formal. No entanto, outros professores optaram por permanecer no país, enfrentando a dura repressão que recaia sobre os indivíduos de esquerda, como foram os casos de Navarro, Joignant e Medina.

Os relatos orais dos professores apresentam características singulares, que destacam pontos de vistas únicos, principalmente quando se trata de aspectos pessoais, envolvendo família ou amigos próximos. No entanto, eles também apontam a relevância da memória coletiva – como bem colocado na introdução – e a construção de um passado comum. A história contada na introdução, sobre o professor militar, volta à tona quando se menciona Guillermo Clericus nos depoimentos expostos de maneira direta aqui. O professor torturador é um dos pontos de convergência de vários depoimentos, assim como o fato da UTE ser uma universidade de trabalhadores e filhos de trabalhadores, marcando um claro aspecto classista, que é lembrado em vários relatos, como os de Neuda Duhau, Mario Navarro, Luis Cruz Salas, Marta Joignant, entre outros.

Os anos iniciais de repressão na UTE foram marcados por uma massiva exoneração de professores, expulsão de alunos, diminuição de vagas, torturas, assassinatos e uma total intervenção militar nas universidades. A partir de 1975 e, principalmente, 1977, cristalizou-se no horizonte um novo projeto para as universidades, pautado na doutrina neoliberal. Para isso foi necessário manter as universidades sob rédea curta e destruir o modelo engajado e popular que estava sendo construído na UTE.

UFMG e UTE: semelhanças e diferenças da repressão contra os docentes em uma universidade de "elite" e em uma universidade "popular e engajada"

Ao comparar a repressão inicial efetivada contra os professores na UFMG e na UTE é preciso estar atento a três aspectos: o contexto geral vivido pelo país, o tipo de cada universidade analisada e as características dos docentes das duas instituições. Esses parâmetros ajudam a estabelecer o caminho para uma análise clara das unidades de comparação.

Os contextos vividos pelas duas sociedades eram diferentes em decisivos aspectos, apesar de se encontrarem algumas semelhanças. Fatores externos e internos impactaram o que é analisado nos dois lados da cordilheira.

Tanto o Brasil quanto o Chile estavam inseridos em um contexto global de Guerra Fria, em que as influências ideológicas dos blocos socialista e capitalista disputavam e equilibravam as disputas de poder. A influência da Revolução Cubana é ponto chave para se compreender os anseios de grande parte da esquerda, que a via como um exemplo a ser seguido, e os temores da direita e das forças conservadoras, defensoras de qualquer ação contra grupos políticos que aspiravam seguir os caminhos da ilha comandada por Fidel Castro. Junte-se a isso a constante presença estadunidense que, desde a Doutrina Monroe, sempre considerou a América Latina como uma área de influência dos interesses dos Estados Unidos. O vizinho do norte apoiou, em diferentes graus, os golpes dados pelas forças de direita na América Latina. O Brasil foi o laboratório para os golpes que seriam desencadeados no continente na segunda metade do século XX e a participação dos EUA democrata foi significativa, apesar de mais atuante nos bastidores. O Chile sentiu com mais agressividade a influência de um EUA republicano, que não poupou dinheiro e estratégias para derrubar o governo socialista de Allende.

As diferenças maiores residem no contexto interno de cada nação. O governo Goulart, apesar de ser um governo que possuía o apoio dos trabalhadores e de significativa parte da esquerda, incluindo o PCB, não era um governo socialista, estava longe de propor uma revolução proletária e possuía apoio, inclusive, de alguns setores do Partido Social Democrático (PSD), que era mais conservador e distante da esquerda. O programa de governo de Jango propunha reformas consideradas necessárias para desenvolver o país e diminuir a desigualdade social. Apesar de toda tensão social, greves e articulações políticas envolvendo movimentos sociais e militares, não ocorreu com a mesma intensidade no governo Goulart o enfretamento e polarização política que viveu o Chile dos anos Allende. Os grupos de esquerda não estavam no poder e a independência e força dos sindicatos brasileiros não chegou nem perto de experimentar a experiência que sucedeu aos trabalhadores, sindicatos e grupos da esquerda chilena.

O governo de Allende, eleito de forma democrática e ratificado pelo Congresso, possuía claramente em seu programa o projeto de fazer a revolução proletária no Chile, porém pelo que seria conhecido como a "via chilena ao socialismo" ou a "via democrática ao socialismo". Os principais partidos da coalizão da *Unidad Popular* eram o Partido Comunista e o Partido Socialista, que abarcavam diferentes correntes ideológicas de esquerda, mas que culminavam no fim último da revolução proletária. Não cabe aqui discutir os erros e acertos do governo Allende, nem as várias correntes que compunham o governo. O que se deseja destacar é que o acirramento do debate entre as forças conservadoras - que assistiram horrorizadas a um governo abertamente revolucionário chegar ao poder no Chile e começar a efetuar as transformações nas estruturas da sociedade com amplo apoio da classe trabalhadora, principalmente dos setores mais marginalizados da sociedade – e as forças de esquerda que apoiavam a *UP* levaram a um impasse político, gerando uma divisão que podia ser observada não somente nas eleições, como nos confrontos diários das ruas, ocupações, universidades e fábricas. Em suma, a polarização política no Chile alcançou níveis de maior tensão do que no Brasil.

A situação interna e o grau de conflito dos dois países ajudam a compreender, em partes, o nível de repressão desencadeado contra as duas universidades estudadas e, consequentemente, contra seus professores. De certa maneira, a violência mais intensa e escancarada contra os docentes no Chile é explicável pelo maior temor e nível de paranoia que atingiu as forças conservadoras civis e militares chilenas por estarem combatendo um inimigo abertamente "comunista" ou "subversivo" que havia se implantado no governo e, consequentemente, em uma das mais importantes universidades chilenas, a UTE. E, como abordado, ainda que de maneira parcial, os professores e dirigentes da UTE eram em sua maioria membros, militantes ou simpatizantes de partidos que faziam parte da UP. A *Universidad Técnica del Estado* era considerada uma universidade "vermelha", que apoiava e militava a favor do governo de Allende. Somente esse fator já seria suficiente para os militares desencadearem uma maior repressão contra a UTE.[130]

130 Não só a produção bibliográfica a respeito da UTE pontua o engajamento desta universidade, como alguns professores entrevistados. Cf. entrevistas

Outras universidades foram cercadas e invadidas, como a *Universidad de Chile* e a *Universidad de Concepción*, pois elas também possuíam um significativo número de integrantes ligados aos partidos da UP. No entanto, a UTE foi cercada, metralhada e bombardeada, algo que não ocorreu com nenhuma outra universidade na América do Sul durante os regimes militares. Esses acontecimentos servem para refletir a respeito de aspectos singulares da UTE. Ela não era somente uma universidade engajada e com grande número de integrantes de esquerda. A UTE era a universidade com maior porcentagem de professores e estudantes vindos da classe trabalhadora. Operários, camponeses e seus filhos passaram a ser cerca de 30% dos estudantes da UTE durante a gestão de Kirberg. A repressão que atingiu a UTE se relacionou diretamente com um preconceito de classe. A *Técnica*, como era chamada por alguns de seus integrantes, era considerada um perigo para os militares e para as classes conservadoras não somente pelo número de "subversivos marxistas", mas também por dar acesso à educação e ao conhecimento à população de baixa renda, que não tinha condição de chegar da maneira tradicional ao ensino superior. Para os conservadores era a invasão de um espaço considerado privilégio das elites.

Em algumas das entrevistas, o aspecto social que diferenciava a UTE é mencionado e destacado como uma característica singular da instituição. Mario Navarro menciona a maior intensidade de repressão contra os "negros" no dia do golpe, ou seja, contra os operários e filhos de operários, grande parte de origem indígena. Joignant cita o caso de um colega, filho de um trabalhador de mina e formado na UTE, que era o primeiro da família a ter um título universitário. Para a professora, era o início de tomada de

---

com Marta Joignant, Carmen Vargas, Neuda Aguilar Duhau, Luis Cruz Salas e Mario Navarro.

consciência de classe, uma transformação que não se dava da noite para o dia. Duhau relembra suas jornadas de trabalho noturno, quando, após ter passado o dia dando aula para os universitários, ministrava aulas para os operários à noite.[131] Kirberg é bastante enfático em seus apontamentos sobre a relação entre a UTE e os trabalhadores, principalmente por meio do convênio CUT-UTE. E os números, sejam do livro do reitor, do seu livro entrevista ou do livro oficial da UTE-USACH produzido durante a ditadura, mostram a dimensão que essa relação alcançou.

O incômodo dos militares, e dos civis que os apoiaram, se mostra evidente com a desestruturação realizada na UTE logo após o golpe de 1973. Todos os programas voltados para os trabalhadores foram cancelados, especialmente os que envolviam as indústrias e as minas. Os convênios foram encerrados, assim como grande parte dos institutos tecnológicos. A ditadura, que colocou na ilegalidade a *Asociación de Profesores y Empleados de la Universidad Técnica* (APEUT) e a FEUT, não deixou de reprimir, com ainda mais violência, tudo o que fazia parte do universo dos trabalhadores. Por tudo isso, a UTE acabou sendo a universidade mais afetada do Chile.[132]

Já a UFMG não chegou a sofrer mudanças tão significativas quanto a UTE no período pré-golpe, apesar de também desenvolver e discutir, principalmente por meio do movimento estudantil, questões relacionadas a uma maior acessibilidade e democratização do ensino superior. A UFMG, assim como as outras universidades brasileiras, era um ambiente feito e ocupado pelas elites econômicas e intelectuais do estado. Por maior que tenha sido o

131 Cf. entrevistas de Marta Joignant, Neuda Aguilar Duhau e Mario Navarro realizadas pelo autor.

132 KIRBERG, Enrique, *op. cit.*, p. 419.

movimento contestatório do status *quo* dentro desta universidade brasileira, não se chegou a abranger um número significativo de pessoas provenientes das classes trabalhadoras no meio acadêmico. A UFMG era, assim, uma universidade elitista, e muitos professores, principalmente os catedráticos e os que pertenciam às faculdades tradicionais, possuíam um perfil conservador.

Apesar de ser uma universidade de elite e de não possuir um quadro majoritário de professores militantes de partidos de esquerda, como era o caso da UTE, uma parcela de professores da UFMG se destacou em aspectos modernizadores e considerados progressistas. Como revela a documentação do DOPS/MG, havia um considerável número de professores da instituição tido como "esquerdistas" apenas por participarem de palestras sobre a reforma universitária e defenderem mudanças estruturais em todo o país. Outros professores, de fato, faziam parte de partidos e organizações de esquerda e defendiam mudanças mais amplas. O reitor, Aluísio Pimenta, não era um comunista como Enríque Kirberg, porém tampouco poderia ser identificado com os grupos de direita. Pelo contrário, Pimenta defendia a reforma universitária feita em diálogo com os estudantes, antes mesmo das grandes manifestações estudantis que tomaram conta do país em 1967 e 1968. E, nessa questão, ele era acompanhado por outros jovens professores, que também construíram pontes de diálogo com os estudantes. Sob esses aspectos, e considerando a conjuntura brasileira, a UFMG poderia ser considerada uma universidade progressista. Se comparada com a UTE, as diferenças se fazem mais visíveis, mas, como já mostrado, o contexto e o grau de polarização dos dois países devem ser considerados na análise do que ocorreu com os professores das duas universidades na primeira onda repressiva.

O número de docentes atingidos pela repressão dos militares na UFMG não foi tão alto como na UTE. Há raros casos de tortura contra os docentes da universidade brasileira e o número de exonerados políticos na instituição é quase nulo em relação ao seu corpo docente. Na UTE, além dos cinco professores assassinados, houve dezenas de docentes, de todas as categorias, torturados, incluindo seus principais dirigentes e professores de renome. Diferentemente da UFMG, não se pouparam as classes médias, formadas por intelectuais que possuíam destaque no âmbito nacional do país andino. Foram centenas de exonerações em apenas alguns meses na UTE. O Instituto Pedagógico Técnico da universidade chilena teve seu corpo docente quase todo demitido.[133]

Outra diferença que merece ser destacada diz respeito à origem das delações, das listas de pessoas passíveis de serem punidas e de como a ditadura em ambos os países instaurou a repressão nas duas universidades.

Na UFMG, os professores já eram vigiados desde antes do golpe pela polícia política. Listas de nomes de professores considerados "esquerdistas", como foi mostrado, já constavam nos documentos do DOPS. Com o advento do golpe, professores foram presos e comissões especiais foram montadas para investigar os "crimes cometidos contra a segurança nacional" no âmbito interno da universidade. No entanto, os dirigentes da UFMG encontraram, em variados momentos, maneiras de acomodar-se com o Regime Militar, buscando medidas conciliatórias e que evitassem danos maiores à instituição e aos seus professores. A comissão de sindicância – instalada perto do prazo final de entrega de resultados para os agentes de repressão – não apontou culpados de "subversão" na universidade. A tentativa de resistência, em um primeiro momento, pelos dirigentes da UFMG foi eficaz. Professores deixaram de ser demitidos e o reitor, com o apoio de grande parte da comunidade acadêmica, evitou uma interven-

---

133 Entrevista com Carmen Vargas.

ção militar direta e conseguiu sair fortalecido, afastando o paranoico Guedes e levando a instituição mineira a desenvolver, precocemente em relação ao resto do país, a sua reforma universitária. A ação do reitor fez com que as decisões tomadas na intervenção da FAFI, em junho do mesmo ano, fossem anuladas, tranquilizando acadêmicos e alunos que estavam sendo perseguidos.

Os IPMs em que os docentes estavam arrolados continuaram em aberto e a vigilância sobre a universidade não cessou, apesar de ter diminuído em um primeiro momento. Alguns tipos de censuras e vetos ocorreram e o clima de medo e insegurança sempre existiu. Professores partiram para o exílio, mas retornaram em pouco tempo, acreditando que o pior havia passado. Em um primeiro momento, a experiência na UFMG revela que, assim como parece ter ocorrido em outras instituições de elite do Brasil, muitas vezes o diálogo e a conciliação serviram para que pessoas contrárias ao regime se acomodassem à nova realidade, e que os órgãos de vigilância e repressão fizessem "vista grossa" para os cidadãos incômodos à ditadura.

Na UTE, além das dezenas de professores presos e torturados, das centenas de professores exonerados e das mortes ocorridas, a delação veio, de maneira substancial, do interior da universidade. Listas de docentes considerados subversivos foram confeccionadas por grupos de extrema direita e por colegas da própria universidade, como revelaram alguns professores entrevistados. O reitor, encarcerado e enviado para um campo de trabalho forçado, foi substituído por um militar, ao qual a ditadura pinochetista concedeu plenos poderes, fazendo com que a UTE se transformasse em um microcosmo do Chile ditatorial. Sessões de torturas chegaram a ser realizadas até na reitoria, o que revela a extrema violência dos momentos iniciais pós-golpe e o grau de polarização ao qual o Chile havia chegado.

Com os nomes marcados em listas distribuídas por estabelecimentos de ensino em todo o Chile, muitos professores da UTE foram impedidos de conseguir emprego. Outros foram ameaçados de morte devido às suas ligações com os partidos políticos da UP. Posteriormente, até os militantes da DC seriam perseguidos. Muitos docentes não tiveram outra opção senão a de sair do país. Não seria um exílio de curta duração. Muitos só voltariam após a redemocratização. Transformados pela vida no exterior e pelas transformações internas do Chile, o processo de adaptação não seria fácil.

O exemplo da UTE evidencia que praticamente não houve meio termo no que tange à repressão. Houve, obviamente, casos de favores pessoais que salvaram vidas e até prolongaram carreiras, como nos casos de Salas, do marido de Duhau, do irmão de Joignant e de Medina. No entanto, na maioria foram casos extremos, que livraram os professores e seus parentes de serem torturados ou mortos. Os docentes que escaparam da prisão e da tortura não conseguiram evitar a onda demissionária, que foi intensa nos primeiros meses, mas também presente, ainda que em menor medida, nos anos seguintes. O exemplo da UFMG revela as disputas existentes entre os grupos golpistas desde o início, que levaram a certa contradição na hora de punir os inimigos do regime. O discurso visava afastar todos os "subversivos", majoritariamente a esquerda. Porém, na prática isso não ocorreu em um primeiro momento, em que pesem os esforços de alguns militares, como Guedes. Os grupos moderados tiveram mais força nesse momento. Além disso, relações pessoais foram usadas para contornar situações mais drásticas. Dessa maneira, na UTE, a cultura política dos professores foi fator primordial para a repressão no pós-golpe. Na UFMG, diversos fatores, além da cultura política, influíram na política repressiva contra os professores.

A relação entre os professores da UFMG e a ditadura militar não significa que a ditadura no Brasil tenha sido pouco violenta, nem mesmo nos anos iniciais, como certa memória liberal sobre o regime costuma afirmar. Pelo contrário, como revelado pela recente investigação desenvolvida pela Comissão Nacional da Verdade, a ditadura brasileira assassinou e torturou um número muito maior de pessoas que os que constavam nos dados oficiais até então.[134]

O tratamento dispensado à UFMG pela ditadura militar revela, portanto, uma característica social e política arraigada até hoje em nossa sociedade. Apesar de todos os abusos sofridos pela instituição, a UFMG não chegou a sofrer uma violência extremada após o golpe, como outros setores da sociedade brasileira sofreram, por ser um local de elite.

O fator classista no Chile deve ser tomado em alta consideração quando se trata da repressão contra a UTE, porém, a violência não deixou de atingir os intelectuais e setores da classe média alta chilena. Em um primeiro momento, os setores da classe média e alta brasileira que eram vinculados ao governo Jango foram poupados de uma repressão mais intensa. No entanto, com o endurecimento do regime, esses setores também serão atingidos, obviamente que em menor proporção se comparado com os setores mais pobres.

Os próximos capítulos pretendem mostrar como a repressão, no Brasil, começou a atingir com mais intensidade as universidades e os docentes, em um contexto de protestos estudantis e de reforma universitária. Apesar disso, a ambiguidade do regime vai fazer-se presente também nesse momento. No Chile, após a brutal violência inicial, os atores de oposição da sociedade vão começar, timidamente, a se manifestar contra a ditadura. O movimento es-

134 Cf. Relatório da Comissão Nacional da Verdade. Brasil, Volume II, dez. 2014.

tudantil vai se tornar uma das principais vozes contra a ditadura, que também efetivará uma reforma universitária, porém a partir de uma ótica muito mais liberal do que a brasileira. A partir dos casos da UFMG e da UTE, buscarei analisar como ocorreu a repressão contra os professores nesse contexto, levando em consideração as particularidades de cada instituição e de seu corpo docente.

III. Um novo ciclo repressivo: reforma universitária, movimento estudantil e repressão nas universidades

A repressão inicial nas universidades dos dois países teve como objetivo comum eliminar os inimigos dos novos donos do poder, em geral, a esquerda universitária. O sucesso da empreitada, como visto, variou nos dois casos analisados em decorrência dos contextos nacionais e das próprias instituições.

Após o ciclo repressivo inicial dos primeiros anos, a preocupação das duas ditaduras voltou-se para a realização do projeto de país planejado pelo grupo que havia dado o golpe. O grupo golpista, no entanto, era bastante heterogêneo e não existia apenas um projeto de país, mas projetos plurais nos dois casos. Disputas internas ocorreram no âmbito dos militares e de seus apoiadores civis. Alguns golpistas foram derrotados e outros fizeram concessões e acordos para conseguir efetivar, em parte, seu projeto. E para criar um projeto de país era preciso, necessariamente, repensar o sistema do ensino superior. A maneira como isso foi feito dependeu daqueles que tomaram a dianteira na disputa de poder nos dois países.

Concomitantemente ao embate entre os grupos no poder e às discussões sobre a reforma universitária, o movimento estudantil voltou a se reorganizar e a questionar os dois regimes. Além de se manifestar contra a violência desencadeada pelos governos militares, os estudantes também clamavam por mudanças estruturais das universidades, no caso brasileiro, e protestavam contra os cortes no orçamento e contra a mercantilização do ensino superior, no caso chileno.

Ainda que com menos potência que o movimento estudantil, que tomou as ruas, muitos acadêmicos também teceram críticas às reestruturações que começaram a ser implementadas. Críticas que, no geral, não agradaram a nenhum dos governos. A resposta às demandas e às críticas do mundo acadêmico não se fez esperar. Ela veio de maneira autoritária e buscou reafirmar os valores e projetos golpistas.

No Brasil, o regime se fechou ainda mais com a promulgação do AI-5 em 13 de dezembro de 1968, cerca de duas semanas após a publicação da Lei de Reforma Universitária. No Chile, a ditadura definiu seu projeto de "refundação da nação" com a promulgação de uma nova Constituição, ratificada por um plebiscito fraudado em 11 de setembro de 1980, que foi seguido pela *Ley General de Universidades* ao final do mesmo ano e início de 1981.

Cabe agora analisar como ocorreu a Reforma Universitária, em meio à pressão do movimento estudantil, para se compreender o novo ciclo repressivo que se abateu sobre as universidades. A partir disso é possível entender como ocorreu a repressão das duas ditaduras contra os docentes, que se envolveram, direta ou indiretamente, nos conflitos da época.

As ditaduras dos dois países buscaram reestruturar os seus sistemas universitários, mas tiveram que enfrentar, em diferentes graus, o movimento estudantil, que questionou e se opôs às reformas pretendidas. Os conflitos entre a ditadura e o movimento estudantil atingiram diretamente a estrutura física das universidades e envolveu os professores universitários em distintos momentos.

Preparando a reforma universitária em meio às pressões iniciais do movimento estudantil no Brasil

No Brasil, os estudantes vinham se organizando contra as medidas autoritárias do regime de modo crescente. O governo de Castello Branco buscou, por meio de uma fachada legalista, institucionalizar a ditadura: quatro atos institucionais editados, a nova Constituição, a Lei de Imprensa, a nova Lei de Segurança Nacional e a criação do SNI, medidas fundamentais para a repressão que se aprofundaria nos anos seguintes.

Em meio aos atos adicionais do governo Castello Branco, o AI-2 se destacou. Afirmando que "a revolução está viva e não retrocede", o AI-2 foi decretado, em grande medida, como uma resposta à vitória da oposição nas eleições de dois estados: Minas Gerais e Guanabara. Mais do que uma resposta à oposição, o AI-2 marcou o início da solidificação do sistema autoritário e mostrou os planos dos militares de permanecer no poder por um tempo mais longo do que o esperado, inclusive por parte das lideranças civis que participaram do golpe.

O AI-2 instaurou a eleição indireta para presidente da República, fechou os partidos políticos existentes e fortaleceu a Justiça Militar, expandindo sua abrangência e atuação em crimes relativos à segurança nacional – algo que se abria para um leque bem amplo e inconsistente de ações. No intento de simular uma democracia, o ato permitiu a criação de um sistema bipartidário. Além disso, reforçou os poderes do Executivo, possibilitando que o presidente pudesse fechar o Congresso Nacional, as Assembleias Legislativas e as Câmaras dos Vereadores, decretar Estado de sítio por 180 dias, intervir em estados, suspender os direitos políticos dos cidadãos por 10 anos e cassar mandatos legislativos federais, estaduais e municipais. Somando-se a isso, concedia fortes prerrogativas ao presidente em matérias legislativas.[1]

---

1 AARÃO REIS, Daniel. *Ditadura e democracia no Brasil*, p. 62-66; NAPOLITANO, Marcos. *1964*, p. 73-81.

O primeiro semestre de 1966 foi marcado por forte violência contra reuniões e protestos estudantis, seguindo a orientação dos órgãos de segurança e do próprio presidente marechal Castelo Branco: "O governo chegou à conclusão de que a agitação estudantil que se observa neste momento tem inspiração comunista e alcance subversivo e vai agir em consequência."[2] Em Minas Gerais, um dos estados em que a oposição havia conseguido a vitória para governador em 1965, foi marcada a realização do 28º Congresso da União Nacional dos Estudantes. A preocupação com o movimento estudantil já havia se tornado central para os militares e a repressão não se fez esperar:

> Alguns meses depois, fins de julho, o governo federal acionou a polícia militar e tropas das Forças Armadas em Belo Horizonte, a fim de impedir a realização do 28º Congresso da União Nacional dos Estudantes. Deu-se início aí à prática de ocupar as áreas centrais das cidades com imensos aparatos policiais e militares com o propósito de dissuadir e reprimir as atividades estudantis. Conforme relato da época, nessa ocasião, "eram cinco mil homens e 400 carros da Polícia Militar, do Exército, da Aeronáutica e da Guarda Civil", além de forças de outros organismos de repressão política. No entanto, apesar dessas medidas, a 'ex-UNE' conseguiu reunir-se no interior de um convento católico.[3]

Outras reuniões e manifestações continuaram sendo duramente reprimidas ao longo do ano e em todo o país. As prisões arbitrárias e a violência desencadeada geraram uma reação do movimento estudantil que se espalhou pelo país e estabeleceu o

2 Visão, 29 de abril de 1966, p. 12 *apud* MARTINS FILHO, João Roberto, *op. cit.*, p. 100.

3 *Ibidem*, p. 100.

dia 22 de setembro como o "Dia Nacional de Luta contra a ditadura". Um dia após a data escolhida, ocorreu o "Massacre da Praia Vermelha", acontecimento em que houve extrema violência policial e que repercutiu em todo o país:

> A ação policial militar de maior repercussão nacional teria lugar, entretanto, justamente no centro estudantil mais ativo e politizado do país. No Rio de Janeiro, um grupo de dois mil estudantes foi cercado por forças militares no interior do prédio da Faculdade Nacional de Medicina (Praia Vermelha), quando já se esgotava o ciclo de protestos do Dia Nacional da Luta. A iminência de uma invasão, com consequências imprevisíveis, levou parlamentares e dirigentes da universidade a conseguir o levantamento do cerco. Apesar dessas tentativas, os chefes da operação ordenaram que as portas do edifício fossem derrubadas e, em seu interior, os jovens foram caçados e longamente espancados, enquanto familiares e a imprensa esperavam do lado de fora. À saída, formou-se um "corredor polonês", com novas e agora visíveis violências contra os estudantes presos. Os caríssimos equipamentos da escola foram totalmente destruídos; houve inúmeros feridos. Posteriormente, ouviram-se denúncias de violências sexuais contra as estudantes.[4]

As manifestações se tornaram menos intensas após o "Massacre da Praia Vermelha" e se esgotaram ainda em outubro, sendo retomadas apenas no ano seguinte. Diferentemente do que ocorreria em 1968, as manifestações de 1966 não conseguiram apoio de outros setores da sociedade, mas serviram como sinal

---

4 *Ibidem*, p. 101-102.

para a ditadura militar de que o movimento estudantil estava se fortalecendo e poderia contagiar outros segmentos.

Em 1966, os estudantes protestavam contra a Lei Suplicy, a supressão das liberdades democráticas, a falta de vagas nas universidades para os excedentes e denunciavam os primeiros passos rumo à reforma universitária que a ditadura desejava implementar sem uma discussão com a sociedade. Entre as críticas feitas à preparação da reforma universitária estava a influência estrangeira representada, principalmente, nas figuras da *United States Agency for International Development* (USAID) e do consultor Rudolph Atcon.

O planejamento da reforma universitária andou a passos lentos no período de 1964 a 1967. Em 11 de maio de 1964, na gestão do ministro Flávio Suplicy de Lacerda, foi publicada no Diário Oficial a lei nº 296, que designava uma Comissão integrada por alguns professores universitários para "apresentar estudo objetivando o aperfeiçoamento do sistema universitário e o anteprojeto do Estatuto do Magistério".[5] Um dos integrantes da comissão era o professor Raymundo Moniz de Aragão, da UFRJ (até 1965, UB). Membro da Diretoria do Ensino Superior, Moniz de Aragão seria um dos principais defensores e articuladores da reforma universitária ao longo do governo Castello Branco.[6] O presidente da comissão, o professor Paulo de Goés, também da UFRJ, seria o primeiro adido científico brasileiro junto à embaixada em Washington em 1966. O cargo foi criado para estreitar os laços acadêmicos e buscar

5 Diário Oficial de 11/05/1964, p. 4139-4140. Biblioteca Municipal de Belo Horizonte.

6 CUNHA, Luiz Antônio. *A universidade reformanda*, p. 73; MOTTA, Rodrigo Patto Sá. *As universidades e o regime militar*, p. 70.

convênios técnicos e científicos com os EUA.[7] O relatório produzido, no entanto, não teve repercussão imediata.

No mesmo ano, em 18 de agosto de 1964, a partir da lei nº 573 foi indicada a composição do Fórum Universitário, que objetivava, por meio de uma Comissão Organizadora, "realizar debates sobre os problemas universitários", "propor as reformas do ensino universitário no país", "estabelecer bases para a ação harmônica das universidades dentro de uma política nacional de ensino superior condizente com o desenvolvimento do país e as suas condições socioeconômicas e financeiras", entre outras finalidades.[8]

Paralelamente ao Fórum, o IPES, representando os interesses empresariais e de técnicos da área econômica, também se inseriu nos debates sobre a reforma do ensino superior. Em seminário organizado ao final de 1964 e no início de 1965, os representantes do IPES criticaram o "populismo" do governo Jango, elogiaram o modelo universitário estadunidense, defenderam um maior investimento nas áreas científica e tecnológica e a cobrança de taxas dos alunos.[9]

Algumas sugestões similares à do IPES também apareceram na I Conferência Nacional de Educação, realizada no primeiro aniversário do golpe. O Plano Nacional de Educação de 1962 foi revisado, também em 1965, pelo Conselho Federal de Educação e algumas mudanças foram feitas, como, por exemplo, reservar parte dos recursos do Fundo Nacional do Ensino Superior à subvenção de universidades particulares. A partir dessa data, hou-

---

7 *Ibidem*, p. 76.

8 Diário Oficial de 18/08/1964, p. 4139-4140. Biblioteca Municipal de Belo Horizonte.

9 MOTTA, Rodrigo Patto Sá. *As universidades e o regime militar*, p. 71; CUNHA, Luiz Antônio. *A universidade reformanda*, p. 70-71.

ve um progressivo e exponencial aumento de recursos públicos transferidos ao setor privado.[10]

Parte do pensamento liberal, no que tange às universidades, serviu como influência para que na Constituição de 1967, ao fim do governo Castello Branco, fossem incluídos dispositivos que vislumbravam a possibilidade de cobrança nas universidades públicas, além de isentar a União do compromisso com gastos mínimos na educação. Essas propostas, defendidas pelos grupos mais liberais ligados à ditadura, seriam amplamente criticadas e combatidas, não somente pelo movimento estudantil, como por setores de dentro das próprias Forças Armadas, que possuíam nacionalistas defensores de um Estado forte em todas as áreas.[11]

Apesar dessas primeiras discussões em direção à reforma, muito pouco foi feito durante a gestão de Suplicy de Lacerda. O ministro se destacou mais por suas políticas repressivas do que por estruturar um plano concreto de reforma universitária. Os cortes nos orçamentos das universidades, defendidos pelos liberais que coordenavam a política econômica do governo do Castello Branco também ajudaram na imobilidade das ações referentes aos problemas do ensino superior.[12]

A única medida efetiva em relação às universidades públicas na gestão de Suplicy de Lacerda foi a lei nº 4759, de 20 de agosto de 1965, que obrigava as universidades controladas pela União a acrescentar "Federal" no nome, no intuito de buscar uma uniformização. A lei externava a ânsia centralizadora do regime e,

10 *Ibidem*, p. 69-70.

11 MOTTA, Rodrigo Patto Sá. *As universidades e o regime militar*, p. 71-72.

12 *Ibidem*, p. 73-74.

apesar de seu caráter simbólico, foi considerada como um dos primeiros passos rumo à reforma.[13]

As primeiras leis que realmente buscaram reestruturar o ensino superior brasileiro só vieram ao final do governo Castello Branco, quando Moniz de Aragão assumiu (ainda que de forma interina) o Ministério da Educação e Cultura. Ao longo do segundo semestre de 1966, a reestruturação das universidades foi discutida, tendo por base o anteprojeto de lei de autoria do CFE, justificado por um parecer do professor Valnir Chagas, membro do conselho.[14] Os moldes sugeridos para a reestruturação do ensino superior seguiam o modelo da UnB. Como explicita Motta:

> A UnB foi a primeira universidade planejada para funcionar como centro de pesquisa, com departamentos e institutos no lugar de cátedras e faculdades. A expressão "instituto" servia para designar unidades universitárias com vocação para a pesquisa, distinguindo-se das faculdades tradicionais. No plano original, a UnB teria oito institutos ligados às áreas científicas básicas, que seriam complementados por faculdades de formação profissional - direito, administração, educação, engenharia etc. De modo semelhante ao projeto do ITA, a UnB nasceu sem catedráticos e pagava salários mais altos que a média, oferecendo regime de tempo integral. Além da pesquisa, ela implantou de imediato cursos de pós-graduação, que deveriam funcionar simultaneamente aos recém-instalados cursos de graduação. Também na UnB se adotou pela primeira vez o sistema de créditos por disciplina, mais flexível que o formato de turmas com cursos de duração anual.[15]

13 *Ibidem*, p. 75; CUNHA, Luiz Antônio. *A universidade reformanda*, p. 80-81.

14 *Ibidem*, p. 74.

15 MOTTA, Rodrigo Patto Sá. *As universidades e o regime militar*, p. 69.

Apesar de considerada o modelo a ser seguido, a UnB representava o projeto de educação do governo Jango, portanto estava fora de cogitação para os militares se referirem a ela como a inspiração da reforma universitária. A solução foi buscar em outras universidades, que já estavam fazendo reformas, um referencial a ser seguido.

Na UB, as discussões sobre reestruturação começaram em 1963, porém ficaram paralisadas devido à resistência de setores mais conservadores da instituição e só foram devidamente retomadas quando o próprio Moniz de Aragão assumiu a reitoria em 1967, na já renomeada UFRJ. Na USP, as discussões acerca da reforma universitária se iniciaram ao final de 1966 e se dividiram em uma comissão no âmbito do Conselho Universitário e em diversas comissões paritárias organizadas no âmbito das unidades da instituição. O Relatório Ferri (chamado assim devido ao seu presidente, o professor Mário Guimarães Ferri) foi entregue em 26 de junho de 1968 e duramente criticado por Florestan Fernandes e por algumas comissões paritárias, que o acusaram de alienado e elitista.[16]

Entre as universidades públicas brasileiras mais conhecidas, a UFMG era a que o processo de reestruturação estava mais avançado. Como já mostrado no capítulo anterior, o reitor Aluísio Pimenta havia sido eleito com a promessa de reestruturar a instituição mineira, e contava com significativo apoio interno para efetuar a reforma. Alguns aspectos da reforma na UFMG serão trabalhados no capítulo seguinte, porém cabe salientar que as leis da gestão de Moniz de Aragão, influenciadas pelo modelo da UnB, passaram pelo que Cunha chamou de "conexão mineira",

16 *Ibidem*, p. 80; CUNHA, Luiz Antônio. *A universidade reformanda*, p. 109-110 e 124- 153.

mesmo que não tenha sido explicitado pela ditadura e pelo ministro, como mostra o autor:

> Na sua reconstrução da história, Moniz de Aragão disse que, como ministro da Educação, promoveu, em 1967, a reforma acionada pelo decreto-lei 53/66 "com base nos resultados já atingidos pelos estudos realizados na Universidade do Brasil". No entanto, pelo menos desde abril de 1964, quando assumiu a Diretoria do Ensino Superior, Moniz de Aragão acompanhou de perto as transformações em curso na UFMG, não sendo descabido, pois, supor, que essa universidade, mais do que a sua própria, tenha sido a inspiradora maior daquele decreto.[17]

Além do mais, a UFMG, como já mencionado, também era vista com desconfiança por alguns militares, principalmente por ter como reitor um professor ligado ao extinto PTB, por possuir um significativo número de professores que apoiava uma reforma ampla e mais democrática e por possuir um forte movimento estudantil com ligações com a esquerda armada.

Dessa maneira, em 18 de novembro de 1966 foi editado o Decreto-Lei nº 53 e, em 28 de fevereiro de 1967, o Decreto-Lei nº 252. O primeiro tinha como aspectos essenciais a determinação da unidade do ensino e pesquisa, a eliminação da duplicação de meios para fins idênticos, a fragmentação das faculdades de Filosofia, Ciências e Letras e a criação de uma Faculdade de Educação. O segundo decreto veio como complemento do primeiro e implantou o sistema departamental, em que os departamentos seriam as menores frações das unidades universitárias. Apesar da adoção do sistema departamental, que substituía as prerrogativas dos catedráticos, o sistema de cátedra somente seria extinto em 1968. Nessa lei, o

---

17 *Ibidem*, p. 111.

chefe do departamento seria um professor catedrático. A resistência de professores conservadores, apegados às estruturas arcaicas, ainda se fazia sentir. O decreto também implementava as atividades de extensão, em busca de uma conexão entre a universidade e a sociedade. Juntas, as duas leis delineavam a maior parte dos aspectos básicos da futura reforma universitária.[18]

É necessário destacar que, em meio a toda discussão sobre reforma universitária, a influência estrangeira se fazia presente e causava polêmicas. A presença da USAID no Brasil remontava ao início da década de 1960 e vinha em substituição a outros programas da área de educação estadunidense presentes no Brasil e no restante da América Latina desde a década de 1950. Os programas educacionais dos EUA tinham como objetivo levar o modelo educacional de sua sociedade de modo a desenvolver o ensino em todos os níveis nos países latino-americanos. Em um contexto de Guerra Fria, havia uma preocupação em buscar diminuir as mazelas da região e, principalmente, impedir a influência do pensamento comunista. Após a Revolução Cubana, soou o alerta vermelho em Washington em relação à região, e programas como esses, aliados a ações militares e de espionagem, intensificaram-se enquanto política externa dos EUA para a América Latina. Em 1961, John F. Kennedy criou a Aliança para o Progresso, que visou investir na região para impedir o avanço do "perigo vermelho". O Brasil e o Chile foram países que receberam vultosos investimentos na década de 1960, incluindo o setor educacional.[19]

Algumas universidades já haviam estabelecidos laços com a USAID durante o governo Jango, como, por exemplo, a Universidade Rural do Estado de Minas Gerais (futura Universidade Federal

---

18 MOTTA, Rodrigo Patto Sá. *As universidades e o regime militar*, p. 78-79.

19 *Ibidem*, p. 110-118.

de Viçosa - UFV), a URGS (futura UFRGS), a Universidade do Ceará (futura UFC) e a USP (inicialmente na Escola Superior de Agricultura Luiz de Queiroz -Esalq, em Piracicaba). No entanto, foi após o golpe que os laços com a USAID se estreitaram com o Brasil. O financiamento proveniente da USAID se tornou importante nas contas dos governos da ditadura militar, e, em junho de 1965, foi assinado um convênio entre a agência estadunidense e o MEC. O convênio visava a constituição de uma Equipe de Planejamento do Ensino Superior (EPES) e estipulava a doação de quase 500 mil dólares em um período de dois anos por parte da USAID.[20] O convênio serviu como marco na mudança das relações entre a USAID e o ensino superior brasileiro. Se antes os contatos se davam por meio de universidades isoladas, a partir da data do convênio oficializava-se uma cooperação com o governo ditatorial brasileiro, o que abrangeria todo o ensino superior.

Não é o objetivo da pesquisa aprofundar-se nas relações estabelecidas entre a USAID e a ditadura brasileira, mas sim compreender o contexto em que se deu o novo ciclo de repressão contra os professores, e para isso é fundamental compreender que a agência estadunidense era movida por interesses políticos, que às vezes iam ao encontro dos interesses dos militares brasileiros e, outras vezes, chocavam-se com estes. A USAID, enquanto programa do governo dos EUA, buscou financiar os programas e professores com os quais havia certa afinidade ideológica ou que, ao menos, não possuíam vínculos comunistas. Nos documentos da diplomacia estadunidense, analisados por Motta, é possível detectar esse discurso, que poupou e buscou ajudar professores perseguidos sem vínculos comunistas, como o professor

20 CUNHA, Luiz Antônio. *A universidade reformanda*, p. 162; MOTTA, Rodrigo Patto Sá. *As universidades e o regime militar*, p. 118-121.

da Escola de Medicina da USP, Isaías Raw, e tentou prejudicar professores comunistas, como Mario Schenberg, físico da mesma instituição. Atitudes assim não eram novidade, já que, mesmo antes do golpe, alguns professores não conseguiram recursos da USAID, justamente por serem considerados subversivos e comunistas, como foi o caso de Darcy Ribeiro, que teve o seu pedido de financiamento para o Instituto de Química da UnB negado pela USAID em 1962.[21] O pensamento do governo americano, dessa maneira, estava mais próximo de uma modernização aliada a um autoritarismo moderado, como bem formulado por Motta:

> Os funcionários americanos achavam aceitável o expurgo dos comunistas, e houve momentos em que consideravam as autoridades brasileiras pouco eficazes na repressão ao inimigo principal. Não obstante, desejavam que as ações repressivas fossem mantidas dentro dos limites, atingindo somente os comunistas. Se tais ações fugissem ao controle, poderiam comprometer o projeto de modernização, inclusive nas universidades. Muita repressão poderia ser contraproducente por três razões básicas: afastar desnecessariamente quadros importantes ao processo modernizador; oferecer aos comunistas argumentos para fazer propaganda contra o governo brasileiro, e assim aumentar sua influência na sociedade; gerar críticas internacionais e enfraquecer o apoio ao governo militar.[22]

A USAID não foi a única influência estrangeira a chamar a atenção nessa época. Em junho de 1965, quase ao mesmo tempo em que confirmava os acordos com a USAID, a Diretoria de Ensino Superior do MEC contratava o consultor Rudolph Atcon,

21 *Ibidem*, p. 122-124.

22 *Ibidem*, p. 124.

que vinha ao país com a missão de analisar o ensino superior brasileiro e propor uma reestruturação das universidades. Atcon já havia estado no Brasil anteriormente e havia trabalhado com Anísio Teixeira, quando da implementação da Capes.[23] Também era conhecido por ter efetuado consultorias em outros países da América Latina, incluindo o Chile, quando, ao final da década de 1950, ajudou na criação de institutos centrais para a *Universidad de Concepción*. Em sua análise sobre o trabalho desenvolvido por Atcon, Cunha se mostra bastante crítico ao explicitar as ideias extremamente liberais e autoritárias de Atcon, que acreditava que somente assim seria possível reestruturar as universidades brasileiras seguindo os moldes do modelo estadunidense. Isso incluía a possibilidade de anuidades, o que foi extremamente combatido pelo movimento estudantil. Além disso, o autor mostra como as propostas trazidas para o Brasil eram as mesmas que foram levadas por Atcon a toda América Latina.[24]

Apesar disso, algumas poucas propostas de Atcon, ainda que reformuladas, foram aproveitadas por algumas universidades. De todas as sugestões trazidas pelo consultor, que eram bem similares às da USAID, a que teve maior alcance foi a criação do Conselho de Reitores das Universidades Brasileiras (Crub). O Crub, estabelecido em abril de 1966, foi importante para o desenvolvimento da reforma universitária, como revela Motta:

> O Crub teria importante papel na reforma universitária, tanto como mecanismo para convencimento dos reitores recalcitrantes quanto como gerenciador de projetos visando à modernização da administração universitária. Um dos acordos mais bem-sucedidos do "pacote" MEC-Usaid

23 *Ibidem*, p. 77.

24 CUNHA, Luiz Antônio. *A universidade reformanda*, p. 187-201.

> foi aquele gerido pelo Crub. Esse convênio consistiu, principalmente, em treinar as universidades brasileiras para adotar o sistema de créditos e matrículas por disciplinas, planejar e gerir orçamentos e planejar a implantação dos campi. [...] Uma das principais preocupações do Crub foi criar mecanismos para o bom funcionamento das novas instâncias de poder e gestão nas universidades reformadas, principalmente conselhos, assessorias e serviços coordenados pelas reitorias. Tendo seu poder e suas atribuições ampliadas, segundo o novo modelo, a administração central das universidades precisava se preparar para estar à altura das tarefas modernizadoras.[25]

A maneira como a reforma universitária estava sendo colocada em marcha, juntamente com a interferência estrangeira no processo, só aumentou o desagrado do movimento estudantil, que passou a contar cada vez mais com o apoio docente. A primeira denúncia veio contra o Projeto Camelot. O Camelot era um projeto financiado pelo exército dos EUA e tinha como objetivo obter informações sobre problemas sociais, possibilidades de subversão e de ocorrência de guerras internas nos países chamados de "subdesenvolvidos". O projeto foi amplamente denunciado pela comunidade universitária e acabou sendo cancelado, recebendo críticas do próprio Congresso dos EUA. Posteriormente, em maio de 1965, cerca de 80 professores da USP divulgaram um manifesto em que denunciavam a influência estrangeira no processo de reforma universitária brasileira. Além disso, o manifesto era uma resposta às declarações do embaixador dos EUA, Lincoln Gordon, que criticara o atraso do ensino superior brasileiro. Os professores defendiam que a reforma deveria ser levada

---

25 MOTTA, Rodrigo Patto Sá. *As universidades e o regime militar*, p. 78.

a cabo por especialistas brasileiros e não ser submetida aos interesses de governos forâneos.[26]

Antes mesmo do fim do mandato de Castello Branco, novos acontecimentos vieram tensionar ainda mais o âmbito do ensino superior. Em janeiro de 1967, a USAID contratou o Consórcio de Universidades do Meio-Oeste dos EUA com o objetivo de indicar os consultores que ajudariam no planejamento da reforma universitária. As críticas ao imperialismo da nação do norte se tornaram ainda mais frequentes a partir de 1967, tanto pelo movimento estudantil quanto pelos acadêmicos brasileiros. Somavam-se a elas as críticas contra a Guerra do Vietnã, que continuavam a reverberar em protestos por todo o mundo. Como se não fosse o bastante, a Lei Suplicy foi revogada pelo decreto-lei 228, conhecido como Decreto Aragão, que aumentou as restrições e os mecanismos de coação previstos pela lei anterior. A lei extinguiu os DEEs e o DNE, que resultaram em estrondoso fracasso frente aos estudantes, e intensificou a punição dos DAs e DCEs que não seguissem as normas do novo decreto, que poderiam ser suspensos, assim como os estudantes que votassem nas eleições de seus respectivos DAs.[27]

Dessa maneira, o mandato do General Artur da Costa e Silva, que assumiu em março de 1967, iniciar-se-ia com amplos protestos por parte do movimento estudantil e de significativa parte da comunidade docente universitária. Como será mostrado mais adiante, os anos de 1967 e 1968 seriam marcados por grandes manifestações e violentos conflitos de rua, com a entrada em cena de outros movimentos sociais e o apoio de significativa parcela da população.

---

26 *Ibidem*, p. 125; CUNHA, Luiz Antônio. *A universidade reformanda*, p. 209-213.

27 *Ibidem*, p. 59-60.

"Refundar a nação": o planejamento da reforma universitária no Chile em meio à repressão

Enquanto no Brasil, o movimento estudantil não demorou a se organizar em protestos contra a ditadura, no Chile, a intensa repressão inicial contra o corpo docente e os estudantes retardou as primeiras manifestações contra a ditadura e sua política para as universidades.

Assim como no Brasil, o golpe no Chile foi dado por forças heterogêneas que objetivavam dar fim a um inimigo comum. As disputas no Chile ocorreram entre nacionalistas de direita, gremialistas e neoliberais, cada qual com seus projetos de "refundação da nação chilena". Pinochet acabou se aproximando dos dois últimos grupos, que foram fundamentais na construção de seu projeto de poder. Ao mesmo tempo, o ditador chileno procurou afastar e eliminar, inclusive fisicamente, seus principais concorrentes, principalmente no exército e na aeronáutica. Foram assassinados os generais Augusto Lutz e Oscar Bonilla. Outros generais foram obrigados a renunciar, como Sergio Arellano, um dos principais líderes do golpe.

Em 1976, Pinochet já havia acabado com todas as ameaças ao seu poder no Exército e buscou eliminar seus inimigos no exterior, atuando por meio da temida DINA. A DINA, criada em 1974, mas que já atuava informalmente desde fins de 1973, foi responsável, com a ajuda de agentes da CIA, pela execução de Carlos Prats em Buenos Aires, em setembro de 1974, e de Orlando Letelier em Washington D.C, em setembro de 1976. O primeiro era o conhecido ex-comandante em chefe do Exército do governo Allende, que sempre se mantivera legalista. O segundo era um ex-ministro, também de Allende, que se tornou, no exterior, um dos principais denunciantes dos crimes cometidos pela ditadura de Pinochet. A DINA também tentou assassinar, em outubro de 1975, em Roma, o político da DC e crítico a ditadura chilena, Bernardo Leighton. Leighton e sua esposa, Ana María Fresno Ovalle, escaparam do atentado com vida.

A única ameaça concreta no interior das Forças Armadas ao projeto de poder de Pinochet, em 1976, era o comandante em chefe da Força Aérea, Gustavo Leigh. Segundo Muñoz, Leigh era um dos principais defensores de uma política nacionalista e se opunha à influência dos Chicago-Boys na política econômica, que em 1976 já se mostrava dominante:

> Os Chicago Boys possuíam agora o controle completo da economia. Sáez tinha sérias reservas sobre o plano de Chicago (motivo pelo qual foi rebaixado de ministro da Coordenação Econômica para ministro da Coordenação Externa, um posto inexistente). O general Leigh também era contra o plano. O "tratamento de choque" os assustavam, pois temiam que ele provocasse uma grave depressão. Testemunhas se lembram de Pinochet e Leigh deixando a sala do gabinete juntos e gritando um com o outro na sala contígua.[28][...] Para Castro elevar o nível do tratamento de choque, havia obstáculos a superar – a saber, o general Gustavo Leigh, que continuava a questionar os custos sociais da experiência de Chicago. A Força Aérea era o setor da Junta que se encarregava da área social e continuava a emitir propostas que se enquadravam no Estado do bem-estar social, como uma legislação trabalhista. Não é necessário dizer que elas eram sistematicamente rejeitadas. Em março de 1976, o general da Força Aérea Nicanor Díaz Estrada foi substituído, no Ministério do Traballho, por

28 MUÑOZ, Heraldo, *op. cit.*, p. 90-91.

> um forte aliado dos Chicago Boys. Mas o general Leigh continuava a ser um espinho na pele de Pinochet.[29]

Pinochet conseguiu, com o apoio do restante da junta, a renúncia de Leigh e de mais 8 generais abaixo dele, em 1978. No lugar de Leigh, ficou Fernando Matthei, general leal ao ditador. Em cerca de cinco anos, Pinochet conseguiu solidificar seu projeto personalista de poder, retirando do caminho suas maiores ameaças e seguindo as orientações dos gremialistas e dos *Chicago-Boys* em diferentes esferas do governo.[30]

Após o golpe chileno, todos os partidos foram postos na ilegalidade. O Partido Nacional (PN), representante da velha direita e que agregava nacionalistas, liberais e conservadores, foi extinto. Dividido em distintas correntes, que discordavam entre si sobre qual rumo deveria seguir o partido e seus integrantes, saiu vitoriosa a corrente dos nacionalistas Sergio Onofre Jarpa e Jorge Prat. Os dois líderes do PN defendiam a dissolução completa do partido e sua colaboração irrestrita à ditadura de Pinochet, com o propósito de reunificar o povo chileno, mantendo apenas um coletivo intelectual e artístico em torno do diário *Tribuna*, de propriedade de Jarpa. No entanto, a influência desse grupo não foi significativa na nova realidade do país. O gremialismo surgiu como a nova face da direita chilena.[31]

---

29 *Ibidem*, p. 92-93.

30 Sobre essas disputas na alta cúpula militar da ditadura chilena cf. os capítulos 3 e 4 da já citada obra de Heraldo Muñoz, *A sombra do ditador*, intitulados, respectivamente, "O poder de ditar" e "O alcance global de Pinochet"; cf. também o capítulo 3, "El dictador", do livro *Una nación de enemigos*, de Pamela Constable e Arturo Valenzuela, também já citado. Cf. STERN, Steve J. *Luchando por mentes y corazones*, p. 194-196.

31 Cf. o texto, já citado, de "*Crónica de una muerte anunciada*": *la disolución del Partido Nacional, 1973-1980*, de Verónica Valdivia.

O Movimento Gremialista, fundado pelo jurista Jaime Guzmán na *Universidad Católica*, na década de 1960, possuía forte inspiração franquista. O gremialismo defendia um Estado autoritário e uma sociedade organizada a partir de um corporativismo de raiz católica, em que entidades, instituições e grupos fariam a intermediação entre o indivíduo e o Estado. Igreja, família e universidade seriam exemplos de distintas entidades de intermediação (*cuerpos intermédios)*. Guzmán acreditava que a sociedade deveria permanecer alheia aos debates e decisões chaves para o desenvolvimento do país, focando em seus interesses próprios e próximos. O poder executivo, organizado de maneira autoritária, sem sofrer pressões das massas e sustentado por técnicos e intelectuais de visão, seria o responsável pelas resoluções que afetariam todo o conjunto da sociedade. No entanto, Guzmán, arguto analista da esquerda e das teses marxistas, sabia que a força daquela provinha, em parte, do enraizamento nas bases populares. Para o jurista não era suficiente apenas eliminar os marxistas da sociedade chilena, mas também conseguir o apoio da população. Em 1974, Guzmán já formulava sua concepção de Estado e sociedade por meio da *Declaración de Principios de la Junta de Gobierno*, indicando o caminho a ser seguido pela ditadura de Pinochet.

Para se inserir em meio às bases populares, a ditadura chilena, auxiliada pelos gremialistas, se apoiou em grupos considerados essenciais, como as mulheres e os jovens. Utilizando-se de uma retórica que apelava para os valores tradicionais e patrióticos, a ditadura de Pinochet conseguiu significativa mobilização por meio da criação de secretarias como a influente *Secretaría Nacional de la Mujer* e a *Secretaría Nacional de la Juventud*. As universidades, que estavam entre os principais centros dos embates políticos do governo Allende, precisavam ser despolitizadas, e os estudantes deveriam ser cooptados como aliados do Estado na construção de uma nova sociedade, como mostra Valdívia:

> A despolitização das universidades era um imperativo. O efeito deste interesse contraditório e ambivalente - despolitizar os jovens e buscar um segmento para sua legitimação -, resultou em uma tentativa de politização, vista como "saneamento" ao não envolver partidos organizados. Pretendia-se devolver à juventude uma sanidade e idealismo supostamente distorcidos, através de atividades percebidas como apolíticas, enquanto não partidárias.[32][...] A criação da Secretaria Nacional da Juventude foi anunciada ao final de outubro de 1973 pelo coronel Pedro Ewing, quem reiterou os anseios do dia 11 de setembro, reafirmados no discurso de Pinochet de um mês depois, destacando que "o Governo deseja governar com a juventude, concedendo-a um lugar relevante." Tal decisão era produto do que foi destacado mais acima, isto é, que a politização gerada "por um governo imoral" havia provocado uma forte "rebeldia juvenil", de modo que a luta realizada pelos jovens havia sido mais que essencial para o seu futuro e sua pátria. Por isso, a Junta considerava como um de seus propósitos mais importantes "abrir amplos e renovados horizontes para todos os jovens desta terra".

32 Tradução do autor. No original: "La despolitización de las universidades era un imperativo. El efecto de este interés contradictorio y ambivalente - despolitizar a los jóvenes y buscar un segmento para su legitimación -, derivó en una tentativa de politización, vista como 'saneamiento' al no mediar partidos organizados. Se intentaría devolver a la juventud una sanidad e idealismo supuestamente distorsionados, a través de actividades percibidas como apolíticas, en tanto no partidarias". Cf. VALDIVIA, Verónica. Lecciones de una Revolución: Jaime Guzmán y los gremialistas, 1973-1980. In: VALDIVIA, Verónica (org.). *Su revolución contra nuestra revolución*, p. 69.

> Não se tratava, enfatizou Ewing, de fazer um governo para a juventude, e sim com a juventude.[33]

As ideias trazidas pelos Chicago-Boys, que fariam do Chile um dos primeiros laboratórios do neoliberalismo, disputaram espaço com o gremialismo. Os Chicago-Boys defendiam um amplo programa de modernização neoliberal, defendendo a liberdade individual como fator primordial para conter as ideias socialistas. Essa formulação ia de encontro à concepção de *cuerpos intermedios* defendida por Guzmán. Apesar disso, os dois grupos estavam vinculados, desde o final da década de 1960, quando se uniram em oposição à ocupação e ao início da reforma na *Universidad Católica* encabeçada pela democracia cristã e a esquerda em 1967.[34] Essas diferenças foram sendo superadas ao longo da dé-

---

33 Tradução do autor. No original: "La creación de la Secretaría Nacional de la Juventud fue anunciada a fines de octubre de 1973 por el coronel Pedro Ewing, quien reiteró los anhelos del 11 de septiembre, reafirmados en el discurso de Pinochet de un mes después, señalando que "el Gobierno desea gobernar con la juventud, dándole a su participación un lugar relevante". Dicha decisión era producto de lo señalado más arriba, esto es, que la politización generada "por un gobierno inmoral" había provocado una fuerte "rebeldía juvenil", de modo que la lucha realizada por los jóvenes había sido por lo más esencial de su futuro y de la patria. Por ello, la Junta consideraba como uno de sus propósitos más importantes "la de abrir amplios y renovados horizontes para todos los jóvenes de esta tierra" No se trataba, enfatizó Ewing, de hacer un gobierno para la juventud, sino con la juventud". *Ibidem*, p. 71.

34 Na memória chilena sobre os movimentos de reforma universitária, a *Universidad Católica* destaca-se como a impulsionadora da reestruturação a partir de seu movimento estudantil. A FEUC, neste momento nas mãos dos democratas cristãos, tomou a *Casa Central* (reitoria) em 1967, dando um novo significado para o movimento na capital. Uma das ações mais lembradas é a faixa estendida em frente à reitoria com a frase "*Chileno, El Mercurio miente*", em referências às notícias divulgadas pelo principal jornal de direita do país em relação à ocupação da UC, que dizia que o movimento na Católica

cada de 1970 e a junção dos pensamentos dos dois grupos culminou com a Constituição de 1980. Guzmán cedeu às ideias neoliberais na economia, mas foi o responsável por toda arquitetura do ordenamento jurídico e social, como explica Valdívia:

> O neoliberalismo se manteve na área econômica, na subsidiariedade do Estado, nas políticas e consumos culturais – pautados pela fé no mercado –, assim como nas políticas sociais (saúde, educação, previdência). Mas em matéria político-cultural, predominou a linha de Guzmán, como revela seu reconhecido vínculo com a Declaração de Princípios da Junta do Governo de 1974 e a independência dos órgãos sociais em relação ao Estado e aos partidos, baseado no corporativismo estatal que ele sempre defendia. [...] Sua aceitação do mercado como regulador da economia e da sociedade não deve ser considerado uma derrota importante, porque esse nunca foi o interesse primordial dos gremialistas, e sim o problema político: autoridade e participação social. O corporativismo que sustentava seu pensamento só reivindicava a propriedade privada, mas o fator econômico não era um problema central com o qual se preocupar, e

---

era obra dos marxistas, sendo que o controle do movimento era de estudantes da DC. Até hoje, nas atuais manifestações estudantis, a ocupação da *Casa Central* da UC é relembrada como um momento emblemático. A reforma universitária na UC durante o governo de Frei foi realmente muito relevante para a história chilena, não somente por ter fortalecido e dado mais fôlego ao movimento estudantil reformista na capital, como também pela reação gerada. Foi a partir da reforma na UC, que o *Movimiento Gremial* surgiu como voz oposicionista ao processo que ocorria na universidade. Posteriormente, o gremialismo viria a conquistar a FEUC, fazendo oposição ao reitor ligado à DC, Fernando Castillo, e, obviamente, ao governo da UP. *Ibidem*, p. 54-64; GARRETON, Manuel Antonio; MARTINEZ, Javier. *Universidades chilenas: historia, reforma y intervención*. Tomo I. Santiago: Ediciones Sur, 1985, p. 65-86; MÖNCKEBERG, María Olivia, *op. cit.*, cap. 2 e 3.

> sim a relação entre autoridade e sociedade. A questão das hierarquias e as funções sociais. A mistura neoliberal (relacionada a propriedade privada e a liberdade econômica) – corporativa, permitia a direita posar como modernizadora, mantendo uma forte dose de tradição.[35]

No que se refere à economia, os planos dos Chicago Boys foram traçados antes mesmo da queda de Allende. Em 1972, Sergio de Castro e Pablo Barona, professores e economistas da *Universidad Católica*, prepararam um documento que seria a cartilha básica dos neoliberais e que ficou conhecido como *El Ladrillo*. Sergio de Castro e Pablo Baraona seriam, posteriormente, ministros da *Economía, Fomento y Reconstrucción* e Castro ocuparia o importante ministério da Fazenda, de 1976 a 1982.[36]

---

35 Tradução do autor. No original: "El neoliberalismo quedo plasmado en el área económica, en la subsidiariedad del Estado, en las políticas y consumos culturales – atravesados por la fe en el mercado –, como en las políticas sociales (salud, educación, previsión). Pero en materia político-cultural, predominó la línea de Guzmán, como lo testimonia el vínculo reconocido con la Declaración de Principios de la Junta de Gobierno de 1974, la independencia de los organismos sociales respecto del Estado y de los partidos, como siempre lo sostuvo el corporativismo antiestatal que defendía. [...] Su aceptación del mercado como regulador de la economía y la sociedad no debe considerarse una derrota importante, porque ese nunca fue el interés primordial de los gremialistas, sino el problema político: autoridad y participación social. El corporativismo que sostenía su pensamiento solo reivindicaba la propiedad privada, pero lo económico no revestía un problema central al que abocarse, sino la relación entre la autoridad y la sociedad. La cuestión de las jerarquías y las funciones sociales. La mixtura neoliberal (respeto a la propiedad privada y a la libertad económica) – corporativa, permitía a la derecha posar de modernizadora, manteniendo una fuerte dosis de tradición". Cf. VALDIVIA, Verónica. Izquierdas y derechas en los años setenta: la reversión de la historia. In: VALDIVIA, Verónica (org.). *Su revolución contra nuestra revolución*, p. 222-223.

36 Cf. MÖNCKEBERG, María Olivia, *op. cit.*, p. 115-116.

O segundo ministro da economia da ditadura de Pinochet, Fernando Lêniz, era presidente do grupo *El Mercurio*, que controlava, entre outras empresas, o jornal de mesmo nome, e foi um dos principais apoiadores midiáticos e financeiros do golpe. Por meio dele, Sergio de Castro e Pablo Baraona chegaram ao Ministério da Economia como assessores. Ligado ao ministério estava a *Oficina de Planificación Nacional* (ODEPLAN). Sob a direção do oficial da marinha em retiro, Roberto Kelly, ligado ao grupo dos *Chicago Boys*, e outro jovem economista neoliberal, Miguel Kast, a ODEPLAN começou a traçar os planos de reestruturação das universidades chilenas.[37]

O principal argumento era que a educação superior favoreceria a grupos privilegiados e, com o intuito de favorecer a população mais pobre, financiar os estudos universitários dos estudantes mais carentes e aumentar o financiamento na educação básica, a alternativa seria cobrar mensalidades nas universidades. O resultado, como se sabe hoje, e já se sabia na época, não foi o prometido. No entanto, até 1976/1977 os planos de reestruturação do governo se resumiram apenas às discussões sobre a reforma aliadas a um progressivo desinvestimento no ensino superior e a uma repressão desenfreada.[38]

Especificamente, como visto nos capítulos anteriores, a ditadura em seus anos iniciais destituiu as autoridades acadêmicas eleitas legalmente, interveio militarmente na direção das universidades, fez uma depuração ideológica de estudantes, funcionários e professores, eliminou uma série de institutos e centros universitários, principalmente da área de Ciências Sociais, fechou as

37 *Ibidem*, p. 116-118 e 127-129.

38 O discurso de racionalização já aparece em alguns documentos do Ministerio de la Educación Pública em 1976, assim como no Diario Oficial. Cf. Libro 45222 do Ministerio de la Educación Pública. Archivo Nacional de la Administración.

entidades e organizações estudantis representativas (com exceção da FEUC, aliada do regime e dominada pelos gremialistas), reduziu drasticamente o investimento público no ensino superior, ao mesmo tempo em que introduzia gradualmente cobranças, e instaurou uma reforma pedagógica, conferindo maior destaque à educação técnica e a métodos mais tradicionais de ensino. Como bem analisado por Martinez e Garretón:

> O conjunto destas transformações se justifica com uma ideologia que combina elementos provenientes das doutrinas de segurança nacional, do pensamento nacionalista tradicionalista e de certas correntes tecnocráticas com fundamento em algumas teorias econômicas neoliberais. Elas convergem em torno de certos eixos fundamentais: como a crítica aos processos de reforma concebidos como um fenômeno puro de politização estéril destinado à obtenção do poder; a crítica ao "pluralismo irrestrito" concebido como atentatório à unidade nacional e a certos valores fundamentais da "chilenidad"; a desvalorização das ciências sociais, as quais são reduzidas a um papel instrumental ou auxiliar despojado de sua dimensão crítica cultural, exceto no caso da Economia, que adquire a função da "ciência social" em si; o repúdio ao marxismo; o caráter elitista e seletivo da educação universitária; a ênfases na orientação profissionalizante; um conceito de eficiência medido pela adequação da Universidade às demandas da empresa e do Estado, e sua capacidade de autogerar recursos por este caminho; o verticalismo na estrutura de decisões institucionais; o papel receptivo do estudante, que está na Universidade somente para "aprender o que se ensina" e a desconfiança nos movimentos estudantis.[39]

---

39 Tradução do autor. No original: "El conjunto de estas transformaciones se justifica con una ideología que combina elementos provenientes de las doc-

Sendo assim, o regime, em seus primeiros anos, focou apenas em repressão, em todos os níveis, contra as universidades e conseguiu silenciar quase toda a oposição, por meio de assassinatos, desaparecimentos, torturas, demissões, ameaças e da criação de um ambiente de delação, levando a sociedade a um grau de paralisia incomensurável. A situação começaria a se transformar a partir de 1978, como será mostrado mais adiante.

Reestruturar e reprimir: a lei de reforma universitária e a repressão contra o movimento estudantil e os docentes no Brasil

Voltando ao Brasil, o governo de Costa e Silva iniciou-se com a promessa de diálogo com a população e respeito aos valores democráticos. Porém, não foi isso que se viu nas primeiras manifestações estudantis, reprimidas com brutal violência. O movimento

---

trinas de seguridad nacional, del pensamiento nacionalista tradicionalista y de ciertas corrientes tecnocráticas con fundamento en algunas teorías económicas neoliberales. Ellas convergen en torno de ciertos ejes fundamentales: como la crítica a los procesos de reforma concebidos como un puro fenómeno de politización estéril destinado a la obtención del poder; la crítica al 'pluralismo irrestricto' concebido como atentatorio a la unidad nacional y a ciertos valores fundamentales de la 'chilenidad'; la desvalorización de las ciencias sociales a las que se las reduce a un rol instrumental o auxiliar despojado de su dimensión crítico cultural, excepto en el caso de la Economía que adquiere el carácter de la 'ciencia social'; el rechazo al marxismo; el carácter elitista y selectivo de la educación universitaria; el énfasis en la orientación profesionalizante; un concepto de eficiencia medido por la adecuación de la Universidad a las demandas de la empresa y el Estado, y su capacidad de autogenerar recursos por esta vía; el verticalismo en la estructura de decisiones institucionales; el papel receptivo del estudiante, que está en la Universidad sólo para 'aprender lo que se le enseña' y la desconfianza en los movimientos estudiantiles". Cf. GARRETON, Manuel Antonio; MARTINEZ, Javier, *Universidades chilenas*, p. 106-107.

estudantil era uma preocupação muito mais real para a ditadura que a aliança oposicionista, chamada de Frente Ampla, formada por Carlos Lacerda, João Goulart e Juscelino Kubitschek.[40]

As manifestações estudantis intensificaram as críticas feitas à "infiltração imperialista" no ensino, à violência da ditadura e ao problema dos excedentes, que parecia piorar a cada ano. A temática da Guerra do Vietnã passou a aparecer com mais frequência, ajudando a intensificar o sentimento anti-estadunidense.[41]

A questão estudantil e das universidades começou a ocupar cada vez mais espaço na agenda do governo e dos órgãos de segurança. O CSN passou a tratar dessa questão em suas reuniões e documentos com muito mais frequência no governo de Costa e Silva. Os ofícios do CSN apontavam os estudantes como agentes subversivos que ameaçavam a segurança nacional, criticavam a excessiva autonomia das universidades e a conivência de suas autoridades, denunciavam a atuação de órgãos estudantis ilegais e sugeriam medidas repressivas e administrativas contra o meio acadêmico.[42] Em 1967, o SNI ampliou seu aparato de vigilância e criou as Divisões de Segurança e Informações (DSI) nos ministérios civis. A DSI ligada ao Ministério de Educação e Cultura foi uma das mais atuantes do país e se dedicou intensamente ao monitoramento das "atividades subversivas" nas universidades.[43]

Aliada à tática repressiva, a ditadura buscou cooptar os estudantes por meio de projetos que atraíssem os jovens para ações

---

40 Cf. AARÃO REIS, Daniel. *Ditadura e democracia no Brasil*, p. 66-67; NAPOLITANO, Marcos. *1964*, p. 88.

41 Cf. MARTINS FILHO, João Roberto, *op. cit.*, p. 123-124 e p. 151-153.

42 Cf. ALMEIDA, Guilherme Bacha de, *op. cit.*, p. 90-97.

43 MOTTA, Rodrigo Patto Sá. "Incômoda Memória: os arquivos das ASI universitárias". *Acervo: revista do Arquivo Nacional*, Rio de Janeiro, n. 2, v. 21, jul./dez. 2008, p. 44.

patrióticas e distantes da influência esquerdista. O mais famoso deles foi o Projeto Rondon, já mencionado no primeiro capítulo. Em julho de 1967, 29 estudantes e dois professores da Universidade do Estado da Guanabara (UEG, atual Universidade do Estado do Rio de Janeiro - UERJ), afinada com os interesses militares, partiram para Rondônia em uma atividade piloto. O objetivo era desenvolver ação humanitária de apoio às populações isoladas. A iniciativa foi bem sucedida e amplamente noticiada pela mídia. A partir daí o Projeto Rondon cresceu exponencialmente, envolvendo diversas universidades e centenas de milhares de estudantes ao longo dos seus 22 anos de funcionamento. Apesar de buscar atender aos anseios dos militares de canalizar parte da "agitação estudantil" para outras ações, havia também a preocupação de estudantes de esquerda de se infiltrarem nas atividades do projeto, o que chegou a ser investigado por alguns órgãos de vigilância ligados às universidades. O projeto, ainda incipiente e em fase de experimentação em 1967, não trouxe mudanças imediatas ao panorama de manifestações estudantis.[44]

As críticas ao regime também vinham de vários acadêmicos, que denunciavam o chamado *brain drain* ou fuga de cérebros, que consistia no exílio de professores em busca de ambiente de trabalho sem perseguições políticas e repressão no exterior. A Sociedade Brasileira para o Progresso da Ciência (SBPC) se destacou nessas denúncias e a imprensa, ao longo de 1967, publicou alguns artigos tratando do tema. O governo de Costa e Silva, buscando estabelecer certo "diálogo", abriu o caminho para que as universidades e centros de pesquisa trouxessem de volta intelectuais e cientistas brasileiros. Essas ações ficaram conhecidas como "Operação Retorno". Porém, o AI-5

44 MOTTA, Rodrigo Patto Sá. *As universidades e o regime militar*, p. 87-95.

sepultaria os esforços dos que lutaram pelo regresso dos docentes, como se verá adiante.[45]

A gravidade da situação e a morosidade do ministro da Educação, Tarso Dutra, fizeram com que Costa e Silva instituísse, em 29 dezembro de 1967, uma comissão especial para:

> a) emitir parecer conclusivo sobre as reivindicações, teses e sugestões referentes às atividades estudantis; b) planejar e propor medidas que possibilitem melhor aplicação das diretrizes governamentais no setor estudantil; c) supervisionar e coordenar a execução dessas diretrizes, mediante delegação do ministro do Estado.[46]

A comissão era presidida pelo general-de-brigada Carlos de Meira Mattos e tinha em sua composição dois professores ligados ao governo, Hélio de Souza Gomes e Jorge Boaventura de Souza e Silva, um promotor, Afonso Carlos da Veiga, e um militar da força aérea, o coronel-aviador e secretário-geral do Conselho de Segurança Nacional, Waldir de Vasconcelos. Como se nota pela composição da comissão, o problema do movimento estudantil estava sendo analisado pelo viés militar e pautado pela doutrina de Segurança Nacional.

O relatório foi publicado em maio de 1968 com uma abrangente análise da situação universitária e com uma série de sugestões. Indo muito além do âmbito estritamente estudantil, o relatório propôs soluções modernizadoras, na linha do que era discutido para a reforma universitária, somadas a medidas autoritárias, que defendiam o controle mais firme dos dirigentes universitários, apontados como coniventes com a agitação estudantil. Focando

45 *Ibidem*, p. 84-87.

46 CUNHA, Luiz Antônio. *A universidade reformanda*, p. 89.

em seu alvo principal, o relatório buscou definir medidas repressivas contra o movimento estudantil, tentando encontrar caminhos para anular a influência de uma "minoria esquerdista e instruída" que conseguia manipular uma "maioria democrática". Essa minoria esquerdista, valendo-se de reivindicações que apontavam as falhas do sistema universitário – e que os militares admitiam ser legítimas no relatório –, conduzia o restante dos universitários para reivindicarem pautas que fugiam do âmbito acadêmico e não eram legítimas. O relatório apontava que algumas mudanças não eram implantadas por resistência de setores conservadores das universidades, desejosos de manterem certos privilégios. Muitos professores catedráticos, principalmente das escolas tradicionais, permaneciam avessos às mudanças. Era preciso uma reestruturação material e cultural nas universidades.[47]

Enquanto os estudos da comissão Meira Matos eram realizados para a produção do relatório, as manifestações estudantis chegaram ao seu ápice. Em janeiro, uma pequena passeata de protesto contra as condições do restaurante universitário Calabouço, no Rio de Janeiro, levou a uma repressão extremada por parte da polícia. Já se via no horizonte o endurecimento do regime contra os estudantes antes mesmo da publicação do relatório da comissão. Manifestações de protestos a respeito dos problemas das universidades se seguiram ao longo de março e, no dia 28, em uma passeata que protestava pelos mesmos motivos da realizada em janeiro, foi assassinado pela polícia o estudante secundarista Edson Luís.

O assassinato levou a uma comoção nacional e o enterro do estudante, no Rio de Janeiro, foi acompanhado por cerca de 50 mil pessoas. A partir daí o movimento estudantil se radicali-

47 *Ibidem*, p. 85-98; MARTINS FILHO, João Roberto, *op. cit.*, p. 136-137; MOTTA, Rodrigo Patto Sá. *As universidades e o regime militar*, p. 104.

zou. Ocorreram grandes manifestações por todo o país, sempre reprimidas com violência. Em junho, a polícia carioca cercou o prédio da reitoria da UFRJ com o intuito de prender líderes da UME e da UNE que participavam de uma reunião. À saída do prédio os jovens foram levados a um campo de futebol próximo da instituição e sofreram espancamento coletivo. Com ampla divulgação da imprensa, o fato gerou mais protestos e, no dia 21 de junho, ocorreu um dos conflitos urbanos mais violentos do ano, que acarretou na morte de várias pessoas, além de centenas de feridos e presos no centro do Rio. O episódio ficou conhecido como "Sexta-Feira Sangrenta" e sua repercussão culminou na "Passeata dos Cem Mil", no dia 26 do mesmo mês, no Rio de Janeiro. Assustado com a dimensão que o movimento estudantil alcançara, o governo permitiu a realização da passeata sem utilizar da repressão policial. Porém, a dimensão da insatisfação social acirrou os ânimos no alto comando e os militares e civis da chamada "linha dura" estavam cada dia mais seguros que era necessário endurecer o regime.

Buscando capitalizar forças contra a ditadura, o movimento estudantil também apoiou as greves de operários que ocorreram no primeiro semestre de 1968. Em abril, estourou a greve de Contagem (MG) e em julho a greve de Osasco (SP). O ministro do Trabalho, Jarbas Passarinho, viu com preocupação a possível adesão dos operários às manifestações estudantis, o que poderia levar o país a um caos social e político de difícil controle para os militares. Era necessário tomar medidas efetivas para solucionar os problemas das universidades sem abrir mão da continuidade da "Revolução de 1964", mesmo que para isso fosse necessário levar o controle e a repressão a um grau máximo. A lei de Reforma Universitária e o AI-5 seriam as soluções definitivas impostas pela ditadura.

Em julho de 1968, foi instituído o Grupo de Trabalho da Reforma Universitária (GTRU), responsável por traçar os contornos concludentes da lei de reforma universitária. O GTRU foi formado por importantes nomes da área de educação, que se dedicavam há anos aos problemas das universidades, e por nomes da área técnica da economia, como revela Motta:

> Na composição do GTRU entraram professores que se dedicavam há anos ao tema da reforma universitária, como Newton Sucupira e Valnir Chagas, membros do CFE, Roque Spencer Maciel de Barros, figura de proa nas discussões sobre a reforma da USP, e o dirigente da PUC-RJ, padre Fernando Bastos D'Ávila. Também integraram o grupo técnicos da área econômica, em particular o influente Reis Velloso, pela Seplan, e mais um representante do Ministério da Fazenda. De certo modo, o trabalho do grupo significou uma tentativa de síntese entre a perspectiva da liderança acadêmica, com visão mais humanista e idealista da educação – e preocupada em manter os vínculos com o Estado –, e a perspectiva dos técnicos, marcada por racionalidade orientada para a eficiência e as necessidades da economia. A presença dos técnicos foi importante para garantir os recursos públicos necessários à implantação da reforma, sobretudo por meio da criação do Fundo Nacional de Desenvolvimento da Educação (FNDE), que iria custear a implantação da nova carreira docente e o pagamento do regime de trabalho integral.[48]

Paralelamente às discussões e estudos realizados pelo GTRU, a "agitação estudantil" continuava. Além das manifestações, os estudantes também passaram a ocupar os prédios das universidades ao longo do ano. Casos como as ocupações da Faculdade

48 *Ibidem*, p. 105.

de Filosofia da UFRGS, de várias unidades da Universidade Federal do Pará (UFPA), das faculdades de Medicina e Ciências Econômicas da UFMG e das faculdades de Filosofia, de Direito e da reitoria da USP tiveram destaque na mídia, irritando o governo ditatorial ao longo de 1968.

A reação da ditadura não se fez esperar e várias faculdades foram invadidas pelas forças repressivas com extrema violência. Por acontecerem nas unidades universitárias, os professores e diretores se viram ainda mais implicados nos acontecimentos e muitos foram acusados de omissos, coniventes ou até mesmo responsáveis pelas ações estudantis.

A invasão da UNB, em 29 de agosto de 1968, mostrou como o governo se propunha a tratar os opositores do âmbito acadêmico. Em uma espécie de operação de guerra, a polícia, com auxílio de tropas do Exército, invadiu o *campus* da UNB, matou um estudante e feriu várias pessoas, incluindo parlamentares que haviam se dirigido à universidade com o intuito de mediar a situação. A justificativa dada para a invasão foi a recusa do reitor Caio Benjamin Dias em autorizar a entrada da polícia, que buscava prender alguns estudantes procurados pela Justiça Militar.

Em São Paulo, também ocorreu episódio de grande violência, que ficou conhecido como "Batalha da Maria Antônia". Surpreendentemente, as autoridades da ditadura toleraram durante um tempo a ocupação da Faculdade de Filosofia da USP, localizada na rua Maria Antônia. Apesar disso, a ocupação ainda era vista como uma afronta ao regime, que desejava ver-se livre do que começava a se constituir como mais um importante símbolo do movimento estudantil. O aparato repressivo, nesse caso, contou com o apoio de grupos civis de extrema direita provenientes da Universidade Mackenzie, instituição que, na época, reunia algumas lideranças estudantis conservadoras e que apoiavam o regime. Em outubro de 1968, esses grupos de extrema direita da Mackenzie, especialmente o Comando de Caça aos Comunistas (CCC), atacaram a Faculdade de Filosofia da USP, iniciando um confronto com os estudantes de esquerda que resultaram em um morto (um estudante secundarista), vários feridos e alguns carros incendiados. A faculdade da USP também foi depredada e incendiada com a conivência da polícia. Juntamente com o desmantelamento do Congresso da UNE em um sítio em Ibiúna e a prisão de várias lideranças estudantis, a "Batalha da Maria Antônia" foi um dos últimos grandes conflitos envolvendo os estudantes em 1968.

As ocupações das universidades não visavam apenas protestar contra o "imperialismo estadunidense", representado pela USAID e Atcon, ou denunciar a ditadura militar e sua política repressiva. Ao ocuparem as universidades, os estudantes propuseram novas atividades, questionaram os programas curriculares e debateram sobre a reforma universitária e os caminhos a serem seguidos pelo movimento estudantil. Inseridos nessas transformações e debates estiveram vários professores universitários que se relacionaram de maneiras distintas com os estudantes. Alguns apoiaram o movimento estudantil, apesar de não concordarem com todas as demandas levantadas. Outros se mantiveram neutros, apesar de defenderem o direito dos estudantes de se manifestarem. E muitos eram radicalmente contra as ações estudantis, consideradas uma afronta à hierarquia de poder nas universidades. Esses professores mais conservadores sofreram boicotes às suas aulas e outros tipos de pressão dos estudantes.

A reforma universitária era assunto crucial entre os docentes e os debates gerados a partir desse tema mostraram uma profunda divisão no meio acadêmico. As comissões paritárias que ocorreram na USP, já citadas, representam bem a cisão que ocorreu entre os professores em âmbito nacional. Concomitantemente aos debates sobre o projeto de lei no congresso advindo do relatório produzido pelo GTRU, as comissões paritárias mostraram que havia professores que defendiam o projeto modernizador do ensino superior, mas eram contrários ao comando dos militares e à maneira como aquele estava sendo discutido, enquanto outros eram contrários à modernização, apesar de apoiarem a ditadura. Também havia os que apoiavam a modernização e o regime dos militares, situando-se aí na órbita paradoxal da ditadura de modernização-conservadora/autoritária.

Em um curto espaço de tempo, o relatório do GRTU foi transformado em projeto de lei pelo ditador-presidente e os seus assessores, passou pelo Congresso, onde sofreu acréscimos e modificações, retornou à Costa e Silva, sofrendo diversos vetos, e foi sancionada em 28 de novembro com o número 5540. A lei nº 5540 reuniu em si normas anteriores, como as leis nº 53 e nº 252, e especificou, em um longo texto, outros aspectos essenciais para as universidades. Não cabe aqui detalhar todos os aspectos da lei, mas apenas ressaltar os mais relevantes. As cátedras foram, finalmente, extintas; os departamentos como as menores frações da universidade, a unidade do ensino e pesquisa e a eliminação da duplicação de meios para fins idênticos foram ratificados; o poder central foi fortalecido, diminuindo as poderosas prerrogativas dos diretores das faculdades, principalmente das mais tradicionais; os reitores seriam escolhidos em listas sêxtuplas e não mais tríplices, aumentando a margem de escolha do governo; a representação estudantil foi fixada em 1/5; os vestibulares foram unificados e passaram a ser classificatórios e as vagas discentes foram ampliadas ao longo dos anos, objetivando resolver os problemas dos excedentes; a carreira docente foi sendo estabelecida, progressivamente, com regime de trabalho em tempo integral; a pós-graduação foi definida como uma das principais atividades das universidades, passando a receber, nos anos posteriores, mais verbas e atenção do governo; os ciclos básicos foram introduzidos, oferecendo formação mais ampla antes do início da realização do ciclo profissional.

A Lei de Reforma Universitária gerou reações diversas e ambíguas. Muitos aspectos eram demandados há muito tempo pelo movimento estudantil e pelos professores que defendiam a reestruturação. Os pontos mais criticados correspondiam ao caráter tecnicista e economicista de certas medidas. Apesar da possibilidade de cobrança de anuidades, que aparecia no relatório do GRTU, não ter sido sequer incluída no projeto de lei, o texto final sancionado permitia que as universidades públicas se organizassem como fundações de direito público, o que era visto como um primeiro passo para as privatizações. Críticas desse tipo foram feitas pelos estudantes e por professores. Anísio Teixeira e Florestan Fernandes foram dois nomes destacados que criticaram o relatório do GTRU. Teixeira foi bastante crítico em relação à unidade de ensino e pesquisa, dizendo que era impossível transformar todos os professores em pesquisadores. Fernandes, apesar de elogiar diversos pontos do relatório, criticou outros aspectos, como a orientação privatista, o descaso com a autonomia universitária, a continuidade de escolha de reitores pelo Executivo, a submissão de órgãos de representação discente à administração universitária, entre outras questões.[49]

As críticas à lei de reforma, no entanto, não puderam ser desenvolvidas pela comunidade acadêmica. Apenas 15 dias após a

---

49 Sobre a discussão da reforma universitária, os conflitos entre a ditadura e o movimento estudantil e como as universidades foram atingidas em 1968 cf. CUNHA, Luiz Antônio. *A universidade reformanda*, p. 219-286; MARTINS FILHO, João Roberto, *op. cit.*, p. 137-143 e 154-164; MOTTA, Rodrigo Patto Sá. *As universidades e o regime militar*, p. 95-109.

promulgação da lei, em 13 de dezembro de 1968, foi decretado o AI-5 por Costa e Silva, que levaria a repressão a níveis máximos, suprimindo todas as garantias de liberdade dos cidadãos.

Nas universidades, o impacto do AI-5 seria intenso. A partir do famigerado ato, outros decretos seriam promulgados. O decreto nº 477 visava desarticular o movimento estudantil e punir todos os estudantes que se envolvessem em atividades consideradas "subversivas". O decreto nº 477 punia os alunos com o afastamento por três anos do ensino superior público e acentuava o ambiente de delação e de medo nas universidades. A vigilância do regime se acentuou sobre as universidades, principalmente com o aumento de grupos de esquerda armada, que tiravam grande parte de seus quadros do meio universitário. Muitos estudantes deixaram as universidades para se dedicarem completamente à luta armada após o decreto do AI-5.[50]

Mais do que combater os grupos e as ideias "esquerdistas" nas universidades e no meio estudantil, os militares desejavam moralizar o ambiente universitário. As universidades eram vistas como lugares de "promiscuidade sexual" e de "abuso de drogas", o que corrompia os valores familiares tão benquistos pelos militares e pelos setores civis conservadores. Para expulsar os "agitadores de esquerda" era preciso resgatar os bons costumes da tradicional família brasileira, pois só assim seriam formados cidadãos patriotas e com valores cívicos. Uma das medidas tomadas foi a inclusão da disciplina de Educação Moral e Cívica (EMC) em todos os graus de ensino. Em abril de 1969, a DSI/MEC enviou às universidades um pequeno livro intitulado *Bases Filosófico-Constitucionais da Educação no Brasil*, no qual eram apresentados os fundamentos do anteprojeto da EMC, que já ha-

50 RIDENTI, Marcelo, *op. cit.*, p. 27-69 e p. 146-161.

via sido aprovado pelo CFE, em fevereiro de 1969.[51] O decreto-lei foi promulgado em setembro do mesmo ano, dando o tom de quais atitudes se esperavam do meio acadêmico.[52]

Os professores foram duramente atingidos pelo AI-5. Mais de cem foram cassados e exonerados de suas funções.[53]As universidades mais atingidas com as aposentadorias forçadas foram a UFRGS, a USP, a UFRJ e a UFMG, que juntas totalizaram cerca de 70% das punições. O Instituto Manguinhos (atual Fundação Oswaldo Cruz) foi atingido com a aposentadoria de 10 importantes pesquisadores. Outras universidades e instituições também foram atingidas pelo AI-5, mas em menor escala, como a UFPE, a UFPA, a UFG, a Universidade Federal da Paraíba (UFPB), a Universidade Federal da Bahia (UFBA), a Universidade Federal do Rio Grande do Norte (UFRN), a Universidade Federal Fluminense (UFF), a Universidade Federal Rural do Rio de Janeiro (UFRRJ) e a Universidade Federal de Juiz de Fora (UFJF).

Apesar do número de expurgados ter sido pequeno em relação ao total de docentes nas universidades públicas, que girava em torno de 20 mil nessa época, intelectuais e cientistas relevantes em suas áreas foram demitidos, gerando uma grande perda qualitativa no ensino superior. A área de humanidades foi a mais atingida. O Instituto de Filosofia e Ciências Sociais (IFCS, antiga FNFi) da UFRJ, a Faculdade de Filosofia, Letras e Ciências Humanas (FFLCH) da USP e o Instituto de Filosofia e Ciências Humanas (IFCH) da UFRGS tiveram dezenas de professores exo-

51 Arquivo AESI/UFMG: Caixa 10, maço 17.

52 MOTTA, Rodrigo Patto Sá. *As universidades e o regime militar*, p. 184-192.

53 Os dados levantados pelos autores variam em relação ao número de punidos. Rodrigo Motta acredita que tenha sido por volta de 120 os punidos pelo AI-5. *Ibidem*, p. 164.

nerados. Outras áreas, como a Medicina, a Física e a Arquitetura também foram fortemente atingidas nas universidades e institutos. Visando o impedimento da contratação dos aposentados por outras universidades ou institutos, o governo decretou o Ato Complementar nº 75, que proibia que instituições públicas ou privadas que recebessem subvenções do Estado acolhessem os professores atingidos pelo AI-5.

O AI-5, que atingiu professores de abril a outubro de 1969 (com exceção dos pesquisadores do Instituto Manguinhos, que foram aposentados no início de 1970), não foi o único responsável pelo grande expurgo daquele ano. A UNB e a UFPB fizeram seus próprios expurgos, antes mesmo que fossem publicadas as listas do AI-5. A primeira demitiu 79 professores já nos quatro primeiros meses de 1969, a segunda afastou cerca de 20 professores em março do mesmo ano. Somando-se aos expurgos ocorridos devido ao AI-5, o número de professores demitidos no ano de 1969 ultrapassou os 200.

As motivações dos expurgos dos docentes variaram. Muitos foram punidos por serem comunistas filiados ao PCB, participarem de grupos de esquerda com diferentes linhas programáticas ou terem tido, ao menos, um passado ligado à esquerda. Outros professores, apesar de não serem ligados a nenhum partido ou grupo, foram punidos por possuírem valores de esquerda e pregarem ideias marxistas. Porém, a cultura política dos professores não foi o único fator de perseguição. Houve casos de professores exonerados por condutas consideradas "moralmente desviantes" (como a suspeita de serem homossexuais ou terem relações sexuais com alunos). Outros foram perseguidos por pessoas das próprias universidades por inveja profissional, que aproveitaram o momento para fazer delações infundadas e alcançar cargos importantes, tirando do caminho seus desafetos. Um grupo significativo foi exonerado por ser considerado conivente ou omisso em relação ao movimento estudantil, como já pontuado.

As listas e sugestões de professores que deveriam ser aposentados partiam de diferentes indivíduos, órgãos e setores da ditadura. Dois professores se destacaram nas indicações: Luís Antônio da Gama e Silva, principal responsável pela lista da USP, e Eremildo Vianna, que apontou nomes na UFRJ, principalmente na IFCS. O ministro da educação, Tarso Dutra, também apresentou listas de nomes de docentes a sofrerem a punição e sugeriu que Costa e Silva consultasse o CSN. A Comissão de Investigação Sumária do MEC (CISMEC), a Comissão de Investigação Sumária do Exército (CISEX) e o Centro de Informações da Marinha (CENIMAR) também foram responsáveis pelo acréscimo de outros nomes à lista de punidos.

Alguns dos professores perseguidos foram presos no início de 1969, outros já haviam sido presos nos momentos posteriores ao golpe. O clima de terror estabelecido após o AI-5 fez com que muitos partissem para o exílio e somente voltassem com o início da abertura política ou após a Lei de Anistia de 1979.

As exonerações dos professores não foram as únicas ferramentas utilizadas pela ditadura para controlar e amedrontar o ambiente acadêmico. Muitos professores tiveram financiamentos negados para suas pesquisas e aperfeiçoamentos no exterior, outros eram vetados para assumir cargos de direção no interior das universidades.

O AI-5 também alterou as relações entre a ditadura brasileira e a USAID. O ato foi considerado excessivo e visto como prejudicial para o desenvolvimento da pesquisa e ensino no Brasil por diplomatas e dirigentes universitários dos EUA. Os convênios continuaram até cerca da metade da década de 1970, mas, além de sofrerem uma queda no financiamento, seguiram sendo assinados de forma distinta. A USAID passou a negociar diretamente com as universidades, evitando se relacionar diretamente com o MEC. A mudança da administração estadunidense, que passou para as mãos dos republicanos, também foi fator para que a presença da agência e seus investimentos fossem minguando aos poucos. Os republicanos não eram grandes admiradores da Aliança para o Progresso e suas diretrizes, que investiam em ajuda técnica e financeira para evitar revoluções. Com isso, em 1975, a USAID já era apenas uma sombra do que fora na segunda metade da década de 1960.[54]

Após as cassações do ano de 1969, não ocorreram mais expurgos no ensino superior, a não ser algumas iniciativas isoladas. Os órgãos de vigilância tenderiam mais a evitar a contratação de professores que não eram bem vistos pelo regime do que a atuar sobre os que já estavam dentro das universidades. A vigilância e a repressão continuaram presentes nos anos seguintes, mas a intensa violência do governo Médici, a intensificação da luta armada, o "milagre econômico", entre outros fatores, transformariam as relações entre governo e sociedade, atingindo, consequentemente, as universidades e os docentes.[55]

Se, no Brasil, os anos de 1967 a 1969 foram marcados por manifestações estudantis, discussões e embates sobre a reforma do ensino superior e repressão contra a comunidade universitária dentro e fora das universidades, no Chile, situação similar se deu entre os anos de 1978 e 1981. Porém, em alguns aspectos, resultantes do próprio contexto nacional e internacional, o caminho travado pelos diferentes setores na luta política foi inverso.

54 *Ibidem*, p. 133-138.

55 Sobre a repressão que atingiu as universidades após o AI-5, principalmente no ano de 1969: *Ibidem*, p. 148-184.

O "despertar do movimento estudantil" e a *Ley General de Universidades*

O ano de 1978 foi considerado o "ano do despertar estudantil". Segundo Constable e Valenzuela: "Muito antes que outros atores da sociedade estivessem preparados para desafiar ao mandato autoritário, os estudantes começaram a pressionar contra as restrições da vida universitária regida pelos militares."[56] As manifestações estudantis, no entanto, começaram tímidas nesse ano. A UCh foi a primeira universidade a se manifestar, chamando a atenção da ditadura. No início de setembro de 1978, os estudantes da *Facultad de Derecho* da UCh fizeram uma manifestação em solidariedade aos estudantes nicaraguenses assassinados pela ditadura de Anastasio Somoza em julho daquele ano. Os protestos contagiaram outras unidades acadêmicas, principalmente o *Instituto Pedagógico*, e, aos poucos, as palavras de ordem se voltaram contra a ditadura chilena, condenando a intervenção nas universidades, a falta de liberdade e clamando por uma "*universidad libre, democrática, pluralista*."[57]

As primeiras manifestações ajudaram a fortalecer outros grupos, que misturavam ações culturais e políticas. Em 1977, também na UCh, havia surgido a *Agrupación Cultural Universitaria* (ACU), que disponibilizava cursos de teatro, guitarra e flauta. A partir de 1978, suas ações se tornaram mais frequentes e reuniões políticas eram realizadas juntamente com encontros musicais

---

56 Tradução do autor. No original: "Mucho antes de que otros sectores de la sociedad estuviesen preparados para desafiar al mandato autoritario, los estudiantes comenzaron a presionar en contra de las restricciones de la vida universitaria regida por los militares". CONSTABLE, Pamela; VALENZUELA, Arturo, *op. cit.*, p. 264.

57 MÖNCKEBERG, María Olivia, *op. cit.*, p. 166.

folclóricos, utilizando instrumentos andinos e entoando canções proibidas pelo regime militar, que as considerava subversivas e contrárias aos valores pátrios. À ACU se uniram os *Comités de Participación Estudiantil*, que estimulavam debates sobre a situação do país e das universidades, denunciando o ambiente autoritário estabelecido. Na mesma época surgiram revistas opositoras e clandestinas organizadas por estudantes, como, por exemplo, *Krítica*, *Chispa* e *La Bicicleta*. Essas revistas publicavam textos satíricos, poemas e ensaios políticos.[58]

No exterior, intelectuais exilados fundaram, em 1978, a revista *Araucaria de Chile*, que seria a principal revista cultural de oposição à ditadura pinochetista fora do país.[59] A revista era coordenada pelo dirigente comunista Volodia Teitelboim e editada por Carlos Orellana, que, como já mencionado, foi editor da revista da UTE e um dos presos políticos no *Estadio Chile* e no *Estadio Nacional*. O terceiro número da revista traria um amplo debate acerca da situação das universidades no Chile, com reflexões a respeito das reformas do governo Frei e Allende, críticas ao autoritarismo que atingia o ensino superior na ditadura de Pinochet e denúncias sobre a "fuga de cérebros", acentuada após 1973. Importantes nomes do meio acadêmico e opositores à Pinochet deram o tom do debate organizado por Luis Bocaz, como o ex-reitor da UTE, Enríque Kirberg, o ex-reitor da UdeC, Edgardo Frodden, o ex-vice-reitor da Sede Valparaíso da UCh, Carlos Martínez, os sociólogos Eduardo Contardo e Sergio Spoerer, ex-vice-reitor da Sede Oriente da UCh

58 CONSTABLE, Pamela; VALENZUELA, Arturo, *op. cit.*, p. 264-265; MÖNCKEBERG, María Olivia, *op. cit.*, p. 173-174; VALDIVIA, Verónica. Lecciones de una Revolución: Jaime Guzmán y los gremialistas, 1973-1980. In: VALDIVIA, Verónica (org.). *Su revolución contra nuestra revolución*, p. 84.

59 Um excelente trabalho sobre a revista é SILVA, Êça Pereira da. *Araucaria de Chile (1978-1990): a intelectualidade chilena no exílio*. São Paulo: Alameda, 2014.

e ex-vice-presidente da *Federación de Estudiantes de la Universidad Católica de Valparaíso*, respectivamente, Jacques Chonchol, ex-ministro da UP, e o historiador Hernán Ramírez.[60]

Outro apoio aos estudantes e às universidades veio das pastorais universitárias, criadas entre 1975 e 1976 e que, em 1978, se viram ainda mais envolvidas no trabalho de denúncias de agressões aos direitos humanos no ensino superior, além de serem elas próprias alvos de ataques. As pastorais universitárias seriam um dos principais alvos de vigilância e repressão no início da década de 1980, quando o movimento estudantil se tornou mais aguerrido.[61]

As primeiras manifestações estudantis pós-golpe vieram em um momento complexo para a ditadura chilena. A economia havia se fortalecido e o Chile apresentava altas taxas de crescimento.[62] Porém, a ditadura se encontrava politicamente e internacionalmente isolada. O assassinato de Orlando Letelier em Washington D.C, coração político dos EUA, gerou uma repercussão sem precedentes para a ditadura. Com a ascensão do democrata Jimmy Carter à presidência dos EUA, Pinochet se viu ainda mais acuado e acabou por dissolver, em agosto de 1977, a DINA, que foi substituída pela Central Nacional de Informações (CNI). O líder da DINA, o temido e influente general Manuel Contreras, foi substituído na nova agência pelo general Odlanier Mena, mas continuou sendo uma forte influência no governo de Pinochet. Também em 1977, a Comissão de Direitos Humanos da ONU

60 BOCAZ, Luis. et.al. "La Universidad." *Araucaria de Chile*, Madrid, n. 3, jul. / set. 1981, p. 99-174.

61 MÖNCKEBERG, María Olivia, *op. cit.*, p. 174.

62 CONSTABLE, Pamela; VALENZUELA, Arturo, *op. cit.*, p. 186-191; MUÑOZ, Heraldo, *op. cit.*, p. 101-102.

lançou uma resolução que condenava o Chile de Pinochet pelos graves atentados contra os direitos humanos.[63]

Face à complicada situação, Pinochet tomou algumas medidas em 1978. A primeira delas foi convocar uma consulta popular objetivando conseguir respaldo e apoio político interno frente às condenações da ONU. A votação, que se deu em ambiente de repressão, com prisões de pessoas que fizeram campanha contrária ao governo, foi efetuada no dia 4 de janeiro de 1978. As cédulas continham o seguinte texto:

> Frente à agressão internacional desencadeada contra nossa pátria, respaldo o presidente Pinochet em sua defesa da dignidade do Chile e reafirmo a legitimidade do governo da República para encabeçar o processo de institucionalização do país: Sim – Não.[64]

A opção do sim era acompanhada de uma bandeira chilena e a do não de um quadrado negro. O resultado oficial foi de 75% para o sim e uma suposta aprovação da ditadura, sedimentada em um ambiente de terror.

A segunda medida foi o surpreendente anúncio de anistia para todos os atos criminais cometidos entre 11 de setembro de 1973 e 10 de março de 1978. A *Ley de Amnístia*, promulgada a partir do decreto lei nº 2191, cobria todo o período de Estado de Sítio da ditadura e visava proteger todos os militares e civis da direita que haviam cometido crimes contra os direitos humanos no Chile. A lei só excluía os acusados cujos processos ainda

---

63 *Ibidem*, p. 125-139; STERN, Steve J. *Luchando por mentes y corazones*, p. 190-192.

64 Tradução do autor. No original: "Frente a la agresión internacional desatada en contra de nuestra patria, respaldo al presidente Pinochet en su defensa de la dignidad de Chile y reafirmo la legitimidad del gobierno de la República para encabezar el proceso de institucionalización del país: Sí – No". *Ibidem*, p. 193.

estavam em andamento, os condenados por crimes comuns e os investigados no caso Letelier. No intuito de agradar a comunidade internacional, a lei também abrangia todos os prisioneiros políticos condenados por tribunais militares no período. A ideia era reunificar a pátria por meio do "perdão" e do esquecimento. A lei, que foi redigida às pressas pela ministra da justiça, Mónica Madariaga, continha incongruências técnicas. No entanto, foi imediatamente aprovada pela Junta, sob pressão de Pinochet, que a considerava essencial para acalmar o país e resgatar a imagem do regime no exterior.[65]

Ao longo do ano, o regime seguia com o plano de contingência da crise e de institucionalização da ditadura. Em meados de 1978, o anteprojeto da Comissão Constituinte foi entregue por seu presidente, o conservador Enríque Ortúzar. Nesse documento já se encontrava a mistura do corporativismo de raiz católica tradicionalista e um liberalismo restringido, que seria fortalecido no texto final da Constituição, como já mencionado.[66]

Visando conter as primeiras manifestações estudantis contrárias ao regime, a ditadura chilena buscou criar mais órgãos de caráter estudantil, coordenados sempre por jovens gremialistas. Na UCh, foi criada a *Federación de Centros de Estudiantes de la Universidad de Chile* (Fecech), em setembro de 1978. Na UTE, surgiu o Consejo Superior Estudiantil, também controlado pelos jovens gremialistas. Ambos vieram a se juntar a FEUC, reduto dos gremialistas desde o início da década de 1970. Os órgãos estudantis controlados pelos gremialistas também compuseram as

---

65 *Ibidem*, p. 201.

66 VALDIVIA, Verónica. Lecciones de una Revolución: Jaime Guzmán y los gremialistas, 1973-1980. In: VALDIVIA, Verónica (org.). *Su revolución contra nuestra revolución*, p. 96-98.

Campañas de Invierno e os *Trabajos de Verano*, buscando fortalecer a política do governo de cooptação dos jovens para trabalhos que reforçassem a "*chilenidad*".[67]

O setor jovem da população era considerado estratégico para o apoio à ditadura e sempre que possível eram organizados eventos de relevância que objetivavam estreitar os laços com parte desse grupo. Um dos principais eventos ocorreu em 9 julho de 1977, no chamado ato de Chacarillas, no qual se homenageava 77 militares chilenos mortos na batalha de Concepción em 1881. No ato de 1977, 77 jovens gremialistas desfilaram representando os militares mortos, enquanto outros milhares acompanhavam as homenagens. No evento, Pinochet discursou e anunciou que o regime entraria em uma nova etapa em breve, com uma nova Constituição. O ato também celebrou o segundo aniversário da *Frente Juvenil de Unidad Nacional*, fundada por Jaime Guzmán. A frente seria mais influente que a *Secretaría Nacional de la Juventud* e atuaria de maneira independente do governo, ainda que o apoiando, fortalecendo o *Movimiento Gremial* no campo ideológico. O fato de um anúncio tão relevante ser dado em um evento em que os jovens tinham um papel de destaque demonstra a importância – e a preocupação – dada a eles, principalmente aos estudantes universitários, pela ditadura.[68]

Ao apagar das luzes de 1978, Pinochet, já livre de Leigh, montou seu oitavo gabinete. Gonzalo Vial, escolhido para ser o novo ministro da Educação, seria o responsável por traçar, juntamente com os neoliberais da ODEPLAN, as primeiras linhas

67 *Ibidem*, p. 82-88; MÖNCKEBERG, María Olivia, *op. cit.*, p. 175-179.

68 *Ibidem*, p. 156-157; VALDIVIA, Verónica. Lecciones de una Revolución: Jaime Guzmán y los gremialistas, 1973-1980. In: VALDIVIA, Verónica (org.). *Su revolución contra nuestra revolución*, 91-96.

da reestruturação universitária, que seria planejada com pouquíssimo debate público.[69] Ainda em dezembro de 1978, o decreto nº 571 foi promulgado, criando Conselhos Coordenadores Universitários, que seriam responsáveis pelos primeiros estudos de "regionalização" das universidades.[70] No mesmo mês, foi promulgado o decreto-lei nº 2.438, que fixou as normas de subvenção aos estabelecimentos particulares de educação.[71] Em 27 de fevereiro de 1979, foi regulamentado o decreto lei nº 2438 por meio do decreto nº 154. Estabeleciam-se as obrigações e os financiamentos que seriam recebidos pelos estabelecimentos de ensino. Entre outras questões, apontava-se a impossibilidade de lucro e a limitação das cobranças.[72] Era o início da abertura efetiva da educação chilena ao capital privado.

O documento considerado fundacional sobre a política educacional da ditadura, no entanto, foi a *Directiva Presidencial sobre Educación Nacional.* A *Directiva* foi uma espécie de carta enviada ao ministro da Educação, em março de 1979, em que se delineavam os aspectos fundamentais de como deveria ser construída a educação no Chile. Baseada na *Declaración de Principios* de 1974, a *Directiva* afirmava que o papel de interpretação a respeito da sociedade chilena, sua história e suas perspectivas futuras caberia ao governo. O sistema educacional deveria seguir à risca essa interpretação oficial, em todos os seus níveis, pois só assim se formariam bons cidadãos. O documento também afirmava que a educação superior seria um privilégio e não um direito, e, por isso, aqueles que a desejassem teriam que arcar com os custos. A *Directiva* ressaltava

---

69 MÖNCKEBERG, María Olivia. *La privatización de las universidades*, p. 179-180.

70 Diario Oficial de 13/12/1978, p. 4591 a 4593. Biblioteca Nacional. Santiago.

71 Diario Oficial de 23/12/1978, p. 4729 a 4731. Biblioteca Nacional. Santiago.

72 Diario Oficial de 27/02/1979, p. 763 a 767. Biblioteca Nacional. Santiago.

que a educação deveria ser subordinada ao mercado e que era necessário garantir ao setor privado um espaço ainda maior para a educação de nível médio e técnico profissional, pois isso permitiria adequar os trabalhadores às exigências das empresas. Por fim, cabe destacar também que o documento menciona mais de uma vez a necessidade de "despolitizar" a educação, sendo papel da comunidade colaborar para que isso ocorra.[73]

Em 7 de abril de 1979, foi publicado o decreto-lei nº 785, que designava uma comissão especial para criar um relatório sobre a reestruturação das universidades. A comissão era composta pelo ministro da Educação, Gonzalo Vial, pelo ministro da Fazenda, Sergio de Castro, pelo ministro do Interior, Sérgio Fernández e pelo ministro diretor da ODEPLAN, Miguel Kast. Também compunham a comissão dois advogados, Avelino León e Miguel Schweitzer. Vial criou seis subcomissões, algumas dirigidas ou compostas por professores simpáticos ao regime, como Hernán Larraín e Guillermo Pumpin. A comissão tinha como objetivo final redigir um projeto que "conduzirá a uma universidade livre, despolitizada, renovadora do saber e identificada com a sociedade atual", além de "estimular o ensino privado e dar ferramentas para formar bons trabalhadores, bons cidadãos e bons patriotas."[74]

Enquanto a ditadura chilena buscava dar seguimento ao processo de reforma, novos acontecimentos fizeram com que os protestos da oposição tomassem novas dimensões. Em novem-

73 ECHEVERRÍA, Rafael; HEVIA, Ricardo. "Cambios en el sistema educacional bajo el gobierno militar". *Araucaria de Chile*, Madrid, n. 13, jan. /mar. 1981, p. 46.

74 Diario Oficial de 07/04/1979, p. 1307. Biblioteca Nacional. Santiago; Tradução do autor. No original: "conducirá a uma universidad libre, despolitizada, renovadora del saber e identificada con la sociedad actual" [...] estimular la enseñanza privada y dar herramientas para formar buenos trabajadores, buenos ciudadanos y buenos patriotas". MÖNCKEBERG, María Olivia, *op. cit.*, p. 185.

bro de 1978, foram encontrados os restos mortais de 15 desaparecidos políticos em fornos de uma mina de cal na localidade de Lonquén, na região metropolitana de Santiago. Todos eram camponeses da região de Isla de Maipo, também na região metropolitana de Santiago, e foram torturados e mortos em 1973. A *Vicaría* foi a primeira a ser acionada com a descoberta e o caso ganhou notoriedade por serem as primeiras evidências físicas da política de desaparecimento da ditadura de Pinochet. Houve um julgamento, porém sem condenados, já que os réus estavam sob a proteção da lei da Anistia. Protestos contra os "fornos de Lonquén" se uniram aos dos familiares de outras vítimas do regime (os únicos que de fato aconteciam antes do movimento estudantil começar a se organizar) e aos dos estudantes.

No dia 1º de maio, intensas manifestações ocorreram na capital, com violência generalizada por parte dos *carabineros*. Vários estudantes presos foram também expulsos das universidades por se envolverem em conflitos que iam contra o governo.[75] Em setembro de 1979, o caso de Lonquén voltaria a se tornar uma dor de cabeça para a ditadura. Exigindo o direito de enterrarem os restos mortais de seus entes, os familiares das vítimas, apoiados por mais de 4 mil pessoas, esperaram pela entrega dos restos na Igreja Recoleta Franciscana, onde seria realizada uma missa. Porém, os corpos nunca chegaram. A ossatura foi retirada ilegalmente do Instituto Médico Legal e enviada para uma fossa comum em um cemitério da Isla de Maipo, impedindo a realização da cerimônia e do cortejo. A censura da ditadura não conseguiu impedir que o caso fosse parar nos principais jornais e rádios de oposição.[76]

75 *Ibidem*, p. 188-189 e 200.

76 STERN, Steve J. *Luchando por mentes y corazones*, p. 210-223.

Nas universidades, a oposição também começava a incomodar. A maioria dos decanos da UCh (15 dos 18 que existiam na época) organizaram um documento condenando a reestruturação universitária levada a cabo pela ditadura. As principais críticas eram em relação ao processo de mercantilização do ensino superior e ao estudo de "regionalização" das universidades públicas, que, segundo os decanos, deveriam ser feitos pelas próprias universidades. O documento foi criticado pelo regime e por seus apoiadores, principalmente por professores da UC. Os docentes da UCh, lutando para estabelecer um espaço de livre discussão, criaram, em dezembro de 1979, a *Asociación de Profesionales*, que, posteriormente, transformou-se na *Asociación de Académicos*. Seguindo o exemplo de sua congênere mais antiga, os professores da UTE também criaram sua associação. No meio estudantil, surpreendentemente, a DC conseguiu a vitória em algumas importantes faculdades da UCh, rompendo as estratégias de votação da Fecech, que até então era dominada pelos gremialistas.[77]

As pressões internacionais também se fizeram sentir e, em março de 1979, a ditadura chilena enviou uma longa resposta à UNESCO, negando acusações – feitas no ano anterior – de desrespeito aos direitos humanos e imposição de um clima de terror em todos os níveis de ensino. A carta negava o desaparecimento de pessoas pela ditadura, a censura e o controle de informações, o significativo número de exilados, incluindo centenas de professores e estudantes, além de justificar o processo de privatização que vinha ocorrendo na educação. Especificamente sobre as universidades, a resposta do governo dizia inexistir intervenção militar, e que a presença de reitores delegados era temporária e justificada apenas pelo grau caótico em que se encontravam as instituições

77 MÖNCKEBERG, Maria Olívia, *op. cit.*, p. 182-188.

no período de Allende. Citava ainda a confecção da *Ley General de Universidades*, que, segundo a resposta, normalizaria a situação das universidades. Defendia ainda a política de racionalização efetuada pelo governo no ensino superior e negava a expulsão de alunos e as exonerações de professores por razões políticas.[78]

Ignorando a indisposição de grande parte do meio acadêmico, a comissão da reforma continuava a trabalhar, ao passo que o regime dava pequenas amostras do processo de privatização e mercantilização da educação.[79] O regime militar chileno planejava a refundação do país enquanto sociedade e, para isso, reformular a educação em todos os aspectos era ordem do dia, como mostra Martinez e Garreton:

> Mas há uma segunda lógica, ainda dissimulada, e que se realizará plenamente a partir de 1979 quando se define o modelo educacional do regime militar. Se trata de uma lógica complementária, do tipo "fundacional". Não é simplesmente uma restauração, senão o intento de recriar uma Universidade a partir de traços fundamentais do projeto global de recomposição do capitalismo em sua nova dinâmica na economia mundial e em uma nova ordem político-social. A demanda de tal projeto para a Universidade é muito distinta das planejadas pelos esquemas anteriores de desenvolvimento socioeconômico e político. Agora se trata da adequação de todos os recursos sociais - entre eles a educação e a pesquisa - às forças de mercado, ou seja, às empresas privadas e ao Estado, ou melhor,

78 Cf. Libro 47462 do Ministerio de la Educación Pública. Archivo Nacional de la Administración.

79 Apenas a título de exemplo da nova ótica sobre a educação a partir de decretos-leis, cf. Diario Oficial de 10/05/1979, p. 1704 e 1705; 14/07/1979, p. 2505; 20/10/1979, p. 3626. Biblioteca Nacional. Santiago.

aos grupos que controlam o poder neles. Esta demanda se expressa nas Universidades através da formulação seletiva de elites tecnocráticas, de um determinado tipo de conhecimento ligado às novas atividades econômicas predominantes e do controle cultural dos elementos que compõem a Universidade. Assim, o novo modelo consagra uma Universidade que a partir de um espaço cultural parcialmente crítico e de um mecanismo de reprodução e mobilidade de classes médias, se converte em um campo de controle cultural destas classes e em um lugar de seleção e reprodução de elites tecnocráticas restringidas, que o sistema produtivo e o, agora reduzido, aparato burocrático estatal reivindicam. Assegurar o "ponto de não retorno", sempre indefinido deste deslocamento, é o papel que joga a intervenção militar nas Universidades, análogo ao que joga o poder militar na sociedade global em relação á "nova democracia", que se anuncia oficialmente.[80]

80 Tradução do autor. No original: "Pero hay una segunda lógica, aún larvada, y que se desplegará plenamente a partir de 1979 cuando se defina el modelo educacional del régimen militar. Se trata de una lógica complementaria, de tipo 'fundacional'. No es simplemente una restauración, sino el intento de recrear una Universidad en términos de los rasgos fundamentales del proyecto global de recomposición del capitalismo en su nuevo engarzamiento en la economía mundial y con un nuevo orden político social. La demanda de tal proyecto a la Universidad es muy distinta a la que planteaban los esquemas anteriores de desarrollo socioeconómico y político. Ahora se trata de la adecuación de todos los recursos sociales – entre ellos la educación y la investigación – a las fuerzas del mercado, entiéndase, a las empresas privadas y al Estado, o lo que es lo mismo, a los grupos que controlan el poder en ellos. Esta demanda se expresa en las Universidades a través de la formulación selectiva de élites tecnocráticas, de un determinado tipo de conocimiento ligado a las nuevas actividades económicas predominantes y del control cultural de los elementos que componen la Universidad. Así, el nuevo modelo consagra una Universidad que de espacio cultural parcialmente crítico y de un mecanismo de reproducción y movilidad de capas medias, se convierte en un campo de control cultural de estas capas y

O ano de 1980 foi um marco para a ditadura chilena. Não apenas foi o ano em que o regime finalmente institucionalizou sua autoritária nova democracia através da Constituição, como foi o ano em que a *Ley General de Universidades* foi apresentada à sociedade. Porém, também foi um ano marcado por confrontações com a ditadura dentro e fora das universidades.

O ano da Constituição já se iniciara com a saída de Gonzalo Vial, considerado moderado, do Ministério da Educação e com a nomeação de Alfredo Prieto Bafalluy para o cargo. O novo ministro daria continuidade aos estudos da *Ley General* e também teria que lidar com o crescente problema estudantil.

Já em janeiro, dois reitores seriam substituídos por conta da crescente "politização" das universidades. Na *Universidad del Norte*, o reitor delegado, coronel Jaime Oviedo Cavada, seria substituído pelo contralmirante Jorge Alberto Alarcón Johnson. Na UdeC, o coronel do exército Heinrich Rochna Viola seria substituído pelo major do exército Guillermo Clericus, o mesmo professor da UTE que havia torturado os colegas na reitoria.[81] A ideia era colocar as universidades sob comando de reitores delegados mais afinados com a linha dura do regime. Clericus seria, mais uma vez, conhecido por suas atitudes autoritárias, dessa vez em Concepción. Apenas em 1980, quase cem professores foram exonerados – entre

---

en un lugar de selección y reproducción de élites tecnocráticas restringidas que el sistema productivo y el ahora reducido aparato burocrático estatal reclaman. Asegurar el 'punto de no retorno', siempre indefinible de este desplazamiento, es el papel que juega la intervención militar en las Universidades, análogo al que juega el poder militar en la sociedad global en relación a la 'nueva democracia' que se anuncia oficialmente". GARRETON, Manuel Antonio; MARTINEZ, Javier. *Universidades chilenas*, p. 108-109.

81 Diario Oficial de 15/01/1980, p. 164; 17/01/1980, p. 204-205. Biblioteca Nacional. Santiago.

eles o ex-ministro de Allende, do Partido Radical, e professor de direito, Manuel Sanhueza –, o *campus* da UdeC foi ainda mais vigiado e dezenas de alunos foram expulsos. O mesmo ocorreu com a *Universidad del Norte*, onde cerca de 60 professores foram demitidos. Na UACh, a demissão do destacado filósofo Jorge Millas, defensor da liberdade de expressão e crítico da situação universitária, causou alvoroço tão grande que o reitor delegado, general Pedro Palacios Cameron, voltou atrás e o reincorporou como professor, porém sem os cargos de direção que possuía. Em outras universidades também ocorreram demissões de professores, principalmente dos mais críticos ao regime. Nem a preferida do governo, a UC, escapou da onda demissionária que se intensificou em 1980.[82] Como bem apontado por Ignacio González:

> A missão dos anos 1980 consistiria em limpar as universidades daquelas pessoas – tanto docentes como alunos – proclives à política que não foram expulsos antes. Se estimou que a investida da "mão dura" não implicaria um custo político impossível de suportar.[83]

O clima de maior repressão foi acompanhado pelo surgimento de novas organizações de estudantes e de professores. A resistência à política universitária do regime encontrava mais forças em organizações como essas. Em 1980, ressurgiu a *Federación de Estudiantes de la Universidad de Chile* (FECH), fechada des-

82 MÖNCKEBERG, María Olivia, *op. cit.*, p. 205-209.

83 Tradução do autor. No original: "La misión del '80 consistiría en limpiar las universidades de aquellos personeros – tanto docentes como alumnos – proclives a la política que no resultaron marginados antes. Se estimó que la aplicación de 'mano dura' no implicaría un costo político imposible de sobrellevar". Universidades, otra etapa dura. *Hoy*, n. 132. Edição de 30/01 a 05/02/1980. Apud *Ibidem*, p. 208.

de o golpe. Outras organizações foram ressurgindo a partir do exemplo da FECH. Os professores e ex-professores de várias universidades criaram a *Asociación Universitaria y Cultural Andrés Bello*, que organizava assembleias e apresentava um pensamento universitário dissidente do oficial defendido pelo governo. O seu primeiro presidente foi justamente o filósofo Jorge Millas.[84]

No *front* externo, as denúncias de demissões massivas geravam indignações e protestos de universidades estrangeiras. Em carta dirigida ao ministro Pietro, o professor Philip Siekevitz, da *Rockefeller University*, condenou duramente a demissão de mais de 70 professores de quatro universidades chilenas no início de 1980. O professor estadunidense afirmava que as demissões tinham caráter estritamente político e atentava para a relevância internacional dos professores demitidos em suas áreas de pesquisa. O professor lembrava ainda que as demissões não eram bem vistas pela comunidade internacional e arrematava dizendo que, se o ministro tivesse qualquer senso de decência, valor, integridade e responsabilidade pelo futuro da educação no Chile, era necessário e possível reverter essas exonerações e pedir desculpas aos professores e às universidades afetadas.[85] Não se encontrou nos arquivos a resposta à carta de Siekevitz, mas dada a continuidade da política de exoneração, os apelos do acadêmico não tiveram muito efeito.

Não é possível falar de todas as organizações e grupos de oposição que surgiram no Chile nesse período, porém cabe salientar que apesar do avanço da institucionalização do regime, a sociedade civil procurava se organizar e lutar contra os abusos cotidianos. Em 1980, Fabiola Letelier, irmã de Orlando Letelier, fundou o *Comité de Defensa de los Derechos del Pueblo* (Codepu), que se juntou à

---

84 *Ibidem*, p. 181 e 209.

85 Cf. Libro 47463 do Ministerio de la Educación Pública. Archivo Nacional de la Administración.

já existente *Comisión Chilena de Derechos Humanos*, fundada em 1978. Ambas as organizações, que eram de caráter laico, se uniram a *Vicaría*, porém efetuando um trabalho ainda mais abrangente e frontal, com a presença de militantes entre seus membros.[86]

Paralelamente, os antigos partidos de esquerda e a DC voltavam a atuar mais abertamente no Chile, cada qual com sua estratégia para derrotar a ditadura. O MIR e o PC apostaram na luta armada. O primeiro chegou a instalar guerrilhas de modelo foquista em duas regiões no sul do Chile. Elas foram destruídas pela ditadura quando ainda eram incipientes e muitos dos seus integrantes foram assassinados. O PC, atuando também na clandestinidade, seria responsável por famosas ações armadas ao longo da década de 1980 por meio de seu braço armado, a *Frente Patriótico Manuel Rodríguez* (FPMR). O PS se dividiria e parte dele se colocaria ao lado da DC em busca da derrubada da ditadura pelas vias institucionais, condenando as ações armadas. As discussões e ações dos partidos políticos de oposição são muito complexas para serem apresentadas aqui. O que se busca mostrar é que a sociedade civil chilena, principalmente a partir de 1980, estava aumentando seu grau de participação e mobilização contra a ditadura. Tudo isso não impediu, no entanto, que Pinochet levasse a cabo os planos de impor uma nova Constituição.[87]

Em meio a protestos e prisões, Pinochet convocou um plebiscito para o dia 11 de setembro de 1980 para ratificar a

---

86 STERN, Steve J. *Luchando por mentes y corazones*, p. 266-270.

87 STERN, Steve J. *Luchando por mentes y corazones*, p. 256-266; PINTO, Julio. ¿Y la historia les dio razón? El MIR en Dictadura. In: VALDIVIA, Verónica (org.). *Su revolución contra nuestra revolución*, p. 153-205; ÁLVAREZ, Rolando. ¿La noche del exílio? Los orígenes de la rebelión popular en el Partido Comunista de Chile. In: VALDIVIA, Verónica (org.). *Su revolución contra nuestra revolución* p. 101-152.

Constituição. A Carta, como já mencionado, possuía elementos neoliberais e corporativistas, permeada por vários elementos autoritários. A Constituição previa que Pinochet ficaria no poder por mais oito anos, sendo que após esse período um plebiscito seria feito com a indicação, pela junta, de um candidato (evidentemente, Pinochet) para continuar governando o país por mais oito anos. Caso o "não" ganhasse, Pinochet ficaria mais um ano no governo e eleições presidenciais seriam convocadas em 1989. Se o "sim" ganhasse, as eleições só seriam realizadas em 1997. O Senado estabelecido pela Carta era em grande parte indicado, criava-se um Conselho Nacional de Segurança controlado pelos militares, o presidente da República não poderia afastar comandantes em Chefe das Forças Armadas e a possibilidade de alterá-la era extremamente complicada.[88]

A única manifestação da oposição permitida pela ditadura foi um comício em um lugar fechado, no dia 27 de agosto, no teatro Caupolicán, em que o principal orador foi o ex-presidente Eduardo Frei. Antes apoiador do golpe, Frei havia se transformado na principal liderança civil da oposição. No interior do teatro, cerca de dez mil pessoas acompanharam os discursos. Do lado de fora, milhares de pessoas davam suporte ao ato político. Ao final do evento da oposição, houve confronto entre os *carabineros* e os que acompanhavam o comício.[89]

Após a aprovação da Constituição, com 67% dos votos favoráveis e várias denúncias de fraudes, o clima político no país esquentou ainda mais. Protestos contra a Constituição se somaram aos que condenavam a reforma universitária e a repressão do regime. Na *Facultad de Filosofía y Educación* da UCh, protestos

---

88 MUÑOZ, Heraldo, *op. cit.*, p. 157.

89 *Ibidem*, p. 158; MÖNCKEBERG, María Olivia, *op. cit.*, p. 213.

explodiram, em novembro, devido à expulsão de 30 alunos. Os protestos da UCh vinham após outros protestos terem ocorrido na *Universidad Técnica Santa Maria*, onde o reitor delegado, o almirante Ismael Huerta, havia expulsado vários estudantes membros da federação de estudantes. No geral, as justificativas para as expulsões dos estudantes continuavam as mesmas, ou seja, envolvimento em "atividades impróprias" para o meio universitário. Na UTE e na UCh, os estudantes passaram a sofrer controles na própria entrada do *campus*, sendo necessário a apresentação de um crachá para acessar o local.[90]

Os meses finais de 1980, especialmente novembro e dezembro, foram marcados por fortes conflitos e muita repressão. Dois estudantes da UTE foram sequestrados e um estudante da UCh foi assassinado. Os conflitos com os policiais no interior de várias universidades continuaram atingindo estudantes e professores. Aterrorizar e limpar as universidades dos "subversivos" eram os comandos para manter a ordem quando a *Ley General* fosse lançada, como revela Mönckeberg:

> Por aqueles dias, a "via repressiva" assumia diversas formas: professores exonerados, restrições à liberdade de cátedra, listas negras e fechamento de escolas. Para os estudantes, "o garrote" se expressava em castigos que iam desde a suspensão das aulas até a relegação, já convertida em método habitual, enquanto as listas de nomes de demitidos aumentavam. Limpar outra vez o caminho era a ordem do dia. O governo buscava evitar os protestos ante as mudanças profundas que implicaria a nova legislação.[91]

---

90 MANSILLA, Luis Alberto; PIZARRO, Raul. "Tempestad en las universidades". *Araucaria de Chile*, Madrid, n. 13, jan. /mar. 1981, p. 11.

91 Tradução do autor. No original: "Por aquellos dias, la 'via represiva' tomaba diversas formas: profesores exonerados, restricciones a la libertad de cátedra,

Ao final de 1980, Pinochet começou a promulgar a *Ley General de Universidades.* A lei foi dividida em cinco partes (*Decretos con Fuerza de Ley*- DFL) e publicada entre 31 de dezembro de 1980 e 16 de fevereiro de 1981. A *Ley General* foi montada de modo a fazer da educação superior um bem de consumo, mas buscava também repensar, a partir de um esquema mercadológico e autoritário, a ideia de universidade.

O DFL nº 1 buscava apontar as funções e objetivos das universidades e definir a ideia de autonomia universitária. Focando fortemente na questão econômica, a lei ressaltava em um de seus artigos que a autonomia universitária não incluía a permissão de atividades de cunho político ou ideológico, considerando-as perturbadoras das atividades universitárias. Na mesma lei, apresentando um caráter extremamente elitista e segregador, definiam-se apenas doze carreiras profissionais como exclusivamente universitárias: advogado, arquiteto, bioquímico, dentista, engenheiro agrônomo, engenheiro civil, engenheiro comercial, engenheiro florestal, médico cirurgião, médico veterinário, psicólogo e químico farmacêutico. Ficava aberta a possibilidade para que os cursos não incluídos na lista pudessem ser oferecidos a nível universitário. A lei também versava sobre o papel do Ministério da Educação de autorizar a criação de novas universidades ou de dissolver universidades existentes que não seguissem as diretrizes da lei. Uma delas mostra o caráter autoritário da legislação uni-

listas negras y clausuras de escuelas. Para los estudiantes 'el garrote', se expresaba en castigos que iban desde la suspensión de clases hasta la relegación, ya convertida en método habitual, mientras las nóminas de expulsados aumentaban. Limpiar otra vez el camino era la orden del día. El gobierno buscaba evitar las protestas ante los cambios profundos que implicaría la nueva legislación". MÖNCKEBERG, María Olivia, *op. cit.*, p. 196.

versitária: era proibido o direito a voto dos estudantes e funcionários em questões administrativas e de gestão.

Os DFL nº 2 e 3 versavam sobre a reestruturação e a possibilidade de fragmentação das universidades e sobre a remuneração de seus funcionários e professores. Os dois DFL, apesar de abarcarem todas as universidades, tratavam mais especificamente das duas estatais nacionais, que possuíam *campi* em todo o país. A fragmentação das universidades públicas será mostrada a partir do caso da UTE no próximo capítulo.

O DFL nº 4 trazia outro ponto extremamente relevante e polêmico sobre o novo modelo universitário: o seu financiamento. As universidades existentes receberiam financiamento de três maneiras. Um seria pelo *Aporte Fiscal Direto* (AFD), uma espécie de financiamento pelo Estado. Segundo a lei, o financiamento iria diminuindo com os anos, sendo sempre uma porcentagem menor do que foi do ano de 1980, com exceção de 1981, quando as universidades receberiam o mesmo do ano anterior. Em 1982, as universidades receberiam 90% do que receberam em 1980, 75% em 1983, 60% em 1984, 50% em 1985, com as respectivas correções monetárias. A partir de 1985, o valor se estabilizaria em 50% de 1980. Posteriormente, essa lei foi ligeiramente modificada, já que do total de dinheiro recebido por esse sistema, 5% seria distribuído de acordo com o desempenho (publicações, projetos, número de pós-graduações) das universidades públicas ou privadas tradicionais. A outra maneira de financiamento seria pelo *Aporte Fiscal Indireto* (AFI), em que as universidades que recebessem os vinte mil melhores alunos classificados na *Prueba de Aptitud Académica* (esse número seria modificado ao longo dos anos e a prova passaria a se chamar *Prueba de Selección Universitaria*-PSU) captariam do Estado recursos por aluno ingressado. Por fim, o restante do capital para manutenção das universidades viria dos próprios alunos. Aqueles que não pudessem arcar com a universidade poderiam solicitar empréstimos ao Estado a partir das universidades escolhidas, que receberiam o montante, chamado de *crédito fiscal universitario.* O aluno passaria a partir daí a ser devedor do Estado.

Por fim, o DFL nº 5 tratava dos *Institutos Profesionales*, responsáveis pela educação superior chamada de "não universitária" – ou seja, aquelas não incluídas no DFL nº 1 – e que também poderiam ofertar cursos técnicos, o que os neoliberais acreditavam ser de suma importância para o empresariado. Eles seriam pagos, assim como as novas universidades que surgiriam. Os recursos, nesses casos, seriam provenientes exclusivamente dos alunos.[92]

Assim como no caso do Brasil, o objetivo aqui não é analisar em profundidade a reforma universitária chilena, mas compreender a repressão ocorrida, principalmente contra os professores em meio ao contexto de reestruturação universitária. A reforma da ditadura pinochetista gerou uma série de críticas na comunidade universitária e em toda sociedade. Com o objetivo de esclarecer eventuais dúvidas e reafirmar o autoritarismo da nova legislação educacional universitária, o governo publicou, em fevereiro de 1981, um documento com a *Ley General de Universidades*, seguido de comunicados do Ministério do Interior e do Ministério da Educação com explicações a respeito da política universitária do "Supremo Governo".

O comunicado do Ministério do Interior tentou explicar a complexidade da nova lei e, devido a isso, a necessidade de dividi-la em cinco seções. O texto defendia uma visão estritamente meritocrática do ensino superior, exaltava que a reestruturação

---

92 Diario Oficial de 31/12/1980, p. 5344 e 5345; 03/01/1981, p. 26-27; 07/01/1981, p. 74; 20/01/1981, p. 306 e 307; 16/02/1981, p. 916. Biblioteca Nacional. Santiago.

universitária e o surgimento de universidades particulares iriam aumentar a qualidade das instituições e torná-las ainda mais competitivas frente às outras universidades do mundo. O texto também criticava o slogan "demagógico" do governo Allende de "*Universidad para todos*", a politização crescente que vinha atingindo o mundo acadêmico, desviando os estudantes de sua verdadeira condição, a reforma universitária ocorrida no governo de Frei e Allende, entre outros aspectos. O texto é repetitivo e visa explicar passo a passo os pontos da *Ley General de Universidades.* Entre várias explicações dadas, vale ressaltar o constante rechaço ao que é chamado de "doutrinamento ideológico" e a defesa de um ensino superior pautado pelas leis do mercado.[93] Diferentemente do longo comunicado do Ministério do Interior, o comunicado do Ministério da Educação focava na criação dos *Institutos Profesionales* (IP), fundamentais para o regime em sua ânsia de atender aos desejos do mercado. Os IP eram mais fáceis de serem criados e aprovados que as universidades, além de atenderem às demandas do empresariado, que apostavam suas fichas em uma educação menos crítica, mais dinâmica e também técnica.[94]

Apesar da imposição da ditadura pinochetista de toda uma nova legislação, os anos imediatamente posteriores à chamada institucionalização do regime foram de confrontos cada vez mais evidentes, inflamados por uma forte crise econômica. O modelo neoliberal se mostrou incapaz de manter uma estabilidade baseada na livre concorrência por si só. Por volta de 1982, o Estado chileno

93 Secretaria General; Consejo de Rectores Universidades Chilenas. Declaración del Ministerio del Interior sobre Nueva Legislación Universitaria. In: Nueva Legislación Universitaria Chilena, p. 33-56.

94 Secretaria General; Consejo de Rectores Universidades Chilenas. Declaración del Ministerio de Educación Pública sobre normas de Institutos Profesionales. In: Nueva Legislación Universitaria Chilena, p. 57-59.

se viu obrigado a intervir fortemente no sistema financeiro. O ano de 1981 já havia mostrado um declínio econômico, que foi acompanhado por conflitos nas universidades e nas ruas. Professores continuaram a ser exonerados, principalmente nos anos de 1981 e 1982, porém, a ditadura passou a ter que enfrentar uma mobilização social cada vez mais intensa. Como se sabe, 1983 seria considerado o ano dos primeiros protestos massivos de relevância nacional contra a ditadura de Pinochet. A partir daí, mesmo com uma recuperação econômica ao final da década, a ditadura pinochetista se enfraqueceu. A década de 1980 marcou um novo momento na relação entre Estado e sociedade, o que também vai atingir as universidades e, consequentemente, os docentes.[95]

Os caminhos opostos das reformas e dos movimentos estudantis no Brasil e no Chile

Assim como no primeiro capítulo, o objetivo nesta parte do estudo foi contextualizar como os movimentos estudantis e as reformas universitárias estiveram intrinsecamente relacionadas com o novo ciclo repressivo que atingiu as universidades e, consequentemente, os docentes. O envolvimento com o movimento estudantil e as lutas por uma universidade melhor serviram como justificativa para a repressão e somaram-se ao fator ideológico e político, sempre presente no imaginário militar.

O movimento de insatisfação contra a ditadura nos dois países seguiu caminhos opostos. Enquanto no Brasil, pouco tempo após o golpe de 1964, o movimento estudantil já começou a se reorganizar e a travar batalhas quase que diárias com a ditadura, no Chile, um longo silêncio, imposto por uma implacável repressão,

---

95 MUNÕZ, Heraldo, *op. cit.*, p. 159-192; STERN, Steve J. *Luchando por mentes y corazones*, p. 255-295.

ocorreu após o golpe de 1973. Somente a partir de 1978, o movimento estudantil começou a questionar a ditadura militar chilena abertamente, ainda que timidamente. A partir da década de 1980, a ditadura militar, já com sua autoritária Constituição, começou a enfrentar os primeiros grandes protestos de rua. No Brasil, ocorreu o contrário. O governo de Costa e Silva, sob a promessa de maior diálogo com a sociedade, foi o responsável pelo endurecimento do regime e a imposição de um longo silêncio, desafiado, apenas, por poucos setores da sociedade e pelos grupos de esquerda armada, que serão massacrados nos anos imediatos pós-AI-5.

Deve-se ter em conta que o silêncio imposto pelas ditaduras nunca é total, mesmo nos momentos de maior repressão. A insatisfação contra os regimes autoritários e os planos para derrotá-los sempre permanecem presentes, ainda que em menor medida nos momentos de ápice da política de terror do Estado.

O tipo de reforma universitária desenvolvida por ambos os países é outro aspecto que deve ser levado em consideração, juntamente com o movimento estudantil. No Chile, a reforma universitária foi voltada para um desmantelamento das universidades, principalmente dos cursos das áreas de humanas – considerados os mais críticos e "subversivos" – e para uma submissão às regras mercantilistas. A ditadura chilena passou a investir cada vez menos nas universidades, obrigando-as a reduzirem gastos e a buscarem outras formas de financiamento antes mesmo da implantação da *Ley General de Universidades.* Com a promulgação da lei, oficializou-se o sistema neoliberal na educação. A partir da década de 1980, universidades particulares começaram a surgir. Mais do que uma isolada reforma universitária, o plano da ditadura de Pinochet era "refundar a nação" em aspectos essenciais, de maneira profunda e permanente, e a reestruturação do ensino superior era um dos pontos chaves para que isso ocorresse. O neoliberalismo que se utilizou do Chile como laboratório de experimentação precisava ser implantado em setores chaves da sociedade. A educação era, talvez, o mais importante desses setores, pois possibilitava a conquista de mentes e corações pela ditadura. Não foi à toa que a *Ley General de Universidades* veio quase que acompanhada da nova Constituição, apenas alguns meses depois.

No Brasil, a ditadura começou a investir, principalmente a partir do ano de 1968, massivamente nas universidades públicas, que continuaram gratuitas e os principais focos de atenção do governo no que tange ao ensino superior. Isso não significou, no entanto, que grandes investimentos e subsídios não foram concedidos às instituições privadas. Pelo contrário, durante a ditadura brasileira houve um crescimento exponencial do setor educacional privado, que ocorreu por diversas razões que não cabem ser tratadas aqui.[96] Porém, como evidenciado, não houve um abandono das universidades públicas, como aconteceu no caso chileno. A influência dos liberais, no caso brasileiro, encontrou um limite com os nacionalistas desenvolvimentistas.

O próximo capítulo analisará como ocorreu um segundo ciclo repressivo contra os professores da UFMG e da UTE de maneira mais específica. As duas universidades tiveram relevante papel e/ou foram fortemente impactadas pela reforma universitária ocorrida em meio às manifestações estudantis que desafiaram as duas ditaduras.

---

96 MOTTA, Rodrigo Patto Sá. *As universidades e o regime militar*, p. 249.

IV. Silenciando as vozes dissidentes: a repressão contra os professores na UFMG e na UTE em meio à reestruturação

Os docentes da UFMG e da UTE foram atingidos, algumas vezes de maneira igual, muitas vezes de maneira distinta, pela repressão inicial das ditaduras de seus respectivos países. Passada a primeira tormenta, um novo momento repressivo surgiria gradualmente. No Brasil, de maneira mais pontual com a decretação do AI-5, que implicou em forte repressão contra o meio docente em 1969. No Chile, de maneira esparsa, mas igualmente dura, principalmente nos anos de 1980 e 1981.

No caso brasileiro, o movimento de contestação, em variadas frentes, veio pouco tempo depois do golpe de 1964. O movimento estudantil, sem dúvida alguma, foi a frente de contestação à ditadura mais poderosa dos quatro primeiros anos. A UFMG e seu movimento estudantil participaram ativamente desse momento. E os docentes se viram no olho do furacão, deliberadamente ou não. Como será reforçado adiante, os modelos de reforma universitária e de movimento estudantil eram facilmente notados na UFMG, e isso gerou implicações à universidade mineira, principalmente após o AI-5.

No caso chileno, a repressão inicial fez com que os primeiros movimentos de combate à ditadura demorassem a se erguer. Inicialmente, com o apoio de setores da Igreja, as poucas vozes que acusavam o regime de Pinochet vinham dos familiares dos mortos e desaparecidos políticos. Em 1978, o movimento estudantil começou a entrar em cena a partir de uma nova geração de jovens. Aos poucos, o movimento foi crescendo, ganhando lugar de destaque nas denúncias contra a ditadura chilena. A UTE também se destacou nesse novo momento. Considerada uma das universidades mais "esquerdistas", o movimento estudantil se organizou e contou com o apoio de vários docentes, descontentes com a reforma neoliberal que começava a se efetivar. Mais uma vez o braço repressivo do regime se fez sentir, ocasionando um clima de terror na universidade e demitindo vários professores, como será evidenciado a seguir. No entanto, ao contrário do Brasil, a fase mais violenta do regime já havia ficado para trás e os novos movimentos políticos e sociais começaram, aos poucos, a se organizar para tentar derrubar a ditadura de Pinochet.

A reforma universitária na UFMG e o controle da ditadura sobre os docentes

Superada a fase repressiva inicial que atingiu a UFMG, principalmente em 1964, o reitor Aluísio Pimenta pôde dar continuidade ao projeto de reforma, sua medular plataforma de eleição. O principal exemplo para as autoridades da universidade mineira era a UnB, fundada sob a perspectiva liberal e engajada defendida por Darcy Ribeiro. A universidade, segundo Pimenta, tinha uma responsabilidade com a comunidade e a maneira mais eficaz de fazer valer essa conexão seria investindo e incentivando os três pilares da instituição: ensino, pesquisa e extensão. Para corrigir as falhas, encontradas nos três pilares, e fortalecer a universidade era preciso efetuar uma reforma.[1]

Adiantando-se – e, em alguns aspectos, servindo como exemplo – às leis nº 53, nº 252 e nº 5540, a UFMG efetuou diversas mudanças em sua estrutura. Ao final de 1964, o Conselho

1 CUNHA, Luiz Antônio. *A universidade reformanda*, p. 98-102; PIMENTA, Aluísio, *op. cit.*, p. 27 e 43-51.

Universitário concedeu mais poderes à Reitoria, principalmente em questões orçamentárias. A centralização do poder na universidade era primordial para dar andamento à reforma e para diminuir os excessivos abusos de algumas unidades universitárias, principalmente das faculdades tradicionais. Durante a administração de Pimenta, principalmente em 1966, foram criados a Coordenação de Extensão Universitária, a Coordenação de Graduação, o Conselho de Pesquisas, a Comissão de Planejamento e Desenvolvimento, a Coordenação do Setor Estudantil, o Conselho de Pós-Graduação, a Coordenação do Setor Especializado e a Coordenação do Setor de Bibliotecas (no mesmo ano foi criada a Biblioteca Central). Todos esses órgãos faziam parte da coordenação central e estavam reunidos sob a direção do Conselho Auxiliar de Assessoramento. Esses órgãos eram fundamentais para transformar a UFMG em um todo coerente e não apenas em um amontoado de faculdades isoladas que não se conectavam entre si.[2]

A ideia de um vestibular unificado também foi lançada em 1966, sofrendo oposição de certas faculdades, como a Faculdade de Medicina. Apesar de não aplicado imediatamente para toda a universidade no ano seguinte, não tardaria para que o vestibular unificado fosse implantado, reforçado pelas próprias diretrizes nacionais, que o apoiavam.[3]

No início de 1966, foi criado o Centro de Coordenação dos Institutos Centrais. O Centro ajudaria a estabelecer e a organizar os Institutos Centrais, uma das principais reestruturações da UFMG. Os Institutos Centrais visavam reunir em unidades específicas os ciclos básicos de diferentes cursos. As mudanças advin-

2 *Ibidem*, p. 69-83; Arquivo AESI/UFMG: Caixa 5, maço 17.

3 CUNHA, Luiz Antônio. *A universidade reformanda*, p.115.

das trariam uma economia considerável. A ótica modernizadora da universidade buscava uma racionalização econômica e, com a criação dos institutos, os laboratórios, equipamentos e pessoal especializado estariam reunidos em um mesmo local. Além disso, seria eliminada a duplicação de meios para fins idênticos. Reunindo os ciclos básicos nesses institutos, as demais disciplinas integrariam as escolas e as faculdades profissionais.

Seguindo ainda pela ótica racionalizadora, alguns institutos com áreas afins teriam todo o seu ciclo básico ministrado no mesmo pavilhão, como ocorreu com os Institutos de Física, Química e Matemática, os primeiros a irem para o *campus* em construção na Pampulha. As outras atividades – graduação, pós-graduação e pesquisa avançada – seriam desenvolvidas em prédios próprios, próximos ao pavilhão central. Além da economia, essa junção facilitaria no deslocamento dos estudantes, proporcionaria maior interação universitária e uma melhor divisão social do trabalho.

Além dos institutos de ciências exatas, foram planejados os Institutos Centrais de Ciências Biológicas, de Geociências, de Ciências Humanas, de Letras e o de Filosofia. O Centro de Coordenação dos Institutos seria responsável pelo sucesso da integração entre os institutos. Foram planejadas ainda três faculdades: Educação, Comunicação e Artes Visuais. Cabe destacar que antes da criação de todos esses institutos e faculdades, havia sido criado o Colégio Universitário, integrando o ensino secundário ao ambiente universitário. O Colégio Universitário, em funcionamento desde o primeiro semestre de 1965, era considerado por Pimenta como a semente da reforma.

Todas essas reestruturações estavam presentes no Plano de Reforma da UFMG, mas nem todas foram concretizadas. O estatuto de novembro de 1968 alterou vários aspectos do plano. Mantiveram-se os institutos centrais de Ciências Biológicas e de

Geociências, porém os de Física, Matemática e Química foram integrados em um Instituto de Ciências Exatas. O Instituto de Filosofia e o de Ciências Humanas permaneceram como Faculdade de Filosofia e Ciências Humanas. O mesmo ocorreu com o Instituto de Letras, que virou Faculdade de Letras. A Faculdade de Artes Visuais continuou como Faculdade de Belas Artes, e a Faculdade de Comunicação não vingou. A Faculdade de Educação foi estabelecida conforme o plano. Apesar dessas diferenças, a reforma da UFMG conseguiu centralizar sua administração, mantendo os órgãos vinculados à reitoria, implantou a departamentalização e o sistema de créditos com mais agilidade que a maioria das universidades tradicionais do país e, dessa maneira, teve maior facilidade em vencer a indisposição dos catedráticos conservadores contrários às mudanças. A existência de um significativo corpo docente favorável à reforma universitária e que possuía relativa capacidade de comunicação com um aguerrido movimento estudantil colaborou para que a UFMG a implementasse antes das outras. Essas mesmas características causariam desconfiança e a reação dos órgãos de vigilância e repressão.[4]

O período de Aluísio Pimenta frente à reitoria terminou no início de 1967. O novo reitor, Gerson Boson, teria a responsabilidade de dar andamento à reforma durante o período de mais conflitos entre a ditadura e o movimento estudantil. Para agravar a situação, a crise financeira atingia as universidades e a UFMG passava por dificuldades orçamentárias. Em comunicação efetuada com o SNI, que buscava se informar sobre a situação econômica da UFMG, Boson explanava sobre o *déficit* orçamentário e a lentidão do governo em repassar as verbas. A crise financeira afetava não somente o desenvolvimento da reforma, como também a assis-

4 *Ibidem*, p. 116-124; PIMENTA, Aluísio, *op. cit.*, p. 51-69.

tência estudantil, responsabilidade do órgão chamado *Assistência Universitária Mendes Pimentel*. A preocupação com os estudantes e com a possibilidade do aumento de manifestações se mostrou evidente no documento enviado por Gilberto Pessoa, chefe da agência de Belo Horizonte do SNI. O documento, que é datado de agosto de 1967, revela essa apreensão, não sem razão. O ano de 1967 estava revelando uma crescente radicalização do movimento estudantil em todo o país e a UFMG possuía um dos mais – se não o mais – organizados movimentos estudantis do país.[5]

A atuação do movimento estudantil afetava os docentes da UFMG, acusados algumas vezes pelos órgãos de repressão como complacentes com a "agitação estudantil". O ano de 1968 traria o ápice das manifestações e, consequentemente, o aumento da responsabilização dos professores. Os sinais dessa responsabilização, no entanto, já eram evidentes em 1967.

Os professores continuavam a ser vigiados e pressionados em relação aos seus posicionamentos políticos. Em março de 1967, o comandante da 4ª Região Militar questionou o reitor a respeito da contratação de professores, indiciados em IPM, pela Escola de Belas Artes. Um dos nomes era o de Maciev Babinski, que havia sido demitido da UnB. O outro era de Jessé Guimarães de Brito, que era ligado à Faculdade de Arquitetura antes do início da reforma. Brito possuía ficha no DOPS e era suspeito de ter ligações com a AP. O questionamento foi encaminhado a Haroldo Mattos, diretor da Escola de Belas Artes, que tratou de esclarecer e contornar a situação, alegando que nenhum professor havia sido contratado e que os nomes apenas foram encaminhados à reitoria para análise. Além do mais, no

5 Arquivo AESI/UFMG: Caixa 5, maço 15.

caso de Brito, o professor já pertencia à instituição, não havendo motivos para a desconfiança.[6]

As viagens internacionais dos professores também eram monitoradas pela ditadura. Viagens a países do bloco soviético eram sempre vistas com desconfiança, independente da área e da importância do pesquisador. Na documentação da AESI, uma carta da Escola de Engenharia, endereçada ao reitor da Universidade de Moscou, solicitava ajuda financeira a um professor do curso de Engenharia Elétrica para visitar a renomada instituição. Não há outros documentos a respeito dessa viagem, mas apenas o fato da carta se encontrar na documentação do órgão de vigilância já mostra o controle que a ditadura buscava exercer sobre as viagens.[7] Em outra documentação, esse controle se torna evidente. O SNI solicitava a relação de todos os professores da UFMG que se encontravam fora do país ou estavam em vias de ir para o exterior. Pedia-se também informações sobre quais países e instituições os docentes estavam, a duração e o motivo da visita.[8]

Como já mencionado, no entanto, a principal pressão exercida pelos órgãos de vigilância e repressão contra os professores se relacionava com o movimento estudantil. A ditadura questionava e criticava a todo o momento a atuação dos estudantes no interior das universidades. Um dos maiores incômodos eram os cartazes afixados e os jornais estudantis de cunho subversivo que circulavam por toda a UFMG. As publicações e os cartazes denunciavam a violência e a falta de liberdade da ditadura, os acordos MEC-USAID, o imperialismo estadunidense dentro e fora

---

6 Arquivo AESI/UFMG: Caixa 5, maço 8; Arquivo do DOPS/MG, Pasta 0013, Rolo 001, imagem 75.

7 Arquivo AESI/UFMG: Caixa 5, maço 4.

8 Arquivo AESI/UFMG: Caixa 6, maço 20.

do Brasil, como no caso do Vietnã, e tentavam organizar reuniões e seminários para discutir a reforma e como combater a ditadura. Há uma vasta quantidade de publicações estudantis que resultaria em um trabalho de análise a parte.[9] O que nos interessa aqui é compreender como essa efervescência estudantil fez com que a repressão atingisse os professores.

O SNI, o comando da 4ª Região Militar e a DSI cobravam do reitor e dos diretores das faculdades medidas administrativas contra os estudantes sempre que ocorriam atividades consideradas subversivas ou quando os órgãos de representação discente não seguiam as diretrizes do Decreto Aragão. Em outubro de 1967, o comando da 4ª RM questionou a reitoria e a Faculdade de Direito sobre quais medidas estavam sendo tomadas contra os estudantes da referida faculdade que protestaram contra o regime em cerimônia oficial, na qual se contava com a presença do governador e de outras autoridades do governo. Também indagou quais medidas seriam tomadas para que acontecimentos como aquele não ocorressem novamente e que respostas eram esperadas por escalões superiores do governo. A resposta de Raul Machado Horta, vice-diretor em exercício da Faculdade de Direito, foi em defesa dos estudantes. Horta relatou que, por meio de intervenção pessoal e direta, conseguiu cessar o protesto e assegurar a ordem dentro da faculdade, fazendo com que a cerimônia ocorresse tranquilamente. Ele ressaltou ainda que o que causou maior inquietação foi a presença da polícia ao final do evento, mas que os estudantes foram colaborativos e acataram o pedido para que a calma fosse mantida, evitando maiores conflitos. Horta também disse que nenhuma palavra ou gesto impertinente foi proferido contra ele e, mesmo lamentando a manifestação sucedida antes do início da cerimônia,

9 Arquivo AESI/UFMG: Caixa 6, maço 1 a 15.

destacou, mais uma vez, que o ocorrido não impediu a continuidade do evento, e que a colaboração dos estudantes, incluindo a dos dirigentes dos órgãos de representação discente, foi primordial. Ao longo da resposta, o vice-diretor focou no diálogo com os estudantes como a melhor maneira para resolver o conflito. O relato do vice-diretor foi encaminhado ao reitor, que o enviou ao comando da 4ª RM com uma resposta, no mínimo, ousada. Além de dar suporte a Horta, o reitor disse que não havia maneiras de prevenir manifestações como essas e que as autoridades universitárias só poderiam agir diante de fatos concretos, aplicando as penalidades previstas após a apuração de responsabilidades.[10]

Em outra ocasião, desta vez ao final de agosto de 1967, o que parece ter irritado os agentes do governo foi o envio à imprensa, por parte do Conselho Universitário da UFMG, de uma "nota de protesto" contra a invasão da sede do DCE por agentes do Departamento Federal de Segurança Pública (DFSP). A nota enviada à imprensa questionava a violência da ação que feria a autonomia universitária. Ela havia sido elaborada após a denúncia do estudante e representante discente no Conselho, Marco Antônio Vasconcelos de Souza. Com o intuito de "colher elementos para que a ação governamental se aperfeiçoasse na estrita observância da ordem jurídica vigorante", o SNI solicitou a síntese do relato feito pelo estudante, questionou se o Conselho havia examinado o ocorrido à luz do Código de Processo Penal Brasileiro e indagou quais os motivos que levaram o Conselho a concluir que a autonomia universitária havia sido ferida. Boson enviou o relatório feito pelo estudante, em que toda a violenta ação policial era descrita, e relatou quais medidas foram tomadas pelo Conselho. Além da nota, foram escolhidos alguns professores para pedirem

---

10 Arquivo AESI/UFMG: Caixa 5, maço 20.

esclarecimentos à DFSP sobre a ação. Porém, o reitor respondeu negativamente ao questionamento sobre o Código e, de maneira sucinta, disse que o simples fato da invasão de um órgão pertencente à UFMG já era motivo para afirmar que a autonomia universitária havia sido ferida.[11]

Situações como essas, em que as autoridades acadêmicas da UFMG saiam em defesa dos estudantes, irritavam os órgãos de segurança, que esperavam que atitudes administrativas fossem tomadas de modo a frear o movimento estudantil e corroborar com as ações policiais. Os órgãos de vigilância constantemente enviavam ao reitor e à administração central questionamentos a respeito das contas dos DCE/UFMG, se as eleições estavam sendo realizadas conforme a lei, além de solicitarem cópias de materiais e publicações estudantis sobre assuntos referentes à universidade, como os acordos MEC-USAID.[12]

A pressão exercida pelos órgãos de informação, no entanto, poderia ser ainda mais intensa. Listas com estudantes enquadrados na Lei de Segurança Nacional eram enviadas para a reitoria com amplo relatório de suas atividades e a exigência que medidas fossem tomadas.[13] Algumas ações chegaram a ser efetuadas, como a proibição, por parte do reitor, de conceder fala ao presidente do DCE, Jorge Batista, na formatura da turma de Direito de 1967.[14] Porém, algumas medidas exigidas pelos órgãos de informação e repressão eram tidas como exageradas e, para defender o reitor e diretores, longas respostas eram elaboradas pelo consultor jurídico da UFMG.

11 Arquivo AESI/UFMG: Caixa 5, maço 16.

12 Arquivo AESI/UFMG: Caixa 5, maços 2, 12, 18 e 19.

13 Arquivo AESI/UFMG: Caixa 6, maços 16 e 17.

14 Arquivo AESI/UFMG: Caixa 6, maço 21.

Ao longo de 1967, o movimento estudantil comandou várias greves, que paralisaram, em parte, o ano letivo. Os órgãos de segurança do governo exigiram que medidas administrativas, baseadas no decreto Aragão, fossem tomadas. Esperava-se a suspensão do DCE e dos D.A.s envolvidos. O consultor jurídico, a pedido do reitor, elaborou extensa resposta defendendo que as greves eram organizadas por grupos de estudantes isolados e não comandadas ou convocadas pelos órgãos estudantis. Dessa maneira, não cabia à direção da universidade e das faculdades responsáveis suspender os órgãos de representação discente. Obviamente que essa estratégia era utilizada pelo movimento estudantil com o objetivo de tentar aplacar a repressão, mas acabava sendo utilizada também por meio de argumento jurídico para defender as autoridades universitárias. Outras vezes, a defesa ia pelo caminho de que determinadas infrações, como, por exemplo, a distribuição de panfletos e jornais de cunho subversivo, foram realizadas nas administrações anteriores, isentando os atuais diretores de possíveis responsabilidades.[15]

Apesar das tentativas de escapar pela tangente e evitar aplicar medidas mais repressivas, o ano de 1968 trouxe as maiores manifestações estudantis ocorridas no país até então. A UFMG seria um dos centros estudantis de manifestações, ocupações e enfrentamentos contra a polícia da ditadura. E no meio desse turbilhão, professores, diretores e o reitor seriam diretamente envolvidos.

15 Arquivo AESI/UFMG: Caixa 6, maços 22 e 23.

Entre passeatas, ocupações e confrontos com a ditadura: o ápice das manifestações estudantis e o impacto sobre os docentes na UFMG

O caso do movimento estudantil da UFMG, como já mencionado algumas vezes, era considerado um dos mais graves do país. O Relatório Meira Mattos, publicado em maio de 1968, trouxe um anexo tratando apenas da situação da UFMG. Era a única universidade analisada separadamente no relatório e seu movimento estudantil era colocado como o maior exemplo do que se queria erradicar das universidades. Além disso, havia uma preocupação com a própria linha de pensamento de seus professores, que defendia uma universidade livre e democrática em seu Plano de Reforma. Segundo Cunha:

> A UFMG era especialmente visada pelos órgãos repressores em razão do apoio dado pela União Estadual dos Estudantes ao XXVIII Congresso da UNE, realizado clandestinamente nos porões de um convento. Mais ainda, com a recusa sistemática do reitor e diretor da Faculdade de Ciências Econômicas – das mais ativas, em termos de movimento estudantil – em submeterem as entidades discentes aos limites da legislação. Por essa razão, a UFMG foi a única universidade distinguida pelo Relatório Meira Mattos com um anexo a ela especialmente destinada. [...] Não é descabido pensar que no dossiê montado pela comissão presidida pelo General Meira Mattos estivesse o Plano de Reforma da UFMG. Se não todo ele, pelo menos cópia da passagem onde se defendeu a participação ativa da universidade no processo de emancipação nacional, não só pelo desenvolvimento tecnológico e material, como também pelo aprimoramento dos valores, das instituições, das formas de vida, da cultura, enfim. E isso só poderia ser feito por meio da educação livre e independente de

> interesses particulares, o que só a universidade poderia promover, na medida em que constituiria, ao contrário das demais instituições, "a vitória do geral sobre o particular". Num trecho em que a coragem se liga à clareza e à concisão, os autores do Plano de Reforma batem à esquerda e à direita, embora fique claro que, no contexto, esta última era a inimiga principal de sua concepção de universidade.[16]

De fato, o reitor Gerson Boson foi chamado para prestar declarações ao CFE, em 1968, devido à situação disciplinar da UFMG, recebendo apoio de diversos diretores da universidade.[17]

Os professores e dirigentes universitários não sofriam pressão apenas por parte dos órgãos de segurança da ditadura, mas também por parte dos estudantes, que reclamavam, entre outras coisas, dos problemas dos excedentes. Os estudantes questionavam porque as decisões judiciais de acolherem todos os excedentes (parte da estratégia da ditadura para barrar a efervescência do movimento estudantil) não estavam sendo cumpridas. Alunos excedentes da Faculdade de Medicina e da Faculdade de Filosofia chegaram a enviar ao reitor cartas questionando a situação. A isso se somavam mais questionamentos por parte dos órgãos de segurança sobre outras publicações estudantis clandestinas, sobre a participação de estudantes em eventos de países socialistas (como o IX Festival Mundial da Juventude na Bulgária), sobre os membros dos órgãos de representação discente, sobre convênios do Departamento de Ciência Política (inicialmente pertencente à FACE e visto com bastante desconfiança) com universidades dos

16 CUNHA, Luiz Antônio. *A universidade reformanda*, p. 119-120.

17 Arquivo AESI/UFMG: Caixa 7, maço 25.

EUA, além de problemas com pichações e destruição do patrimônio público da universidade por estudantes.[18]

Visando buscar soluções para os problemas enfrentados com os estudantes e suas reivindicações, várias congregações de diferentes faculdades e escolas da UFMG escreveram relatórios com sugestões a respeito do tema. De maneira geral, todas as congregações defendiam o diálogo com os estudantes e consideravam suas demandas justas. Apesar de criticarem certo radicalismo no meio, o tom dos relatórios era favorável aos estudantes. Eles foram encaminhados ao Conselho Universitário, que deveria reunir todas as sugestões e buscar uma solução em conjunto. Alguns trechos valem ser destacados. O relatório da Escola de Engenharia dizia que:

> Constituindo os estudantes parcela ponderável do pensamento e da vontade nacional, é de toda conveniência que sua contribuição seja considerada, na grande tarefa, não apenas pela participação em si, elemento altamente vitalizador, mas ainda porque aos estudantes de hoje caberá conduzir o país, em futuro próximo, convindo que para isso estejam preparados; Por isso mesmo, reveste-se do mais alto sentido construtivo, nesta hora difícil, o papel que venham a desempenhar os professores, os quais, sob pena de grave contradição, não podem ficar alheios à presença nem insensíveis à angústia de seus alunos. Incumbe-lhes, ao contrário, auscultá-los, assisti-los e, sobretudo, na prudente orientação, fazer com que seus ideais não se percam na violência e não sirvam de instrumento de ação impatriótica.

O relatório ainda recomendava que era necessário, entre outros pontos, estabelecer:

---

18 Arquivo AESI/UFMG: Caixa 7, maços 1, 4, 5, 6, 9, 10, 20, 21 e 29.

> Com os estudantes toda forma possível de entendimento, para que de suas reivindicações, confrontadas no debate sereno e amplo mas objetivo e aprofundado, se possa recolher toda a contribuição útil possível, fazendo-os, assim, participantes na difícil tarefa, que é também deles, de alcançar o progresso e o bem-estar do povo brasileiro.

A congregação da Faculdade de Direito também defendia termos parecidos, além de atentar para a defesa legal dos estudantes presos ou envolvidos em IPMs. A FACE, em seu relatório, citou a ocupação realizada pelos estudantes no dia 2 de maio e pontuou a necessidade de estabelecer o diálogo, além de condenar a violência da polícia e dos órgãos de repressão da ditadura contra o movimento estudantil. A FAFI apresentou um relatório que também defendia as demandas estudantis e resolvia, ao final dele,:

> Manifestar sua solidariedade às justas reivindicações estudantis tendentes à melhoria da educação nacional; Apelar para as autoridades constituídas no sentido de que se observem os necessários critérios de prudência e moderação, a fim de que não se anule o esforço de entendimento que ultimamente tem sido a tônica de pronunciamentos do Governo da República; Solicitar aos estudantes que, na proposição de suas ideias e na sustentação de suas reivindicações, se mantenham dentro da linha condizente com as relações que devem existir com as autoridades constituídas; Colocar-se à disposição dos estudantes e das autoridades no sentido de servir de veículo aos entendimentos que se hão de estabelecer entre uns e outros com vistas à solução dos problemas que, no momento, são comuns aos interesses do Governo, dos estudantes e dos educadores.

Outras faculdades e escolas também se manifestaram no mesmo tom, como a Escola de Veterinária e a Faculdade de Farmácia.

Esta última propôs uma comissão especial no âmbito da reitoria para que os problemas e as reivindicações estudantis fossem analisados e soluções fossem, de fato, efetivadas. Pelo conteúdo dos relatórios percebe-se a tentativa de não afrontar o regime, às vezes apelando para afirmações falsas como "esforço de entendimento que ultimamente tem sido a tônica de pronunciamentos do Governo", quando, de fato, a violência por parte da ditadura contra os estudantes aumentava a cada dia. Porém, o foco era a compreensão e o diálogo com o movimento estudantil. Não à toa o Relatório Meira Mattos criou um anexo apenas para a UFMG.[19]

A preocupação das autoridades acadêmicas da UFMG com o movimento estudantil ocorria em um contexto extremamente conturbado. No mesmo compasso do país, a UFMG também teve prédios ocupados e conflitos no interior de várias faculdades, que envolveram diretamente professores e terminaram com a presença da polícia, ainda que o desfecho nem sempre tenha sido o mesmo. Seis acontecimentos merecem destaque: os protestos na Faculdade de Direito e as ocupações da FACE, da FAFI e da Faculdade de Medicina, sucedidos em abril e maio, e os conflitos com a polícia ocorridos, novamente, na FAFI e na FACE, entre agosto e outubro de 1968.

Os acontecimentos na Faculdade de Direito se deram na onda de manifestações ocorridas após a morte do estudante Edson Luís. Os estudantes da faculdade, reunidos em seu centro acadêmico, programaram passeatas e entraram em "greve". O diretor, Lourival Vilela, acabou sendo interrogado por agentes do DOPS/MG devido ao que ocorreu na faculdade e, em seu depoimento, disse tentar dialogar com os representantes do D.A., relembrando que manifes-

19 Todos os trechos dos relatórios foram retirados de Arquivo AESI/UFMG: Caixa 7, maço 11.

tações de cunho político não eram permitidas nos órgãos de representação discente, segundo o decreto Aragão. Como os estudantes se recusaram a sair e convocaram os secundaristas para se unirem às manifestações, o diretor, com o apoio do reitor e dos outros professores da Faculdade de Direito, resolveu suspender as aulas. A medida acabou sendo tomada em toda a universidade, já que as manifestações decorrentes da morte do estudante Edson Luís haviam se espalhado por todas as unidades.

Após o retorno às aulas, manifestações continuaram ocorrendo no interior da faculdade. Em seu interrogatório, Vilela reforçou o fato de existir um bom diálogo entre a direção da faculdade e os estudantes – como já havia feito seu vice – e disse compreender a "rebeldia juvenil" como um fenômeno universal e histórico, além de apontar que os estudantes tinham razão em diversos pontos, já que o sistema educacional brasileiro realmente possuía muitas falhas. Os agentes, em vários momentos do depoimento, pareceram insistir para que Vilela apontasse nomes de estudantes participantes de organizações clandestinas, como o PCB e a POLOP, porém o diretor se negou a dizer nomes, afirmando desconhecer os integrantes dessas organizações na Faculdade de Direito. Vilela terminou seu depoimento defendendo a reforma universitária e a busca de soluções em conjunto com os estudantes.[20] A partir desses acontecimentos, o diretor passou a ser visado pelos órgãos de vigilância e seu depoimento era considerado pelo DOPS como esclarecedor para se compreender a situação na UFMG.[21]

A FACE continuava sendo considerada a faculdade mais esquerdista da UFMG. Várias publicações clandestinas e cartazes de cunho "subversivo" faziam parte do cotidiano da faculdade. Em 2

---

20 Arquivo do DOPS/MG, Pasta 0034, Rolo 004, imagens 290 a 294.

21 Arquivo do DOPS/MG, Pasta 0034, Rolo 004, imagem 428.

de maio, ela foi ocupada por estudantes, que reivindicavam o fim dos IPMs envolvendo o movimento estudantil, a transferência das responsabilidades tratadas nos inquéritos do âmbito militar para o âmbito educacional e a condenação da violência policial da ditadura. Apesar da presença da polícia, o diretor conseguiu apaziguar a situação e não houve confronto no recinto universitário. A situação na faculdade fez com que o reitor solicitasse ao seu diretor, Rodolpho de Abreu Bhering, a indicação de responsáveis e a aplicação de medidas disciplinares contra estes.[22] Bhering tomaria medidas mais drásticas contra os estudantes, mas somente no ano seguinte, por meio do decreto 477. Nesse meio tempo, a FACE ainda seria palco de outros conflitos.

Em junho de 1968, o diretor seria chamado para depor sobre os acontecimentos de maio. O depoimento do diretor mostra certa ambivalência entre se defender das acusações de omissão – mostrando que proibiu o funcionamento do D.A quando este não cumpriu as diretrizes dos decretos Suplicy e Aragão e advertiu e suspendeu alguns estudantes que tentaram convocar eleições para o órgão discente –, até certa compreensão com as demandas estudantis. Bhering ainda discorreu sobre melhorias que deveriam ser feitas na universidade e como os estudantes se frustravam ao entrar na instituição e não encontrarem aquilo que buscavam. O diretor também afirmou, após ser pressionado mais de uma vez, não conhecer organizações políticas ilegais atuantes na faculdade. Bhering, assim como Vilela, também passaria a estar na mira dos órgãos de segurança.[23]

Um dia após a ocupação da FACE pelos estudantes, a Faculdade de Medicina tornou-se local de acontecimentos ainda

22 Arquivo AESI/UFMG: Caixa 7, maço 12.

23 Arquivo do DOPS/MG, Pasta 034, Rolo 004, imagens 363 a 367.

mais tensos. Alguns estudantes saíram às ruas ao redor da faculdade distribuindo panfletos contra a ditadura e pedindo dinheiro. No interior do prédio, mais de cem estudantes se reuniram em assembleia e resolveram ocupar a faculdade. Segundo relato do diretor, Oscar Versiani Caldeira, os estudantes haviam acumulado pedras e tijolos e levado para dentro do edifício. Caldeira se comunicou com a Secretária de Segurança Pública e policiais foram chamados. Com a chegada do reforço policial, todos os estudantes que se encontravam do lado de fora se dirigiram para dentro da faculdade e decidiram que só sairiam da faculdade após suas reivindicações serem atendidas.

A situação se complicou com a decisão de impedir a saída de todos os professores que se encontravam no interior do prédio, incluindo o diretor, catedráticos e professores assistentes. Os estudantes pediam a liberação de todos os colegas que se encontravam presos, o arquivamento de todos os IPMs relacionados ao movimento estudantil e um pronunciamento, por parte da direção da faculdade, contra as prisões e a favor da luta estudantil. O diretor, visando ganhar tempo, pediu que as reivindicações fossem colocadas por escrito. Por volta das 18 horas, os estudantes entregaram suas reivindicações e anexaram a elas o pedido para que, buscando desocupar a faculdade, o policiamento ao redor dela fosse retirado. Com o prédio já cercado pela PM, o diretor, simpático ao regime, desejava a ação da polícia. Porém, alguns professores acharam melhor buscar o diálogo com os estudantes e foram autorizados pelo diretor a efetuar negociações. Um dos professores era Amílcar Viana Martins, que possuía boas relações com os estudantes e já era visado pelos órgãos de repressão. O objetivo era fazer com que os estudantes saíssem do prédio de maneira pacífica.

Após a conversa com os professores, alguns líderes do movimento, segundo relatos de Martins e Versiani, aceitaram interromper a ocupação e fazer com que todos saíssem do recinto, desde que nenhum estudante fosse preso. Porém, a ideia foi para uma nova votação e os estudantes recusaram-se a se retirar da faculdade até que seus pedidos fossem atendidos. A partir daí, a tensão chegou a um nível máximo. O diretor alertou os estudantes para os vários crimes que eles estavam cometendo e autorizou, com o apoio do reitor, a invasão da PM. Por volta de meia noite, a polícia invadiu a faculdade jogando bombas de gás lacrimogêneo, que atingiram também professores, e atacando os alunos. Alguns docentes, incluindo o diretor, se trancaram em um laboratório do terceiro andar e, posteriormente, pediram ajuda para as autoridades de repressão, que colocaram uma escada do corpo de bombeiros para que os acadêmicos descessem. Como esperado, a polícia desencadeou uma perseguição no interior da Faculdade de Medicina, agindo de forma truculenta e só saindo do recinto quando os últimos estudantes, que estavam escondidos, foram encontrados. Dezenas de estudantes foram presos nessa noite.[24]

Também inseridas nos protestos contra a morte do estudante Edson Luís, no Rio de Janeiro, diversas reuniões e assembleias foram realizadas na FAFI. O clima entre os estudantes era de revolta, porém, o diretor, Pedro Parafita de Bessa, professor da área de psicologia que havia assumido em fevereiro de 1968, conseguiu acalmar os ânimos e nenhum conflito ocorreu no interior da FAFI, apesar de pichações e manifestações mais intensas terem ocorrido no entorno da faculdade. Assim como outros diretores, Bessa foi chamado para depor no DOPS/MG, em junho de 1968, passando pelo mesmo esquema de interrogatório de IPMs realizado com os outros diretores e professores. O depoimento de Bessa tem uma forte defesa da liberdade de expressão dos estudantes, principal-

---

24 Arquivo do DOPS/MG, Pasta 0022, Rolo 002, imagens 115 a 122; Arquivo AESI/UFMG: Caixa 7, maço 13.

mente em assuntos políticos. Em um momento do interrogatório, Bessa afirmou que argumentos válidos são mais eficientes que as simples ideias de autoridade e tradição, as quais as novas gerações já não acatavam facilmente. O diretor da FAFI também criticou a estrutura das universidades brasileiras e ressaltou que os estudantes poderiam se manifestar livremente, pois no decreto Aragão a proibição era alçada apenas ao D.A. enquanto órgão de representação discente. O nome de Bessa juntar-se-ia à lista de diretores da UFMG vistos com desconfiança pelos órgãos de segurança.[25]

Os conflitos ocorridos na Faculdade de Direito, na FACE, na FAFI e, principalmente, na Faculdade de Medicina foram amplamente noticiados pela mídia e geraram forte repercussão.[26] Sindicâncias foram abertas na UFMG para apurar a situação, enquanto, como já mostrado, várias congregações faziam relatórios para analisar o problema.[27] A Faculdade de Medicina criou uma Comissão Especial de Inquérito para apurar os fatos sucedidos em 3 de maio. A comissão continha não somente uma descrição dos acontecimentos do dia, mas uma análise psicológica, pedagógica e política de todo o contexto. Tomando vários depoimentos de alunos e professores, o relatório compreendia as falhas das universidades, porém não deixou de apontar os principais responsáveis segundo a direção da instituição: o D.A da Faculdade de Medicina, seu presidente e vice e os estudantes que depredaram o patrimônio do edifício com pichações e até detonação de bombas. O relatório também alertava para a presença de outros líderes estudantis pertencentes a outras unidades da UFMG.[28]

25 Arquivo do DOPS/MG, Pasta 0034 , Rolo 004 , imagens 375 a 383.

26 Arquivo AESI/UFMG: Caixa 7, maço 36.

27 Arquivo AESI/UFMG: Caixa 7, maço 15.

28 Arquivo AESI/UFMG: Caixa 7, maço 18.

Outras manifestações ocorreriam ao longo do ano. No dia 26 de julho, estudantes invadiram a Reitoria após reunião do Conselho Universitário e depredaram o prédio, pichando, inclusive, o telão cinematográfico do teatro. Alguns fotógrafos de jornais registraram a atuação dos estudantes e o reitor chegou a solicitar ao Secretário de Segurança do Estado uma perícia técnica para identificar os responsáveis pelo delito.[29] Mais uma comissão foi instalada para investigar o ocorrido.[30] Porém, os eventos de agosto a outubro repercutiram com maior intensidade sobre os professores da UFMG.

No dia 7 de agosto, os estudantes realizaram um comício relâmpago contra a ditadura em frente ao prédio da FACE. O comício foi dissolvido pela polícia rapidamente. Novamente, no dia 20 de agosto, os estudantes aproveitaram os "trotes" realizados com os calouros ao final do mês para se manifestarem e, segundo depoimentos, explodirem bombas caseiras.

Bhering foi chamado mais uma vez para depor e, além de se defender das acusações de omissão devido aos eventos ocorrido ao final de agosto, teve que explicar sobre cartazes e propagandas do XXX Congresso da UNE e sobre jornais clandestinos fixados nos murais. Além de afirmar não saber da existência de cartazes que criticavam a ditadura e que faziam propaganda do Congresso, disse não poder tomar providências acerca das pichações feitas nos muros da faculdade, já que eram realizadas fora do horário de funcionamento da instituição. Em seu depoimento, novamente, foi questionado sobre grupos como a AP, POLOP e PCB, porém, mais uma vez, não indicou nomes. Bhering também afirmou desconhecer várias publicações estudantis citadas pelos policiais, mas

29 Arquivo AESI/UFMG: Caixa 7, maço 19.

30 Arquivo AESI/UFMG: Caixa 7, maço 36.

ponderou que não submetia à censura as publicações estudantis e que o assunto ia ser levado à Congregação da FACE. Os policiais chegaram a perguntar a Bhering se ele aplicaria medidas punitivas aos responsáveis por conta própria, caso a Congregação não optasse pela punição. Bhering negou veemente tal possibilidade e afirmou que decisões assim eram tomadas coletivamente.

Buscando pressionar o diretor, os agentes questionaram sobre o dinheiro recebido pelo D.A. da FACE, sobre eventos de cunho anti-imperialista, como a "I Semana de Solidariedade ao Povo do Vietnã", realizada por organizações "clandestinas" como a UEE-MG e a UNE, entre outros assuntos ligados ao movimento estudantil. Assim como feito anteriormente com o próprio Bhering e com o diretor da Faculdade de Direito, os agentes procuraram saber a opinião do diretor da FACE a respeito do movimento estudantil, que respondeu que só poderia analisar os casos concretos e que ferissem a lei.[31]

A FAFI seria palco de novos conflitos em agosto, setembro e outubro de 1968, praticamente encerrando os grandes confrontos com os agentes da ditadura. Em 15 de agosto, mais denúncias de pichações levaram a PM mineira à faculdade. O prédio chegou a ser cercado, porém a diligente atuação de Bessa evitou que o prédio fosse invadido pela polícia quando os estudantes lá se refugiaram. O diretor foi apoiado pelo reitor, que provavelmente queria evitar ao máximo que acontecimentos similares ao da Faculdade de Medicina voltassem a ocorrer na UFMG. Bessa levou os fatos ao Conselho Administrativo, que o deu como encerrado. O diretor também deu um aviso informal ao presidente do D.A da FAFI, Waldo Silva, sobre a inconveniência dessas ações. Na ocasião, quatro estudantes foram presos, acusados de jogar pedras contra a po-

31 Arquivo do DOPS/MG, Pasta 0033, Rolo 004, imagens 71 a 76.

lícia. Quatro dias após o incidente, cartazes considerados "ilegais" e "subversivos" foram apreendidos no interior da FAFI.

Novamente, no dia 25 de setembro, ocorreram novos conflitos nas imediações da FAFI e barricadas chegaram a ser colocadas pelos estudantes nas portas da faculdade. Porém, o conflito mais grave se deu no dia 5 de outubro. Os estudantes começaram a realizar o XXII Congresso da UEE/MG no subsolo da FAFI. A PM, informada da atividade "ilegal", cercou o edifício e alguns agentes chegaram a entrar na faculdade, mas foram contidos, novamente, pelo diretor Bessa. O diretor sugeriu que uma vistoria fosse feita pelas autoridades acadêmicas, que fariam um relatório e o enviariam ao secretário de segurança. Porém, o delegado que comandava o cerco exigiu acompanhar os acadêmicos na vistoria, o que foi negado pelo diretor e pelo vice-reitor, que se encontrava na faculdade.

Devido aos conflitos do início de outubro, vários depoimentos foram colhidos pelo DOPS/MG. Mais uma vez, o professor Bessa foi convocado a depor. Entre as perguntas padrões sobre a existência de organizações clandestinas, como a AP e a POLOP, o porquê da omissão em tomar medidas administrativas legais contra os alunos e a falta de ciência sobre o congresso da UEE/MG, o discurso de Bessa se tornou ainda mais enfático em relação à liberdade de expressão. Em um depoimento que revela, no mínimo, certa dose de coragem, o professor afirmou que o tipo de administração universitária era diferente de outros tipos de administrações de outros lugares. Disse ainda que os problemas estudantis deveriam ser tratados na esfera pedagógica e didática e que os documentos de ordem interna da universidade estavam elaborados em uma perspectiva de normalidade e paz social e não dentro da perspectiva do problema de Segurança Nacional. O diretor ainda completou dizendo que a faculdade mantinha um clima de tolerância para as divergências de opinião e que o próprio governo via vantagens no movimento estudantil, já que a Reforma Universitária estava sendo realizada em um curto prazo devido às pressões realizadas pelos estudantes. Para isso, era necessário diálogo e não se podia admitir um clima de repressão total.[32]

O depoimento de Bessa deve ter sido a gota d'água para os agentes repressivos. O diretor foi, ainda em outubro, indiciado em IPM. Os registros do DOPS consideravam-no conivente e omisso em relação ao movimento estudantil. Criticavam o fato dele não estar ciente das atividades do D.A., desconhecer a grande quantidade de documentos "subversivos" que circulavam na FAFI e de não tomar medidas disciplinares contra os "agitadores estudantis". Em alguns documentos, os agentes afirmaram que ele facilitava as ações dos estudantes no interior da faculdade, sendo responsável direto pela "subversão" que se via na FAFI.[33] Na mesma época, a casa do professor Francisco de Magalhães Gomes, um dos fundadores do Instituto de Pesquisas Radiativas da UFMG, foi invadida por forças policiais.[34] Um clima de indignação tomou conta de vários estudantes e professores, que organizaram assembleias e reuniões em diversas faculdades, criticando as ações da polícia e o indiciamento de Bessa. A campanha a favor de Bessa foi organizada, dentre outros, por um professor da FAFI, Tarcísio Ferreira, que acabou também por ser indiciado em IPM, acusado de favorecer o clima de agitação na UFMG.[35] Juntamente com Bessa, o diretor da FACE, Rodolpho Bhering, foi indiciado em IPM, acusado das mesmas "infrações". O diretor

---

32 Arquivo do DOPS/MG, Pasta 0033, Rolo 004, imagens 222 a 232.

33 Arquivo do DOPS/MG, Pasta 0033, Rolo 004, imagens 399 a 402.

34 Arquivo do DOPS/MG, Pasta 0033, Rolo 004, imagens 358 e 359.

35 Arquivo do DOPS/MG, Pasta 0263, Rolo 004, imagem 112; Pasta 0033, Rolo 004, imagens 329 a 331; Pasta 0033, Rolo 004, imagens 350 a 357; Pasta 0033, Rolo 004, imagens 408 e 409.

da Faculdade de Direito, Lourival Vilela, apesar de não indiciado, também ficou sob estreita vigilância do DOPS.[36]

Ao final do ano, apenas 15 dias após a promulgação da Lei de Reforma Universitária nº 5540, foi decretado o AI-5. A onda repressiva desencadeada pelo mais duro ato da ditadura fez-se sentir em todos os setores da sociedade, e os docentes da UFMG estiveram entre os principais alvos do regime.

AI-5 e os docentes: a repressão contra os "esquerdistas", os "subversivos" e os "coniventes" na UFMG

Ainda em 1968, a DSI solicitou à reitoria da UFMG informações a respeito do reitor e dos diretores das faculdades, escolas e institutos.[37] A DSI também enviou informações a respeito de organizações de esquerda subversivas. Após o AI-5, os grupos de esquerda, especialmente os que defendiam ações armadas, se multiplicaram. Na UFMG, grupos dissidentes de outras organizações surgiram e se tornaram uma das principais preocupações da ditadura. Além dos já atuantes POLOP e AP, destacaram-se na universidade mineira e na capital o grupo Corrente e o grupo Comando de Libertação Nacional (COLINA), que desencadearam ações armadas em Belo Horizonte e em outras cidades de Minas Gerais. Vários relatórios e investigações seriam realizados ao longo de 1969, buscando prender os principais líderes dessas organizações, que eram, em grande parte, estudantes universitários.[38]

O ano de 1969 foi marcado por um recrudescimento da repressão sobre a UFMG, assim como em todo o país. Dezenas de

---

36 Arquivo do DOPS/MG, Pasta 0034, Rolo 004, imagens 290 a 294.

37 Arquivo AESI/UFMG: Caixa 7, maços 26 e 27.

38 Arquivo AESI/UFMG: Caixa 7, maço 28; Caixa 10, maço 31; Caixa 11, maços 1 a 10.

estudantes foram presos e somaram-se aos que já se encontravam encarcerados devido às manifestações de 1968.[39] As pressões para que os estudantes fossem punidos se tornaram ainda mais intensas com a publicação do decreto nº 477. As atividades "subversivas" dos estudantes eram relatadas a todo o momento, indo desde convites de formatura "subversivos", passando por jornais clandestinos, distribuição de panfletos, afixações de cartazes "ilegais" até manifestações no interior e fora das universidades, entre outras ações "subversivas".[40] Todas essas atividades passaram a ser estritamente ilegais e passíveis de serem punidas pelo decreto nº 477.

No primeiro semestre de 1969, cinco alunos foram punidos pelo 477, sendo quatro deles líderes estudantis da FACE. Bhering buscou aplicar a lei e obedecer às diretrizes do regime, porém isso não adiantou muito como se verá adiante.[41] Na Faculdade de Medicina, estudantes pertencentes ao grupo Colina e Corrente foram expulsos, mas para isso não foi utilizado o decreto nº 477, e sim o regimento interno da instituição, que previa a expulsão quando se "perturbasse a ordem e ofendesse os bons costumes".[42]

A DSI demandou informações em diversos momentos sobre a situação de professores na UFMG, muitos dos quais seriam punidos pelo AI-5. Entre os professores que a DSI buscava saber informações estavam Edgar de Godoi da Mata Machado, Sylvio de Vasconcellos e Sami Sirihal.[43] Todos possuíam fichas nos órgãos de segurança e estavam implicados em ações que não agradavam ao regime. Além disso, as chamadas "cassações brancas" conti-

39 Arquivo AESI/UFMG: Caixa 7, maço 32.

40 Arquivo AESI/UFMG: Caixa 10, maços 3, 6 a 8, 15, 16, 18, 28, 32, 44, 48 e 50.

41 Arquivo AESI/UFMG: Caixa 10, maço 23; Arquivo do DOPS/MG, Pasta 00326B468, Rolo 20A, imagens 315, 354 e 356.

42 MOTTA, Rodrigo Patto Sá. *As universidades e o regime militar*, p. 157 e 383.

43 Arquivo AESI/UFMG: Caixa 10, maços 19, 29 e 40.

nuaram a ocorrer. Em abril de 1969, a DSI enviou ofício ao reitor Boson, solicitando que dois professores fossem retirados da lista sêxtupla de escolha do novo diretor do Instituto de Ciências Biológicas (ICB). As justificativas dadas pela DSI eram devido ao fato de José Noronha Peres ter sido indiciado em IPM na 4ª RM e pelo fato de Waldemar Versiani desenvolver atividades "subversivas" desde 1949. O reitor, buscando contornar mais essa solicitação repressiva, respondeu a DSI dizendo que a escolha final cabia ao presidente da República e que ele não podia interferir na confecção da lista sêxtupla das faculdades.[44] Um maior impacto repressivo contra os docentes, no entanto, ainda estava por vir.

Em abril de 1969, o professor da Faculdade de Direito, Edgar Godói da Mata Machado, foi aposentado. Machado foi o primeiro professor a ser atingido pelo ato. Em janeiro do mesmo ano, seu mandato de deputado federal já havia sido cassado e seus direitos políticos suspensos pelo AI-5. Nessa época, o professor era deputado federal pelo MDB e criticava a ditadura frequentemente. Além disso, seu filho, José Carlos Novaes da Mata Machado, era um conhecido líder estudantil, que fazia parte do grupo de esquerda armada Ação Popular Marxista-Leninista (APML).[45] Visando esclarecer a situação dos indivíduos que perderam os direitos políticos e eram funcionários públicos, o que incluía os docentes, foi decretado o AI-10, que ordenava a aposentadoria ou exoneração de todos os servidores públicos atingidos pelo AI-5.[46]

---

44 Arquivo AESI/UFMG: Caixa 10, maço 14.

45 SALOMON, Délcio et. al. *UFMG: resistência e protesto.* Belo Horizonte: Vega, 1979, p. 65-68; Arquivo AESI/UFMG: Caixa 11, maço 1.

46 MOTTA, Rodrigo Patto Sá. *As universidades e o regime militar*, p. 169.

Em 15 de setembro, mais uma lista de docentes da UFMG cassados pelo AI-5 foi revelada.[47] Os nomes eram: Amílcar Viana Martins, Celson Diniz Pereira, Eder Simões, Fábio Lucas Gomes, Júlio Barbosa, Lourival Vilela Viana, Osório da Rocha Diniz, Rodolpho de Abreu Bhering, Rui de Souza, Sami Sirihal, Tarcísio Ferreira, Guido Antônio de Almeida e Sylvio Carvalho de Vasconcelos. Um mês depois, mais três nomes seriam publicados no Diário Oficial da União: o reitor Gerson Boson, o ex-reitor Aluísio Pimenta e Pedro Parafita de Bessa. A UFMG foi uma das instituições mais atingidas pelo AI-5, com dezessete docentes exonerados.

A lista dos professores cassados na UFMG revela que não necessariamente era preciso ter um passado comunista ou ligação com grupos de esquerda. Em outros casos, parece que a justificativa para a cassação foi justamente essa ligação. Os considerados incômodos ou inimigos dos regimes eram os que estavam ligados a grupos de esquerda ou tinham passado esquerdista, mas também eram os considerados coniventes com ações que desagradavam os militares. Algumas vezes uma mescla das duas situações foi o motivo da cassação.

O professor Mata Machado, que até 1964 havia sido político da UDN, foi cassado, provavelmente por sua atuação na oposição no Congresso Nacional. Quando ainda era político pela UDN, os órgãos de vigilância já desconfiavam de sua atuação como Secretário do Trabalho do governo de Magalhães Pinto.[48] Porém, algumas informações do DOPS revelam uma confusão dos agentes em classificar as pessoas "incômodas" para o regime. Na visão torpe dos agentes da repressão, o fato de o professor Edgar da

---

47 *Ibidem*, p. 170.

48 Arquivo do DOPS/MG, Pasta 0285, Rolo 019, imagens 16; Pasta 0113, Rolo 011, imagem 121.

Mata Machado possuir contatos com grupos católicos da UFMG foi motivo para que, em documentos do órgão repressivo, ele fosse classificado com uma das lideranças da AP.[49]

Amílcar Martins, o ex-reitor Aluísio Pimenta, Sami Sirihal, Sylvio Vasconcellos, Celson Diniz, Eder Simões, Guido Antônio de Almeida e Fábio Lucas Gomes eram acusados de pertencerem a grupos ou partidos de esquerda. Amilcar Martins é apresentado como tendo um passado de esquerda, tendo participado de comícios do Partido Comunista e da reunião que implantou o PCB em Minas Gerais, segundo o DOPS.[50] Sylvio de Vasconcellos também aparece como tendo passado comunista, apesar de negar em carta enviada ao comando do DOPS, como já mostrado no segundo capítulo.[51] Sami Sirihal e Eder Simões foram acusados de serem ligados à AP.[52] Para Simões, deve ter pesado o fato de ter sido preso no pós-golpe, sendo indiciado em IPM, de haver sido uma liderança estudantil, tendo sido presidente do D.A da FAFI, e de ter organizado palestras para discutir as reformas de base do governo Jango.[53] Guido Antônio de Almeida também aparece nos órgãos de repressão como militante da AP e também havia sido preso em 1964.[54] Celson Diniz, como também já foi mostrado, foi preso após o golpe por seu envolvimento com o PCB e indiciado

49 Arquivo do DOPS/MG, Pasta 1254, Rolo 028, imagens 156; Entrevista com Edgar Godoi da Mata Machado.

50 Arquivo do DOPS/MG, Pasta 5486, Rolo 096, imagem 104.

51 Arquivo do DOPS/MG, Pasta 0470, Rolo 022, imagem 2 a 16.

52 Arquivo do DOPS/MG, Pasta 0011{2}, Rolo 001, imagem. 185.

53 Arquivo do DOPS/MG, Pasta 0269, Rolo 018, imagens 235, 282 e 437; Pasta 5489, Rolo 097, imagens 265 a 267; Pasta 0148, Rolo 012 e 014, imagens 12, 127, 128 e 141.

54 Arquivo do DOPS/MG, Pasta 0315, Rolo 20B, imagem 126; Pasta 5291, Rolo 085, imagens 10 a 83.

em IPM. Aluísio Pimenta era ligado ao antigo PTB e isso contou como um dos fatores de sua aposentadoria.[55] As informações sobre Fábio Lucas Gomes são escassas no DOPS/MG. O professor da área de literatura, cujo nome também apareceu na famosa caderneta da AP de Marilda Trancoso, era acusado pelo DOPS de ser um dos coordenadores gerais da POLOP na UFMG e de ter ligações com o intelectual marxista Teotônio dos Santos, que se encontrava exilado no Chile.[56]

Sylvio de Vasconcellos, Amílcar Martins e Aluísio Pimenta também são acusados de manterem diálogo com os estudantes ou de serem coniventes com suas ações. Como apontado, Martins chegou a mediar os diálogos dos estudantes com a polícia, quando aqueles ocuparam a Faculdade de Medicina em 1968. Em relação ao médico da UFMG, outro aspecto também contou para sua cassação. O docente era importante pesquisador da área de parasitologia e sempre esteve em contato com as populações mais pobres e marginalizadas do país. Sua atuação médica e seu senso crítico político pesaram para que ele fosse visto com desconfiança pelo regime. O próprio Amilcar Martins, ao refletir sobre sua cassação, levanta essa hipótese.[57]

Outro professor da lista, Júlio Barbosa, era considerado esquerdista e foi indiciado em IPM por "atividades comunistas", apesar de nenhuma acusação de pertencimento a grupos políticos pesar contra ele. Provavelmente, o fato de Barbosa ter sido professor do Iseb em 1959 e ser o coordenador do conceituado Departamento de Ciências Políticas, que fez parte durante um tempo da "subversi-

55 Arquivo do DOPS/MG, Pasta 0011 {2}, Rolo 001, imagem 143.

56 Arquivo do DOPS/MG, Pasta 4021, Rolo 050, imagem 282; Pasta 2114, Rolo 036, imagens 2 a 9.

57 SALOMON, Délcio et. al., *op. cit.*, p. 6.

va" FACE, foram motivadores para a sua cassação. A desconfiança com os acadêmicos da FACE sempre foi evidente.[58] Rui de Souza foi outro professor da FACE, transferido, após a reforma, para a Faculdade de Direito, que entrou na lista de cassados. Souza também era considerado esquerdista e havia sido indiciado em IPM em 1964, porém, assim como Barbosa, não era acusado de ter ligações com nenhum grupo ou organização de esquerda.[59]

Parte da lista também pode ser considerada como um acerto de contas do general Guedes. Além de seu êmulo principal, o ex-reitor Aluísio Pimenta, entraram na lista de aposentados professores que também constavam na lista redigida pelo general em junho de 1964, como mostrado no capítulo 2. Celson Diniz, Edgar Godói da Mata Machado, Júlio Barbosa, Fábio Lucas Gomes e Rui de Souza – todos presentes na lista de Guedes – foram atingidos.

No caso de Osório da Rocha Diniz, professor da Faculdade de Engenharia,[60] o que pesou em sua acusação, pelo menos no que consta em relação ao DOPS, foi a sua ligação com entidades nacionalistas ligadas ao PTB. Em 1948, Osório Diniz havia sido eleito presidente do "Centro Estadual de Estudos para Defesa do Petróleo e Economia Nacional". Em 1961 também havia participado de conferência do economista Paulo Singer da USP, que também seria cassado pelo AI-5.[61]

58 Arquivo do DOPS/MG, Pasta 0011 {2}, Rolo 001, imagem 223; Pasta 0012 {5}, Rolo 001, imagem 15; MOTTA, Rodrigo Patto Sá. *As universidades e o regime militar*, p. 387.

59 Arquivo do DOPS/MG, Pasta 0013, Rolo 001, imagem 66; Pasta 5381, Rolo 090, imagem 326.

60 Cabe lembrar que após a reforma universitária e a busca pela racionalização dos recursos na UFMG, o regime departamental foi instalado e muitos professores foram remanejados para suas específicas escolas e faculdades.

61 Arquivo do DOPS/MG, Pasta 5486, Rolo 096, doc 61, 66, 76, 95 e 97.

Alguns professores, no entanto, não possuíam nenhuma ligação com grupos de esquerda e, no máximo, defendiam causas nacionalistas. O diretor da FAFI, Pedro Parafita de Bessa, foi cassado pelo AI-5 por defender a liberdade de expressão dos estudantes, apesar de não possuir nenhum passado ligado à esquerda. Em seus dois depoimentos no DOPS, em junho e outubro de 1968, ele se manteve bastante convicto em relação à importância da liberdade de expressão e defendeu o direito de manifestação dos estudantes. Em seu IPM, os policiais do DOPS o acusaram de ser conivente e permissivo em relação aos estudantes, o que certamente ajudou na decisão de cassá-lo.[62] O mesmo ocorreu com o diretor da Faculdade de Direito, Lourival Vilela,[63] com o diretor da FACE, Rodolpho de Abreu Bhering, e com o reitor da UFMG na época, Gerson Boson.[64] As acusações contra eles foram as mesmas apresentadas contra Pedro Parafita de Bessa. Por manifestar-se contra o indiciamento de professores, como Bessa e Bhering, e denunciar a violência e a quebra da autonomia universitária, Tarcísio Ferreira, também da FAFI, foi mais um professor cassado e aposentado pelo AI-5.

Com o objetivo de que os professores aposentados pelo AI-5 não conseguissem encontrar emprego no país, a ditadura baixou o Ato Complementar nº 75, em outubro de 1969. O AC-75 impedia que instituições públicas ou privadas beneficiadas por subvenções do Estado empregassem "professores atingidos pelos atos institucionais. A intenção era evitar o que ocorreu em 1964, quando docentes demitidos retomaram suas carreiras em outras universida-

62 Arquivo do DOPS/MG, Pasta 0033, Rolo 004, imagens 367 a 369 e 399 a 402.

63 Arquivo do DOPS/MG, Pasta 0034, Rolo 004, imagens 290 a 294.

64 Arquivo do DOPS/MG, Pasta 0851, Rolo 025, imagem 581. Pasta 0034, Rolo 004, imagens 391 a 397.

des."[65] Isso fez com que alguns professores da UFMG cassados pelo AI-5 optassem pelo exílio, como foi o caso de Aluísio Pimenta, Sylvio Vasconcellos e Amílcar Martins, entre outros.

Antes de encerrar a análise das cassações efetuadas, cabe relembrar o relevante papel que teve a Comissão de Investigação Sumária do MEC (CISMEC), citada no capítulo anterior, no processo de cassações dos docentes. A CISMEC foi a principal responsável por reunir dados sobre os professores considerados subversivos. A comissão reuniu informações de variados órgãos de informação e repressão, como o DOPS, o SNI e agências das Forças Armadas, e as enviou para a consideração do presidente-ditador Costa e Silva e, após sua saída, para a Junta Militar. Segundo Motta, professores de diferentes universidades foram poupados e tirados da lista de expurgos. Alguns foram cortados das listas e postos novamente após o afastamento de Costa e Silva, que parecia já estar satisfeito com os expurgos do primeiro semestre de 1969. No caso da UFMG, o reitor Boson e outros professores estavam entre os que seriam poupados e acabaram sendo cassados. As negociações políticas e os contatos pessoais não tiveram efeito para esse grupo de docentes após a saída de Costa e Silva do poder. O pesquisador, no entanto, aponta o caso de Cássio Mendonça Pinto, o professor que havia sido impedido de assumir a direção da Escola de Engenharia em 1964. Segundo consta nas fichas da CISMEC, o nome de Pinto estava entre os que seriam cassados, mas que, por algum motivo, foi retirado.[66]

Após as cassações na UFMG, que ocorreram no segundo semestre de 1969, não ocorreram mais expurgos na universidade, a

65 MOTTA, Rodrigo Patto Sá. *As universidades e o regime militar*, p. 173.

66 Cf. MOTTA, Rodrigo Patto Sá. *As universidades e o regime militar*, p. 166, 176-178 e 387.

não ser algumas iniciativas isoladas. Apesar disso, a sensação de insegurança e de perseguição foi instaurada na instituição, para satisfação do regime. Com o AI-5, a ditadura militar brasileira entrava em seu momento mais sombrio e a "longa noite" duraria dez anos.

Os primeiros passos rumo à reestruturação na UTE: exonerações, vigilância e repressão

Ainda que em menor medida em relação ao grau de repressão inicial, a UTE voltou a ser atingida a partir da implantação do modelo neoliberal ao fim da década de 1970. A *Ley General de Universidades* selou o fim da UTE enquanto universidade com presença em todo o território chileno, gerou demissões massivas dos professores e reduziu drasticamente os investimentos, que deveriam ser captados em grande medida pela própria UTE. Nem o nome original da *Técnica*, como era chamada por muitos chilenos, sobreviveu. A *Universidade Técnica del Estado* passou a se chamar *Universidad de Santiago de Chile* (USACH), ao final de março de 1981. Única universidade a ter sua nomenclatura modificada, a mudança revela o grau de preocupação do regime com a UTE e seu passado allendista, que, na visão dos militares, deveria ser soterrado.

Apesar de uma segunda fase repressiva na UTE ter se desencadeado em maior medida após o "despertar estudantil" de 1978 e com o início efetivo da imposição da reforma universitária de Pinochet, a *Técnica* não deixou de sofrer com medidas repressivas no interregno dos períodos mais violentos da ditadura contra a instituição. Ocorreram cortes de professores e mudanças estruturais no período intermediário entre a repressão inicial e a nova fase repressiva do final da década de 1970. Especificamente entre os anos de 1975 e 1979.

Como já mostrado, ao longo de 1975 o governo começou a moldar suas políticas econômicas que culminariam na adoção do neoliberalismo. Essa mudança já se mostra evidente em 1976, com o discurso de livre mercado e a progressiva desestatização de serviços essenciais.

Em 1976, começaram a ocorrer negociações para transferir o *campus* da UTE em Valdivia para a *Universidad Austral de Chile*, situada na mesma cidade.[67] A ditadura pinochetista começou a reduzir o tamanho físico da UTE e a enxugar os gastos com a universidade estatal. A concessão de autonomia para as sedes das províncias já vinha ocorrendo desde 1974 com o decreto nº 2 da própria UTE, que deixava estabelecido que as "vice-reitorias das sedes de Antofogasta, Copiapó, La Serena, Talca, Concepción, Temuco, Valdivia e Punta Arenas, constituirão organismos executivos e responsáveis pela atividade universitária em suas respectivas jurisdições."[68] Em 1975, o decreto 1728, de 27 de outubro de 1975, reestruturou a organização acadêmica da UTE em Santiago, estabelecendo quatro faculdades – Engenharia, Ciências, Estudos Gerais e Administração e Economia – e uma Escola Tecnológica. A Faculdade de Estudos Gerais substituiu a Faculdade de Educação, que já havia sido extremamente impactada na repressão inicial, com centenas de professores exonerados e outras dezenas de torturados.[69] A redução da UTE e a supressão de institutos começaram a ocorrer de maneira mais sistemática, no entanto, a partir de 1976.

67 Cf. Libro 45222 do Ministerio de la Educación Pública. Archivo Nacional de la Administración.

68 Tradução do autor. No original: "vicerrectorías de las sedes de Antofagasta, Copiapó, La Serena, Talca, Concepción, Temuco, Valdivia y Punta Arenas, constituirán organismos ejecutivos y responsables de la actividad universitaria en sus respectivas jurisdicciones". MUÑOZ, Juan et al., *op. cit.*, p. 199.

69 *Ibidem*, p. 195 e 197.

Cabe ressaltar que reformulações, principalmente na área de humanas, como na antiga Faculdade de Educação, já haviam sido feitas com o intuito de expurgar os docentes de esquerda e limpar o "câncer marxista" da UTE. O argumento no momento era puramente político e ideológico. A partir de 1976, ele vem acompanhado também e, principalmente, de uma esfera econômica e de racionalização. Nas palavras do reitor delegado, Eugenio Reyes, proferidas em julho de 1977, a reestruturação visava atender às necessidades de cada região: "temos racionalizado a lista de cursos e de programas que existia nas sedes, estabelecendo áreas prioritárias que respondam cabalmente às necessidades de cada região..."[70]

Além do início da transferência do *campus* da UTE em Valdivia para a UACh, foram fechados o Instituto Tecnológico de Chillán, em fevereiro de 1977, e os Institutos Tecnológicos de Arica e Loa, em 1979.[71] Provavelmente o fechamento desses institutos e a gradual reestruturação de vários departamentos e institutos levaram a uma demissão significativa de docentes. Entre 1976 e 1979, constam da documentação do Departamento de Recursos Humanos da USACH 23 professores exonerados que entraram com pedido de pensão por exoneração política.[72] Como já mencionado, este número deve ser maior já que, por inúmeros fatores, muitos professores não devem ter entrado com um pedido de pensão. O alvo da repressão também variou nesse período, atingindo docentes da Faculdade de Administração e Economia,

70 Tradução do autor. No original: "hemos racionalizado la nómina de cursos y de programas que existía en las sedes, estableciendo áreas prioritarias que respondan cabalmente a las necesidades de cada región...". *Ibidem*, p. 199.

71 *Ibidem*, p. 200 e 202.

72 Fundo de Perseguidos Políticos. Departamento de Recursos Humanos da USACH.

da Faculdade de Estudos Gerais e de Institutos Técnicos ligados a diferentes áreas de Engenharia.

Os escassos documentos da época revelam alguns aspectos da repressão. Na documentação do Ministério da Educação Pública sobre as negociações de transferência do *campus* da UTE para a UACh em 1976, aparece uma nítida desconfiança entre os dois reitores da instituição, que se acusam mutuamente de não colaboração nos planos de reestruturação das duas universidades. O reitor da UTE, coronel Reyes, também mostra desconfiança em relação ao vice-reitor da sede da UTE em Valdivia, Luis Christen Adams, em ofício enviado ao ministro da Educação, o contra-almirante Arturo Troncoso. Reyes é bem contundente nas correspondências enviadas ao ministro. Além de questionar a negociação unilateral entre o reitor da UACh e o vice-reitor da sede da UTE em Valdivia, Reyes afirmou que investigações foram feitas pelo *Servicio de Seguridad* da UTE em relação a Christen – o qual seria destituído do cargo –, evidenciando um sistema de informação e repressão interna das universidades que o Chile tentava negar para o mundo. Segundo o reitor:

> Frente ao processo de integração da Sede da *Universidad Técnica del Estado* da cidade de Valdivia à *Universidad Austral de Chile*, o signatário se vê na necessidade de informar ao senhor Ministro que o atual Vice-Reitor de dita Sede, senhor Luis Christen Adams, não é confiável para intervir nos estudos que deverão efetuar-se para a referida integração, de suma importância e delicadeza para ambas Instituições interessadas. Os antecedentes políticos e administrativos do senhor Christen, devidamente comprovados pelos Serviços de Segurança desta Casa de Estudos, não o fazem pessoa confiável, no juízo do signatário, para intervir com critério independente e nacional nestas gestões em que se encontra comprometida a política de en-

> sino superior universitária do Supremo Governo e revelada ao país pelo senhor Ministro. Por estas razões, e no exercício das faculdades que me conferem as disposições legais vigentes, decidi transferir a direção superior da Sede de Valdívia desta Instituição, durante todo o tempo necessário para aprimorar os estudos e legalizar a integração proposta, ao destacado advogado senhor Edgardo Pineda, que atua como Ministro da Ilma. Corte de Apelações de Valdivia, pessoa altamente admirada por suas qualidades culturais e de equanimidade e independência de juízo, e quem aceitou este delicado encargo.[73]

Não é de se surpreender a existência de um serviço de vigilância da própria universidade. A revelação da vigilância universitária por parte do próprio reitor em documento oficial é o que

73 Tradução do autor. No original: "Frente al proceso de integración de la Sede de la ciudad de Valdivia de la Universidad Técnica del Estado con la Universidad Austral de Chile, el suscrito se ve en la necesidad de informar al señor Ministro que el actual Vice-Rector de dicha Sede, don Luis Christen Adams, no cuenta con la confianza del suscrito para intervenir en los estudios que deberán efectuarse para dicho objeto, de suyo (sic) importante (sic) y delicado (sic) para ambas Corporaciones interesadas. Los antecedentes políticos y administrativos del señor Christen, debidamente comprobados por los Servicios de Seguridad de esta Casa de Estudios, no lo hacen persona confiable, a juicio del suscrito, para intervenir con criterio independiente y nacional en estas gestiones en que se encuentra comprometida la política de enseñanza superior universitaria del Supremo Gobierno y dada a conocer al país por el señor Ministro. Por estas razones, y en el ejercicio de las facultades que me confieren las disposiciones legales vigentes, he decidido encomendar la dirección superior de la Sede de Valdivia de esta Corporación, durante todo el tiempo necesario para afinar los estudios y legalizar la integración propuesta, al destacado abogado señor Edgardo Pineda, quien se desempeña como Ministro de la Ilma. Corte de Apelaciones de Valdivia, persona altamente apreciada por sus condiciones culturales y de ecuanimidad e independencia de juicio, y quien ha aceptado este delicado encargo." Cf. *Libro 45222* do Ministerio de la Educación Pública. Archivo Nacional de la Administración.

concede ao documento relevância, já que grande parte dessas informações é encontrada apenas em documentos de denúncias, de lutas pelos direitos humanos e em impressos variados da oposição política clandestina. Um bom exemplo dessa documentação é uma carta anônima, datada de 11 de junho de 1976 e formulada por estudantes da UTE, que denuncia o clima de medo, vigilância e repressão existente no *campus* de Santiago e que foi imposto pelas autoridades através dos *Servicios de Seguridad.* A carta foi enviada a jornalistas, provavelmente com o intuito de ser publicada. Os estudantes fizeram críticas perspicazes ao sistema repressivo, questionando, inclusive, os gastos com tantos agentes em um momento de cortes financeiros na educação. Parte da carta diz:

> Apesar dos problemas econômicos, que segundo as atuais autoridades, têm sido os causadores da alta excessiva das matrículas e da diminuição de vagas nas escolas, cada vez mais aumenta o número de funcionários policiais da DINA, contratados como funcionários e com salários pagos pela universidade. Como exemplo pode-se assegurar, segundo confissão de um deles, que somente em janeiro de 1976 foram contratados sessenta e quatro destes indivíduos.[74]

A carta discorre sobre a dinâmica da vigilância e trata, inclusive, dos agentes disfarçados, que se infiltravam no meio dos estudantes para reunir informações:

---

74 Tradução do autor. No original: "A pesar de los problemas económicos, que según las actuales autoridades, han sido los causantes del alza excesiva de las matrículas y disminución de vacantes en las escuelas, cada vez aumenta el número de funcionarios policiales de la DINA contratados como personal de servicio y con sueldo pagado por la universidad. Como ejemplo se puede asegurar, según confesión de uno de ellos, que sólo en enero de 1976 fueron contratados sesenta y cuatro de estos individuos". Cf. Documento 7203. CD: 03226. Archivo de la Vicaría de la Solidaridad.

> Existe um corpo de vigilantes que se distribuí por todos os recintos universitários. A cada cinquenta metros nos jardins e acessos de entrada a universidade se localizam um ou dois espiões, além de grupos mais numerosos no interior de veículos estacionados em todas as entradas. Há uma distribuição de cinco desses funcionários por corredor. A função destes indivíduos é a de escutar as conversas dos estudantes, e deter qualquer um que em seu juízo tenha expressado opiniões contrárias às atuais autoridades do governo. Para poder escutar as conversas se aproximam de qualquer grupo de estudantes, inclusive os seguem até os banheiros, por temerem que alguém escreva nas paredes palavras contrárias à Junta Militar. Nem mesmo na área de esportes da universidade os estudantes estão a salvo desta perseguição. Todo grupo de estudantes é permanentemente vigiado. Além destes "vigilantes", há pseudo-estudantes, que não são nada mais que agentes da DINA infiltrados entre os estudantes com o objetivo de espioná-los mais de perto. Estes "estudantes" ingressam sem cumprir os requisitos normais de admissão. Um exemplo disto é o "estudante" Arturo Romero Caldrón, que entrou em 1975, atualmente "estudando" no nível 261 de Pedagogia em Química, e que é membro do SIM (Sistema de Inteligência Militar).[75]

75 Tradução do autor. No original: "Existe un cuerpo de vigilantes que se distribuyen por todos los recintos universitarios. Cada cincuenta metros en los jardines y accesos de entrada a la universidad se ubican uno o dos espías, además de grupos más numerosos en el interior de vehículos estacionados en todas las entradas. Hay una distribución de cinco de "estos funcionarios" por pasillo. La función de estos individuos es la de escuchar las conversaciones de los estudiantes, y detener a todo aquel que a su juicio haya expresado opiniones contrarias a las actuales autoridades de gobierno. Para poder escuchar las conversaciones se acercan a todo grupo de estudiantes, incluso los siguen hasta los servicios higiénicos, por temor a que alguien escriba en las murallas

Por fim, a missiva anônima dos estudantes da UTE conclui a denúncia evidenciando como a estrutura de repressão possuía todo apoio das autoridades que comandavam a UTE e como ela também servia para vigiar os funcionários e professores pertencentes à instituição, criando uma rede repressiva que se espalhava pelo mundo acadêmico:

> A cargo da "polícia universitária" se encontra o major do Exército Hernán Padilla. Ele tem como lugar de trabalho as oficinas nº 9 e nº 10 no terceiro andar da Reitoria, usando como pseudônimo o de "Comandante Fuenzalida", figurando como responsável da segurança, ainda que costume usar também a denominação de "Chefe de Gabinete do Reitor". Para trabalhos fora da universidade usa também o sobrenome "Rivas". A Polícia Universitária, que controla e investiga os antecedentes de todos os funcionários e professores que optam por trabalhar na UTE, é um organismo repressivo, constituído ilegalmente para amordaçar o pensamento e a criação intelectual dos universitários.[76]

---

conceptos contrarios a la Junta militar. Ni siquiera en el campo deportivo de la universidad los estudiantes están a salvo de esta persecución. Todo grupo de estudiantes es permanentemente vigilado. Además de estos 'vigilantes', hay pseudo-estudiantes, que no son sino agentes de la DINA infiltrados entre los estudiantes con el objeto de espiarlos desde más cerca. Estos 'estudiantes' ingresan sin cumplir los requisitos normales de ingreso. Un ejemplo de lo anterior lo constituye el 'estudiante' Arturo Romero Caldrón, ingresado en 1975, actualmente 'estudiando' en el nivel 261 de Pedagogía en Química, miembro del SIM (Servicio de Inteligencia Militar)". Cf. Documento 7203. CD: 03226. Archivo de la Vicaría de la Solidaridad.

76 Tradução do autor. No original: "Acargo de la 'policía universitaria' se encuentra el mayor de Ejército Hernán Padilla. Tiene como lugar de trabajo las oficinas Nº 9 y Nº 10 en el tercer piso de la Casa Central, usando como pseudónimo el de 'Comandante Fuenzalida', figurando como encargado de seguridad, aunque suele usar también la nominación de 'Jefe de Gabinete del

Os dois documentos de 1976, provenientes de grupos diametralmente opostos do período da ditadura militar, demonstram como a rede repressiva formada na UTE se consolidou após os momentos iniciais do Golpe. O poder concedido aos reitores ao final de 1973 e durante 1974 pelos decretos nº 50 e nº 139 haviam permitido montar uma rede de vigilância e repressão que duraria por toda a ditadura.

As demissões dos docentes, como já mostrado, deram-se, no geral, através de longas listas que encerravam a carreira acadêmica, muitas vezes definitivamente. Passados os primeiros anos de demissões massivas, as autoridades da UTE passaram a se utilizar de outras abordagens, igualmente agressivas, na exoneração dos professores. O caso do professor Héctor Rodríguez, do *campus* da UTE em Talca, serve para exemplificar o que ocorreu com outros docentes. Rodríguez, que já havia ficado sem seu cargo de professor de matemática em um projeto do Convênio CUT-UTE, quando este foi encerrado imediatamente após o golpe, foi obrigado a se demitir em 1976 sob ameaça de não conseguir emprego como professor em nenhum estabelecimento. No certificado de desligamento da universidade consta "renúncia voluntária", situação que o professor nega em carta enviada ao Departamento de Recursos Humanos da USACH: "No entanto, esta renúncia não foi voluntária, e sim obrigada, baixo ameaça de que se não a pedia

Rector', para efectos de trabajos fuera de la universidad usa también el apellido de 'Rivas'. La Policía Universitaria, que controla e investiga los antecedentes de todos los funcionarios y profesores que optan a trabajar en la UTE, es un organismo represivo, constituido ilegalmente para amordazar el pensamiento y la creación intelectual de los universitarios". Cf. Documento 7203. Código de solicitação: CD: 03226. Archivo de la Vicaría de la Solidaridad.

se emitia um informe negativo que o impediria de desempenhar o magistério em qualquer estabelecimento educacional."[77]

As ameaças contra os professores, como a feita contra Rodríguez, causavam preocupações reais, pois eram efetivamente cumpridas. Carmen Vargas foi uma das atingidas pelas listas "de veto" após sua demissão da UTE em 1973, como já mostrado no segundo capítulo. Outras professoras, como Neuda Duhal e Marta Joignant não buscaram empregos em outras universidades no Chile, já que sabiam o que ocorria por meio de outros colegas que tentavam a sorte.[78]

As demissões e o sistema de vigilância apenas aumentariam nos anos seguintes, à medida que os planos de reforma universitária da ditadura de Pinochet se mostravam evidentes. Mesmo com o ressurgimento do Movimento Estudantil, a UTE foi amplamente afetada com a reforma e a repressão.

A reforma e a repressão se aprofundam na UTE: redução de investimentos, exonerações de professores e o fim de uma universidade nacional

Após o ano de 1978, marcado pelos primeiros protestos significativos contra a ditadura, principalmente por parte dos estudantes e dos grupos de familiares de mortos e desaparecidos políticos, o governo começou a traçar planos concretos para reestruturar de vez as universidades, como apresentado no capítulo anterior. A UTE foi uma das universidades mais atingidas pela reestruturação, com cortes de verbas e demissões massivas. Cursos

77 Tradução do autor. No original: "Sin embargo, esta Renuncia no fue voluntaria, sino obligada, bajo amenaza de que si no lo hacía, se emitía un informe negativo que le impediría desempeñarse como profesor en cualquier establecimiento educacional". Cf. documentação de Hector Rodríguez Mercado no Fundo de Perseguidos Políticos. Departamento de Recursos Humanos da USACH.

78 Entrevistas com Carmen Vargas, Marta Joignant e Neuda Duhal.

continuaram sendo fechados, como os de Técnico Universitário Florestal e Técnico em Manutenção de Equipamentos, encerrados em março de 1980, gerando a demissão de mais professores.[79]

Constam na documentação do Departamento de Recursos Humanos da USACH 36 professores exonerados apenas nos anos de 1980 e 1981.[80] Número maior que o período que compreende entre 1976 e 1979. Esse número, porém, está muito abaixo do estimado para o período.

Em janeiro de 1980, pouco antes do início das aulas, já ocorreram denúncias de membros da UTE sobre a exoneração de 50 docentes.[81] O mesmo ocorreu em janeiro de 1981, quando mais de 40 docentes foram exonerados no "plano de reestruturação" da UTE. A demissão em massa desse ano gerou ainda mais indignação e polêmica, pois relevantes nomes da universidade foram demitidos, como Jaime Michelow, Jorge Rojo, Clara Rubio, José Navarro e Gabriela Stranger, pertencentes à Faculdade de Ciências, Rolando Vega Baigorri, da Faculdade de Engenharia e René Schieferly, da Faculdade de Estudos Gerais. Dessa lista, o nome que mais chama atenção é o de Jaime Michelow. Michelow era um dos mais destacados matemáticos chilenos, tendo sido o primeiro doutor em Matemática do Chile, em 1962, fundador do programa de *Licenciatura Académica en Matemática* (LAM), que refundou e aprimorou a formação de professores na área no país, e um dos principais artífices do desenvolvimento da computação no Chile.[82]

---

79 MUÑOZ, Juan et al, *op. cit.*, p. 204.

80 Fundo de Perseguidos Políticos. Departamento de Recursos Humanos da USACH.

81 Documento 0033. Código de solicitação: 6.3/U84. Archivo de la Vicaría de la Solidaridad.

82 Documento 0033. Código de solicitação: 6.3/U84. Archivo de la Vicaría de la Solidaridad.

A justificativa apresentada na maioria das demissões remetia a uma "racionalização, renovação e ajuste, tanto dos recursos materiais, como de seu pessoal acadêmico, administrativo e de serviço",[83] porém muitas das demissões tiveram motivações políticas, principalmente pela indignação de muitos docentes com a precarização da UTE e seu apoio às manifestações estudantis. O exemplo de Michelow, assim como de outros importantes professores expulsos de outras universidades chilenas, clarifica a ânsia repressiva da ditadura de abafar as vozes contrárias no interior das universidades. Michelow trabalhava diretamente com a formação de futuros professores e estava ciente da reestruturação autoritária e elitista que o regime pinochetista impunha ao ensino superior.

Os estudantes, como era de se esperar, foram duramente atingidos ao final da década de 1970 e começo dos anos 80, principalmente a partir de 1979, quando foi criada a comissão especial que criaria a *Ley General de Universidades*. O clima na UTE era de enfrentamento e de ameaças diretas, como mostra o relato coletado por Gallardo:

> Ao final dos anos setenta e princípio dos oitenta, a irmã de Robinson estudou Pedagogia na Universidade. "Ela viveu toda a revolta interna, quando os guardas da Universidade levavam presos os rapazinhos e os mandavam aos órgãos de segurança, ou aos Carabineros, à DINA ou à CNI. Ela via tudo isso e chegava à casa assustada, contando o que

83 Tradução do autor. No original: "racionalización, renovación y ajuste, tanto de los recursos materiales, como de su personal académico, administrativo y de servicio". Cf. Libro 49327 do Ministerio de la Educación Pública. Archivo Nacional de la Administración; Fundo de Perseguidos Políticos. Departamento de Recursos Humanos da USACH.

> havia ocorrido e como saíam correndo dos policiais quando eles reprimiam."[84]

Ainda em 1980, um grupo de extrema direita intitulado de *Frente de Lucha Anti-Marxista* (FLAMA) ameaçou diversos estudantes que participavam de grupos estudantis contrários ao regime. Alguns desses estudantes ameaçados, como Pedro Ahumada e Erick Herrera, haviam sido suspensos ou expulsos da UTE por participarem de grupos estudantis não reconhecidos. Os professores que apoiavam ou eram coniventes com esses estudantes tinham destino parecido, ainda que disfarçado sob a justificativa de reestruturação.[85]

A situação se tornou mais crítica com o aprofundamento da reestruturação a partir da *Ley General de Universidades* em 1981. No início do ano, estudantes da UTE e da UCh entregaram uma declaração pública e fizeram uma manifestação na sede da ONU em Santiago denunciando as perseguições e violações dos direitos humanos nas universidades chilenas. A vigilância no *campus* principal da UTE foi reforçada ao mesmo tempo em que mais estudantes e professores eram expulsos e sofriam sanções. Qualquer discurso ou "*acción proselitista política*", como

---

84 Tradução do autor. No original: "A fines de los setenta y principio de los ochenta, la hermana de Robinson estudió Pedagogía en la Universidad. 'Ella vivió toda la revuelta interna, cuando los guardias de la Universidad tomaban detenidos a los chiquillos y se los pasaban a los cuerpos de seguridad, o a Carabineros, a la DINA o a la CNI. Ella veía todo eso y llegaba a la casa asustada, contando lo que había sucedido y cómo salían arrancando de los pacos cuando los reprimían'". GALLARDO, Juanita, *op. cit.*, p. 208.

85 Documento 0033. Código de solicitação: 6.3/U84. Archivo de la Vicaría de la Solidaridad.

revela o vocabulário utilizado nos documentos do Ministério da Educação, era motivo para punições administrativas.[86]

O regime respondeu às pressões internas e externas com mais violência nas universidades, como relatado pelo político Yerco Ljubetic no livro de Mönckeberg: "em 1980 e 1981 a Ley General de Universidades veio acompanhada de um processo repressivo imediatamente anterior e posterior."[87] O professor Iñigo Díaz, no mesmo livro da jornalista, também denunciou a violência do período e a precarização das universidades, principalmente as duas estatais: "*El gobierno militar ideológicamente empezó a preparar las condiciones para la Ley de Universidades de 1981. Hasta ahí ló único que habían hecho era destrozar la Chile y la Universidad de Santiago.*"[88]

Silenciar os setores mais críticos era essencial para a implantação da reforma e, em fevereiro de 1981, seguindo as diretrizes da *Ley General de Universidades*, a UTE iniciou o processo de reformulação de sua estrutura administrativa, fortalecendo ainda mais o papel dos militares na instituição. O novo reitor, o brigadeiro general Jorge O' Ryan Balbontin, que havia assumido em dezembro de 1980, aprovou, em fevereiro de 1981, a criação de novas unidades administrativas da UTE, que ficaram a cargo de militares. A *Dirección General de Planificación y Desarrollo* e a

---

86 Cf. Libro 49319 do Ministerio de la Educación Pública. Archivo Nacional de la Administración; Documento 0033. Código de solicitação: 6.3/U84. Archivo de la Vicaría de la Solidaridad.

87 Tradução do autor. No original: "en 1980 y 1981 la Ley General de Universidades vino acompañada de un proceso represivo inmediatamente anterior y posterior". MÖNCKEBERG, María Olivia, *op. cit.*, p. 248.

88 Tradução do autor. No original: "El gobierno militar ideológicamente empezó a preparar las condiciones para la Ley de Universidades de 1981. Hasta ahí ló único que habían hecho era destrozar la Chile y la Universidad de Santiago". *Ibidem*, p. 249.

Vicerectoría de Apoyo General, duas das novas unidades criadas mais relevantes e com mais atribuições na UTE reestruturada, foram postas a cargo dos coronéis reformados Arturo Meléndez Infante e Mateo Durruty Blanco, respectivamente. Não suficiente, foi nomeado como decano da Faculdade de Engenharia, o capitão reformado Raúl Smith Fontana. O início da reestruturação imposta à UTE, somada à normatização da cobrança de mensalidades e à progressiva redução de investimentos do Estado, conforme instituiu a *Ley General de Universidades*, causaram indignação e protestos entre os professores e alunos, que buscaram fazer denúncias em alguns veículos de comunicação ainda em fevereiro de 1981. A reestruturação, no entanto, não parou por aí.[89]

No dia 20 de março de 1981 foram publicados no *Diario Oficial* vários *Decretos con Fuerza de* Ley (DFL) que instituíram a efetiva fragmentação da *Universidad Técnica del Estado*. A fragmentação levada a cabo pelas autoridades da UTE seguiu as diretrizes da DFL nº 2, que previa a divisão das universidades existentes, principalmente as duas públicas e nacionais, e a formação de novas instituições de ensino superior independentes. Os DFL números 11, 12, 17, 19 e 21 criaram, a partir de institutos e faculdades da UTE e da UCh em diferentes cidades, a *Universidad de Antofogasta*, a *Universidad de La Serena*, a *Universidad de La Frontera*, o *Instituto Profesional de Osorno* e o *Instituto Profesional de Talca*, respectivamente. Os DFL números 14, 16, 18 e 20 criaram, a partir de institutos e faculdades da UTE em distintas cidades, o *Instituto Profesional*

89 Documento 0033. Código de solicitação: 6.3/U84. Archivo de la Vicaría de la Solidaridad; MUÑOZ, Juan et al. *La Universidad de Santiago de Chile*, p. 206 e 212.

de Copiapó, a *Universidad de Bio-Bio*, o *Instituto Profesional de Valdivia* e o *Instituto Profesional de Magallanes*.[90]

Entre os dias 4 e 9 de abril de 1981 foram publicados os nomes dos reitores delegados designados para as novas universidades criadas a partir da fragmentação da UTE, dando continuidade à estrutura militar imposta às universidades originais.[91]

Por fim, em 21 de março de 1981, a ditadura chilena completou sua obra de intervenção na UTE por meio do DFL número 23, que modificou o nome da instituição de *Universidad Técnica del Estado* para *Universidad de Santiago de Chile* (USACH).[92] O novo nome, proposto pelo reitor delegado Jorge Balbontín, seria, segundo os militares, mais adequado para a nova estrutura da instituição, que agora se encontrava apenas na capital. No entanto, a mesma fragmentação ocorreu com a tradicional *Universidad de Chile*, que não teve seu nome modificado. Apagar o nome da UTE possuía uma dimensão simbólica, já que ela era tida como referência histórica e memorialística para o governo Allende.

Ao longo do ano de 1981, as medidas repressivas e o clima de insegurança continuaram assombrando a comunidade acadêmica da USACH, ao mesmo tempo em que ocorriam outras mudanças estruturais. Ao longo de todo o mês de maio, Balbontín viajou pelo país para fazer a entrega formal das várias sedes regionais da ex-UTE.[93] Alguns dos institutos profissionais provenientes da fragmentação da ex-UTE virariam universidades ainda no mesmo

---

90 Diario Oficial de 20/03/1981, p. 1458 a 1462. Biblioteca Nacional. Santiago.

91 Diario Oficial de 09/04/1981, p. 1747 e 1748; Diario Oficial de 11/04/1981, p. 1793. Biblioteca Nacional. Santiago.

92 O decreto instaurado em março só foi publicado no Diario Oficial de 15/04/1981, p. 1844 e 1845. Biblioteca Nacional. Santiago.

93 MUÑOZ, Juan et AL, *op. cit.*, p. 208 e 209.

ano por meio de outros DFLs.[94] Os grupos estudantis das novas universidades demorariam a se organizar e teriam seu vínculo institucional (ainda que ele fosse considerado ilegal pelo regime) enfraquecido com o grupo de oposição à ditadura que havia se estabelecido na sede da USACH – e que viria a se tornar a *Federación de Estudiantes de la Universidad de Santiago de Chile* (FEUSACH).

Somando-se à fragmentação e à cobrança nas universidades, alguns prédios e estabelecimentos da ex-UTE foram transferidos, em abril de 1981, à iniciativa privada, que passou a investir no ensino superior com todo o apoio fornecido pelo regime pinochetista. Por se tratarem de instituições que não poderiam lucrar, os prédios do *Instituto Comercial* e da *Escuela Técnica Femenina*, anexos à *Facultad de Estudios Generales* foram transferidos, aparentemente sem cobranças, à iniciativa privada em ofício assinado pelo ministro Alfredo Prieto Bafalluy.[95] Ao final de 1981, a agora USACH já havia praticamente completado sua reforma estrutural e administrativa, aprovando no dia 11 de dezembro o novo Estatuto Orgânico, que conferia grande poder ao reitor e a uma junta diretiva.

Os pedidos de pensão entre os anos de 1982 e 1988 apontam apenas 18 docentes exonerados. Mais uma vez esse número não condiz com a realidade por variados fatores já enumerados ao longo da pesquisa aqui apresentada. Apesar das demissões massivas não terem ocorrido como nos momentos iniciais do pós-golpe, o ano de 1982 foi marcante no quesito da repressão na USACH.

Acompanhando o ensaio geral que foi o ano de 1982 para os grandes protestos que ocorreriam no Chile em 1983, a repressão política nos *campi* foi intensa. Mais de 90 docentes foram exo-

94 Diario Oficial de 26/10/1981, p. 4794 e 4795. Biblioteca Nacional. Santiago.

95 Cf. Libro 49319 do Ministerio de la Educación Pública. Archivo Nacional de la Administración.

nerados no início desse ano, 46 apenas da *Facultad de Estudios Generales*. Alguns docentes resolveram partir para o exílio por não suportar o clima de vigilância e controle da USACH. Um dos mais conhecidos professores e pesquisadores da área de Química no Chile, Bruce Cassels, argentino naturalizado chileno, partiu para o exílio no início de 1982. Em trechos de entrevista encontrada nos arquivos da *Vicaría de la Solidaridad*, Cassels discorreu sobre o clima de intolerância, falta de liberdade e insegurança na área docente que fizeram com que ele abandonasse o país:

> O entusiasmo se perdeu porque são muitos os que vivem assustados [...] de perder o emprego, de ser exonerado. Assim expulsaram a 2 de meus colaboradores. E no caso da doutora Silvia Sepúlveda, a expulsaram enquanto estava em um programa com bolsa na Alemanha. Foi uma medida torpe e injusta porque ela não tem nenhum pecado político: foi arbitrária. [...] Acentuaram sua visão economicista e pensam ser meras fábricas de profissionais cada vez mais medíocres, onde se mantém ao corpo discente escutando o mesmo que poderiam ler em livros. No ano passado, na *Universidad de Santiago*, se emitiu uma ordem ridícula: os professores deviam ministrar as aulas com gravata e paletó. E isso porque pretendem fazer que o professor pareça um senhor distante...se está proibindo criar amizade ou relações extra-acadêmicas. Assim se estabelece um limite à transmissão e ao desenvolvimento de ideias.[96]

96 Tradução do autor. No original: "El entusiasmo se perdió porque son muchos los que viven asustados [...] de perder la pega, de ser exonerado. Así echaron a 2 de mis colaboradores. Y en el caso de la doctora Silvia Sepúlveda, la echaron mientras estaba becada en Alemania. Fue una medida torpe e injusta porque ella no tiene ningún pecado político: fue arbitraria. [...] Han acentuado su visión economista y creen ser meras fábricas de profesionales cada vez más mediocres, donde se mantiene al alumnado escuchando lo mismo que po-

A preocupação das autoridades militares universitárias com o relacionamento entre os professores e os alunos também se evidencia em outras denúncias apresentadas a *Vicaría*, além do relatado na entrevista de Cassels. É relevante destacar esses documentos que mostram que, apesar da preocupação maior ser o movimento estudantil, os professores também eram vigiados pelo aparato repressivo enquanto ameaça política, o que contradiz o discurso oficial da ditadura chilena de cortes apenas por questões orçamentárias. Em uma via de mão dupla, os docentes influenciavam e sofriam influências dos alunos. A ditadura pretendia diminuir ao máximo o contato entre alunos e professores no que não se referisse ao considerado "estritamente acadêmico" em uma concepção apolítica, como evidenciado na fala de Cassels, e também na denúncia exposta em documento do *Centro de Pastoral Universitaria*, que trata da exoneração arbitrária de dois professores da *Escuela Tecnológica*:

> Sem conhecer as razões oficiais, foram exonerados dois professores da Escola Tecnológica da USACH. Outros professores dessa unidade docente disseram que lhes pediram a renúncia e tiveram que assinar sob pressão. Os docentes tinham muita influência sobre os estudantes, o que quebrava a distância que deve haver entre acadêmicos e estudantes.[97]

---

drían leer en libros. El año pasado, en la Universidad de Santiago se dictó una orden ridícula: los profesores debían hacer clases con corbata y chaqueta. Y eso porque pretenden hacer que el profesor parezca un señor distante...se está prohibiendo entablar amistad o relaciones extra-académicas. Así se establece un límite a la transmición (sic) y al desarrollo de las ideas". Cf. Documento 0033. Código de solicitação: 6.3/U84. Archivo de la Vicaría de la Solidaridad.

97 Tradução do autor. No original: "Sin conocerse las razones oficiales, fueron exonerados dos profesores de la Escuela Tecnológica de USACH. Otros profesores de esa unidad docente expresaron que se les pidió la renuncia y tuvieron

O início dos anos 1980 no Chile marcou uma nova fase da ditadura de Pinochet. Ao mesmo tempo em que se promulgava a nova Constituição e se instaurava a reforma universitária, ambas neoliberais, o país entrava em uma profunda crise econômica, que seria acompanhada pelo crescimento de protestos massivos de parte da sociedade e pelo início de uma progressiva oposição política que derrotaria Pinochet ao final da década. A USACH, recém-reestruturada, continuaria sendo alvo de medidas repressivas da ditadura. Porém, a partir do ano de 1982, o movimento estudantil da instituição, com o apoio do corpo docente, fortalecer-se-ia com a luta contra a ditadura e as autoridades universitárias pró-Pinochet enfrentariam uma oposição interna cada vez mais intensa. Os docentes formariam uma *Asociación de Académicos* que, juntamente com a FEUSACH, denunciaria sistematicamente a repressão recorrente no *campus* e fora dele contra os integrantes da universidade. Marcado por essa conjuntura, a análise da repressão contra os docentes na ex-UTE na presente pesquisa se encerra a partir desse novo contexto que começa a enfraquecer aos poucos a ditadura chilena.

A UFMG e a UTE como exemplos: modernização autoritária x neoliberalismo autoritário

As duas ditaduras implantaram reformas universitárias em momentos de profundas mudanças em seus regimes. No Brasil, a lei de reforma universitária veio acompanhada do endurecimento do regime a partir do AI-5. No Chile, a lei de reforma

---

que firmarla por presión. Los docentes tenían mucho ascendiente sobre los estudiantes lo cual rompía la distancia que debe haber entre académicos y estudiantes". Documento 0033. Código de solicitação: 6.3/U84. Archivo de la Vicaría de la Solidaridad.

universitária fez parte de uma série de mudanças institucionais pautadas pela política econômica neoliberal e pelo pensamento conservador gremialista.

Em ambos os países, houve a pretensão de manter tradições políticas e sociais baseadas em um pensamento conservador, que enxergava na esquerda seu principal inimigo. Porém, forças modernizantes, representadas por liberais e neoliberais, entraram em conflito com esse pensamento. Não que fossem adeptas das ideias da esquerda, muito pelo contrário. Porém, os grupos liberais sentiam a necessidade de efetuar mudanças para que as universidades se tornassem mais produtivas e competitivas, o que beneficiaria as novas elites econômicas, avessas a um pensamento conservador opositor à modernização. Disputas ocorreram entre os representantes dessas duas culturas políticas. Os liberais chocaram-se ainda com os nacionalistas de direita. O resultado foi distinto nos dois países no que tange a todas essas disputas da primeira metade das ditaduras.

No Chile, o projeto neoliberal foi o vencedor na disputa contra os nacionalistas de direita. Os conservadores gremialistas tiveram que fazer concessões aos *Chicago Boys*, mas a Constituição chilena, como mostrado, acabou por ser uma mistura do pensamento dos dois grupos. No Brasil, concessões também foram feitas entre os diferentes representantes das culturas políticas representativas da ditadura. Os nacionalistas de direita conseguiram fazer com que as principais universidades se mantivessem nas mãos do Estado e continuassem gratuitas, o que acalmava parte da esquerda. Porém, a modernização das universidades públicas foi efetuada e ainda houve um massivo investimento no setor privado educacional. Nas disputas no Brasil, os conservadores foram os que mais saíram perdendo. No entanto, a implantação da disciplina de educação moral e cívica (EMC) e a punição de professores por questões morais e de ideologia, que muitas vezes não eram vistas como ameaças para outros grupos no poder, mostram que os conservadores conseguiram algumas vitórias.

A diferença mais visível entre os dois países se dá no aspecto econômico. O Chile efetuou uma profunda reforma que mercantilizou todo o sistema universitário. E, mais do que isso, reduziu drasticamente os investimentos públicos nas universidades, mesmo em momentos de grande crescimento econômico. No Brasil, o caminho seguido foi o contrário. A partir do chamado milagre econômico, os investimentos públicos nas universidades aumentaram exponencialmente. Apesar de não entrar no recorte aqui analisado, a reforma universitária no Brasil, segundo Motta, gerou resultados positivos para as instituições públicas ao atender diversas demandas dos docentes e do movimento estudantil. Foi uma perspicaz estratégia da ditadura brasileira, que aliou repressão à reforma e crescimento econômico.[98]

Apesar das diferenças entre os grupos no poder dos dois países, o autoritarismo sempre permeou as atitudes de todos os grupos, ainda que em diferentes graus. No Brasil e no Chile, houve a defesa dos expurgos nas universidades, principalmente dos elementos de esquerda. No entanto, como vimos, em ambos os países, professores que não se encaixavam em um perfil propriamente de esquerda também foram punidos.

Os fatores listados acima ajudam a compreender como ocorreu o novo ciclo repressivo que atingiu os docentes das duas instituições analisadas. Em meio à reforma universitária e às manifestações estudantis, os docentes continuavam na mira da repressão.

Na UFMG, os professores foram tidos como coniventes e omissos em relação ao movimento estudantil. O diálogo com os

98 MOTTA, Rodrigo Patto Sá. *As universidades e o regime militar*, p.242-287.

estudantes e a não aplicação de medidas punitivas, expostas na lei, fizeram com que professores fossem punidos. Essas punições, que variaram em sua utilização e que tiveram como ápice a aplicação do AI-5, foram independentes, em parte, da cultura política dos docentes. Obviamente que vários deles foram cassados com base no critério ideológico, mas como explicitado, esse não foi o único fator. Inclusive, a defesa da reforma universitária, que os aproximavam das demandas estudantis, foi vista com desconfiança por alguns setores da repressão. A reforma universitária, para esses setores, deveria ser feita sem diálogo com os estudantes, de maneira vertical e impositiva.

Na universidade mineira, houve um movimento de efetivação da reforma, que se adiantou à discussão nacional e que levou em conta a opinião do movimento estudantil, como revelam os relatórios das unidades universitárias. As resoluções apontadas pelas escolas e faculdades foram apoiadas pela própria administração central, que dialogava com os estudantes ao mesmo tempo em que tentava diminuir as pressões e demandas repressivas do regime.

Com o endurecimento da ditadura, alguns professores cederam e chegaram a aplicar punições aos estudantes. Isso não foi suficiente para aplacar a ânsia repressiva, que atingiu com seu ato mais drástico 17 professores da UFMG. Os que não foram atingidos e eram considerados incômodos para a ditadura passaram a sofrer com o clima de falta de liberdade e de vigilância e foram alvos de outros tipos de perseguição, como o impedimento de viagens ao exterior ou o de assumir cargos de direção. Alguns professores da UFMG atingidos pelo AI-5 partiram para o exílio, que dessa vez seria longo.

Na UTE, a repressão ao final da década de 1970 não atingiu o grau de violência dos meses iniciais da ditadura militar pinochetista. Porém, as demissões em massa voltaram a ocorrer. A justificativa de que eram por questões econômicas acompanhava o discurso do governo de reestruturação e racionalização das universidades. Apesar disso, outros professores eram contratados em seguida, o que mostra a existência de perseguições de cunho político ou por apoio aos movimentos de contestação ao regime, que por aquela época começaram a crescer. Professores também partiram para o exílio por falta de condições de trabalho. O reitor da UTE, em meio à sua reestruturação, fortaleceu o aparato de vigilância, criando uma estrutura de delação no interior da universidade. Os docentes que, timidamente, começaram a se organizar em associações sofreram ameaças e perseguições. O regime queria garantir a todo o custo o sucesso de sua reforma.

Reprimir os docentes e silenciar as críticas às reformas foram características comuns às duas universidades. No entanto, no caso brasileiro as ambiguidades da ditadura mais uma vez apareceram. Muitos professores da UFMG que possuíam um passado considerado mais "esquerdista" ou que atuavam de maneira mais "subversiva" não foram atingidos pelo AI-5. Novamente, negociações e medidas conciliatórias podem ter surgido efeito. Porém, no caso dos professores atingidos, não houve negociação que surtisse efeito. Com os direitos políticos cassados e a impossibilidade de exercerem sua profissão em várias outras instituições, o impacto do AI-5 em suas vidas não pôde ser atenuado. No Chile, mais uma vez a ditadura foi firme e as demissões em massa mostraram que mesmo com a institucionalização do regime e com o aumento dos protestos, não ocorreu uma atenuação do braço repressivo.

Enquanto instituição, a UFMG se viu favorecida pelos aumentos nos investimentos em infraestrutura e pela ampliação do seu corpo docente. O preço pago foi o recrudescimento considerável da repressão, que atingiu significativamente o corpo docente e criou um clima de medo e desconfiança na instituição. Já a

UTE, foi totalmente fragmentada e chegou a perder institutos e faculdades até em Santiago. Nem sequer o seu nome original foi poupado. A repressão da ditadura chilena visou atingir a universidade mais "*roja*" de todas nas mais variadas dimensões possíveis, incluindo a simbólica.

Dessa maneira, nota-se que o autoritarismo foi elemento comum na reestruturação nas duas universidades, o que é evidenciado pela repressão contra os docentes, objeto de análise aqui. No entanto, a modernização desencadeada no Brasil, e tendo a UFMG como exemplo disso, visou investir, expandir e aprimorar a universidade pública. No Chile, a UTE revela que a universidade pública foi tratada em segundo plano e o que importou foram as regras do modelo neoliberal, que buscou diminuir ao máximo a responsabilidade do Estado em relação ao ensino superior público.

Conclusão

A repressão contra os docentes universitários nas ditaduras do Brasil e do Chile foi uma política de Estado que afetou a vida de várias pessoas e impactou profundamente o ensino superior. Neste estudo, pretendi mostrar como isso ocorreu a partir da análise da repressão contra os docentes de duas universidades de relevância para os dois países. O estudo foi desenvolvido tendo em vista um exame comparativo, o que possibilitou ampliar o escopo da análise, percebendo as semelhanças e, principalmente, as peculiaridades da repressão contra os professores em cada instituição.

Ao longo do trabalho, não deixei de estar atento ao contexto, internacional e nacional, vivido pelos dois países, assim como não negligenciei as características singulares de cada instituição, o que ajudou a revelar aspectos únicos da repressão contra os docentes da UFMG e da UTE. As ferramentas da história oral e o conceito de memória também foram levados em consideração na análise aqui efetuada, apesar de não ser um trabalho sobre memória propriamente dito. As entrevistas dos professores, por si só, resultariam em um trabalho à parte de dimensão memorialística. Deve-se ter em conta, no entanto, que elas foram de vital importância para a realização do trabalho e complementaram diversas lacunas existentes nas fontes documentais, principalmente no caso chileno.

A partir da pesquisa realizada e da análise das fontes, complementadas com a bibliografia, busquei responder às questões levantadas na introdução. Como foi apresentado, as repressões iniciais das duas ditaduras apresentaram semelhanças e diferenças. Em ambas houve exonerações, prisões de professores e torturas. A maioria dos professores visados era os que se identificavam com alguma cultura política de esquerda. Porém, a proximidade com os estudantes e até o grau de apoio às reformas também foram fatores relevantes para a repressão. Muitos docentes foram perseguidos por possuírem todas as características mencionadas acima. Para outros, bastou apenas uma delas. O clima de insegurança se instalou na UFMG e na UTE e os professores começaram a ser vigiados dentro dos *campi*. As duas ditaduras militares tiveram algumas atitudes repressivas semelhantes perante os professores de ambas as instituições, mas as diferenças foram marcantes e são elas que ajudam a compreender melhor aspectos únicos dos dois regimes, o que é essencial para a análise histórica.

O grau máximo de violência que acometeu a UTE não teve precedentes no Brasil, e nem no próprio Chile no que diz respeito às instituições universitárias. Como apontado, isso ocorreu devido ao contexto de polarização política intensa que vivia o Chile, mas, principalmente, pelo fato da UTE ser uma universidade popular e o modelo de reforma do governo socialista de Allende, revelando aspectos classistas e racistas da repressão na instituição. Foram centenas de professores demitidos e dezenas de professores torturados apenas nos primeiros meses, incluindo as principais autoridades universitárias. O reitor, logo após o golpe, permaneceu dois anos preso em um campo de trabalho forçado. A própria reitoria foi usada como local de tortura. Cinco docentes da UTE foram mortos nos três primeiros anos, sendo que quatro deles nos dois primeiros meses pós-golpe. A intervenção militar foi direta e imediata. As listas de professores exonerados selavam não somente o fim do vínculo com a UTE, mas, em vários casos, com a própria carreira de magistério no país. O exílio duradouro foi a saída encontrada para muitos dos docentes.

Comparada à UTE, o grau de repressão na UFMG foi mais atenuado no contexto da repressão inicial. Isso não significa que os acontecimentos ocorridos não tenham sido graves. Professores foram presos, arrolados em IPMs e houve alguns casos de tortura. Além disso, de todas as universidades brasileiras, foi a única em que se tentou impor uma intervenção militar direta, que acabou por fracassar. A instituição e seus docentes passaram a ser ainda mais vigiados - lembrando aqui que o DOPS já desempenhava esse serviço de vigilância antes mesmo do golpe de 1964. Sindicâncias internas foram realizadas, mas não acusaram nenhum membro acadêmico, o que a difere da UTE, onde listas imensas foram confeccionadas apontando professores, funcionários e estudantes "subversivos". Isso não significa que não tenha havido casos de denúncias no interior da própria UFMG, como visto pela missiva anônima denunciando um professor de ser pouco confiável e pelas disputas internas e acusações mútuas envolvendo docentes da instituição. Entretanto, se comparada a outras instituições brasileiras, a UFMG ofereceu maior resistência à ditadura. O organizado movimento estudantil e o significativo número de professores que defenderam a autonomia universitária[1] são exemplos disso.

Em ambos os casos foi possível encontrar histórias em que favores pessoais ou contatos com pessoas influentes protegeram professores e familiares de professores perseguidos. No entan-

1 Não necessariamente a questão da autonomia universitária foi trazida à tona por conta da ditadura militar brasileira. Era um aspecto já discutido nos governos anteriores e não havia um consenso sobre a questão, nem um respeito claro à autonomia das universidades. A repressão durante a ditadura, obviamente, piorou a situação e fortaleceu a luta em torno da questão da autonomia, que passou a ser uma das demandas do ensino superior no enfrentamento contra a ditadura e na pós-democratização.

to, aqui cabe uma ressalva, pois o contexto nacional e o grau de polarização nos dois países devem ser considerados. Os favores pessoais ocorridos no Chile estiveram relacionados a situações limites, como escapar de torturas ou de ser assassinado. Especificamente sobre a UTE, nenhum professor perseguido incluído neste trabalho conseguiu manter seu emprego na instituição. No caso brasileiro, alguns professores conseguiram escapar da prisão, de investigações e mantiveram seus empregos graças a esses contatos. Além da relevância do contexto de cada país, autores brasileiros e chilenos, como discutido na introdução, defendem que situações como essas estiveram relacionadas com a cultura política nacional, que influenciou nas relações entre as ditaduras e os docentes. Por se tratar do estudo de dois casos, preferi não ser categórico na afirmação da influência de uma cultura política nacional, pois isso demandaria uma análise mais geral das relações das ditaduras com o ensino superior nos dois países.

Um ponto que certamente deve ser considerado é sobre qual grupo golpista estava no poder nos diferentes momentos de repressão aqui analisados. No Chile, o impacto inicial do golpe na UTE foi extremado e o ódio aos "subversivos" desencadeou uma violência sem precedentes. O fato de haver uma polarização política intensa e de o governo derrubado ser abertamente socialista favoreceu para que isso ocorresse. Nota-se isso pelo discurso mais específico da ditadura chilena, que destacava o combate ao marxismo e às suas ideias. Isso difere da ditadura brasileira, que possuía um discurso mais difuso, de combate aos "subversivos" e "comunistas", apesar de não haver uma definição muito concisa sobre quais seriam suas ideias. À medida que a ditadura chilena buscava institucionalizar-se sob a influência dos gremialistas e neoliberais, a repressão se tornou menos intensa. O Brasil seguiu o caminho oposto, no qual houve o recrudescimento da repressão com um grupo mais autoritário no poder. Esses fatores ajudam a explicar o novo ciclo repressivo, quando as reformas universitárias estavam sendo implantadas.

Na UFMG, a vigilância e a repressão contra os professores tornaram-se mais intensas com o aumento das manifestações estudantis e a subida ao poder de Costa e Silva. Na análise, percebe-se claramente que o envolvimento com os estudantes e o que a ditadura brasileira chamou de omissão e conivência dos docentes em relação ao movimento estudantil foram fatores primordiais para a perseguição, aliados, em muitos casos, obviamente, ao pertencimento a alguma cultura política de esquerda. A defesa do diálogo com os estudantes se inseria nas discussões sobre a reforma universitária, o que fez com que professores atuantes no objetivo de modernizar a universidade fossem alvos dos órgãos de repressão. Dezessete professores foram atingidos pelo AI-5 e outros tantos sofreram outros tipos de perseguições.

A modernização advinda da reforma universitária favoreceu a UFMG, assim como tantas outras universidades públicas brasileiras. Os investimentos da ditadura e das agências internacionais foram primordiais para o desenvolvimento da instituição mineira. Porém, foi uma modernização autoritária de consequências negativas para a vida de vários professores e para a própria instituição, que viveu um longo período em um clima de medo e teve sua autonomia desrespeitada em diversas ocasiões.

Na UTE, foi estabelecida, logo após o golpe, uma espécie de microcosmo do que era a ditadura chilena em dimensão nacional. A intervenção militar foi direta desde um primeiro momento e foi sendo aperfeiçoada ao final da década de 1970. No entanto, a repressão não voltou a ser tão intensa como havia sido no imediato pós-golpe, o que foi explicado pela conjuntura vivida pelo Chile. O movimento estudantil começou a se reorganizar e foi seguido pelos professores que, face ao clima de insegurança e reestruturação da ditadura, criariam uma associação de acadêmicos na UTE. Mais demissões em massa ocorreram nesse período. A justificativa por parte das autoridades militares era cortes de gastos, mas o que pesava era a aproximação com o movimento estudantil e a inclinação política dos professores.

Diferentemente da UFMG, a UTE sofreu cortes de verbas, redução de infraestrutura e foi fragmentada, deixando de ser uma universidade com presença nacional. As universidades estatais foram as que mais sofreram no período Pinochet, e a UTE foi gradualmente aumentando as taxas cobradas dos estudantes à medida que os investimentos eram cortados. A reforma desenvolvida no Chile foi neoliberal e autoritária. Com a *Ley General de Universidades*, a "refundação" do ensino superior chileno foi consolidada. A partir da lei, todas as universidades passaram a ser definitivamente pagas e a educação passou a ser considerada um bem de consumo. Com isso, parte do projeto de nação de Pinochet e de seus aliados foi colocado em prática, visando enraizar-se de maneira profunda em todos os aspectos da vida chilena ao atingir setor tão importante como a educação universitária.

Um último aspecto a considerar diz respeito à relevância das duas universidades, que acredito ter sido evidenciada aqui. Grande parte dos estudos no Chile sobre a relação entre as universidades e a ditadura foca nas duas instituições tradicionais de elite localizadas na área nobre de Santiago, ou seja, na *Universidad de Chile* e na *Pontificia Universidad Católica de Chile*. Os estudos no Brasil, em sua maioria, se concentram no eixo Rio-São Paulo, centro de poder político e econômico. As análises sobre o período muitas vezes diminuem o papel e a importância de outras universidades dos respectivos países. O que se evidenciou na pesquisa aqui apresentada é que a UFMG e a UTE tiveram um destaque tão significativo quanto as instituições localizadas nesses centros de poder. Em alguns aspectos, pode-se afirmar que foram mais relevantes que aquelas instituições. A UTE, enquanto universidade mais esquerdista e símbolo do projeto educacional universitário de Allende para o Chile, foi uma preocupação constante para a ditadura de Pinochet. A UFMG indicou o caminho a ser seguido na reforma universitária pela ditadura, que buscou evitar se referir à UnB, universidade modelo do governo Jango. Além disso, foi a única universidade a possuir um anexo tratando de seu movimento estudantil – e da omissão de seus docentes – no relatório Meira Mattos, o que evidenciava a preocupação que a instituição trazia para a ditadura e o destaque que ela possuía em um plano nacional.

A repressão contra os professores na UFMG e na UTE é apenas uma parte da relação desenvolvida entre as duas ditaduras e suas universidades, mas é uma parte fundamental para se compreender os valores e projetos de nação dos dois regimes. Autoritário, conservador e liberal eram esses valores e foi a partir deles que as universidades dos dois lados da cordilheira foram reestruturadas. Décadas se passaram e muitas transformações ocorreram nos sistemas universitários dos dois países. Entretanto, estamos distantes de termos instituições de ensino superior plurais, democráticas e acessíveis a todas e a todos. O caminho a ser traçado rumo à liberdade e à igualdade no sistema educacional é cheio de percalços. Por isso, conhecer a história dessas instituições torna-se uma das ferramentas de combate para que políticas justas sejam realizadas e possibilitem que cada vez mais pessoas tenham acesso ao ensino superior e a uma educação emancipadora.

Referências bibliográficas

Lista de instituições pesquisadas

Archivo Nacional de la Administración. Fundo do *Ministerio de Educación Pública*. (Santiago, Chile).

Archivo de la Vicaría de la Solidaridad. (Santiago, Chile).

Arquivo Público Mineiro. Fundo do antigo Departamento de Ordem Política e Social de Minas Gerais (DOPS/MG). (Belo Horizonte, Brasil).

Biblioteca Central da UFMG. Acervo da Divisão de Coleções Especiais. Arquivo da Assessoria Especial de Segurança e Informação (AESI). (Belo Horizonte, Brasil).

Biblioteca Nacional do Chile. Hemeroteca. (Santiago, Chile).

Biblioteca Pública Estadual Luiz de Bessa. Hemeroteca. (Belo Horizonte, Brasil).

Departamento de Recursos Humanos da Universidad de Santiago de Chile (USACH). Fundo de perseguidos políticos. (Santiago, Chile).

Fontes impressas

Documentos do Fundo do *Ministerio de Educación Pública*.

Documentos do *Archivo de la Vicaría de la Solidaridad*.

Documentos da AESI.

Documentos do Fundo de perseguidos políticos.

Diário Oficial da União do Brasil.

Diario Oficial de la Unión de Chile.

Documentos avulsos fornecidos por Juanita Gallardo e pelos professores entrevistados. Listas de funcionários e professores exonerados da

Secretaria de Extensão e Comunicação, do Convênio CUT-UTE, da Faculdade de Educação, do Instituto Pedagógico e do Teatro da UTE.

Nueva Legislación Universitaria Chilena. Secretaria General; Consejo de Rectores Universidades Chilenas. Declaración del Ministerio del Interior sobre Nueva Legislación Universitaria.

Nueva Legislación Universitaria Chilena. Secretaria General; Consejo de Rectores Universidades Chilenas. Declaración del Ministerio de Educación Pública sobre normas de Institutos Profesionales.

Fontes impressas digitalizadas, documentos onlines e fontes audiovisuais

Documentos do antigo DOPS.

Relatório da Comissão Nacional da Verdade. Brasil.

Livro *Brasil: Nunca Mais.* Arquidiocese de São Paulo. Brasil.

Dossiê dos mortos e desaparecidos políticos a partir de 1964. Comissão de mortos e Desaparecidos Políticos. Brasil.

Livro *Direito à Memória e à Verdade*. Comissão Especial sobre Mortos e Desaparecidos Políticos. Brasil.

Informe de la Comisión Nacional de Verdad y Reconciliación (Informe Rettig). Chile.

Libro Memorial de la Universidad Técnica del Estado y la Universidad de Santiago de Chile: Informe de la Comisión de Reconciliación Universitaria de 1991, actualizado a 40 años del golpe de Estado de 1973. Chile.

Corporación Nacional de Reparación y Reconciliación (CNRR). Chile.

Informe da Comisión Nacional sobre prisión política y tortura (*Comisión Valech*). Chile.

Sobre padre Henrique Cláudio de Lima Vaz. Disponível em: <www.padrevaz.com.br> Acesso em: 10 out. 2015.

Reforma Universitária no Chile de Michelle Bachelet. Disponível em: <http://reformaeducacional.gob.cl/documentos/> Acesso em: 30 dez. 2015.

Discurso de Fidel Castro na *Universidad Técnica del Estado* (UTE). Disponível em: <http://www.archivochile.com/America_latina/fidelcl/fidelcl0027.pdf> Acesso em: 25 ago. 2015.

Chile se moviliza. Direção de Cote Correa e Carolina Trejo. Disponível em: https://www.youtube.com/watch?v=T6yVNjL8gFE#t=112. Acesso em: 10 out. 2014;

Se vende educación. Direção de Jhonathan Mendonza e Nancy Cervante. Disponível em: https://www.youtube.com/watch?v=n9s9Kbgy3xo. Acesso em: 4 out. 2014.

Fontes orais

Entrevistas realizadas pelo autor:

Jaime Medina Calizaya. Santiago, 12 set. 2013.

Mario Navarro. Santiago, 14 abril 2014.

Augusto Samaniego. Santiago, 22 abril 2014.

Luis Cruz Salas. Santiago, 24 abril 2014.

Carmen Vargas. Santiago, 25 abril 2014.

Neuda Aguilar Duhau. Santiago, 24 set. 2014.

Marta Joignant. Santiago, 1º out. 2014.

Entrevistas realizadas por outros pesquisadores e que se encontram no Acervo do Núcleo de História Oral da Fafich/UFMG:

Bolivar Lamounier (entrevistador: Rodrigo Patto Sá Motta. São Paulo, fev. 2009).

Celson Diniz Pereira (entrevistador: Rodrigo Patto Sá Motta. Belo Horizonte, dez. 2007).

Fábio Wanderley Reis (entrevistador: Rodrigo Patto Sá Motta. Belo Horizonte, set. 2008).

Hélio Pontes (entrevistador: Rodrigo Patto Sá Motta. Belo Horizonte, out. 2007).

José Israel Vargas (entrevistador: Rodrigo Patto Sá Motta. Belo Horizonte, out-nov. 2009).

Simon Schwartzman (entrevistador: Rodrigo Patto Sá Motta. Rio de Janeiro, abr. 2009).

Edgar da Mata Machado (entrevistadora: Lucília de Almeida Neves. Belo Horizonte, 1991).

Entrevistas realizadas por outros pesquisadores e que se encontram no Acervo do Centro de Pesquisa e Documentação de História Contemporânea do Brasil (CPDoc):

Aluísio Pimenta (entrevistador: Simon Schwartzman. Washington-DC, 1978).

Amilcar Viana Martins (entrevistador: Simon Schwartzman. Belo Horizonte, 1978).

Entrevista online:

Luis Cifuentes Seves. Disponível em: http://lautevive.blogspot.com.br/2007/08/dr-luis-cifuentes-un-enamorado-de-la.html. Acesso em: 16 jan. 2016.

Livros, capítulos, artigos

AARÃO REIS, Daniel. "Classe operária, partido de quadros e revolução socialista. O itinerário da Política Operária – Polop". In: AARÃO REIS, Daniel; FERREIRA, Jorge (Orgs.). *As esquerdas no Brasil. Revolução e democracia (1964-...)*. Vol. 3. Rio de Janeiro: Civilização Brasileira, 2007, p. 53-71.

______. *Ditadura e democracia no Brasil.* Rio de Janeiro: Zahar, 2014.

______. A ditadura faz cinquenta anos: história e cultura política nacional-estatista. In: AARÃO REIS, Daniel; RIDENTI, Marcelo; MOTTA, Rodrigo Patto Sá (Orgs.). *A ditadura que mudou o Brasil: 50 anos do Golpe de 1964*. Rio de Janeiro: Zahar, 2014, p. 11-29.

AGGIO, Alberto. *Democracia e socialismo: a experiência chilena.* São Paulo: Editora UNESP, 1993.

______. "Uma insólita visita: Fidel Castro no Chile de Allende". *História*, São Paulo, n. 2, v. 22, 2003, p. 151-166.

______. "Universidade plural, sociedade democrática". In: AGGIO, Alberto. *Uma nova cultura política*. Brasília: Fundação Astrojildo Pereira, 2008, p. 26-28.

ALBERTI, VERENA. *Ouvir contar: textos em História Oral*. Rio de Janeiro: FGV, 2004.

ALMEIDA, Guilherme Bacha de. "O conselho de Segurança Nacional e a Ditadura (1964-1969)". In: MOTTA, Rodrigo Patto Sá (Org.). *Ditaduras militares: Brasil, Argentina, Chile e Uruguai*. Belo Horizonte: Editora UFMG, 2015, p. 83-100.

ALMOND, Gabriel e VERBA, Sidney. *The Civic Culture. Political attitudes and democracy in five nations*. Princeton: Pricenton University Press, 1963.

ALONSO, Gustavo. "Simonal, ditadura e memória: do *cara que todo mundo queria ser* a bode expiatório". In: QUADRAT, Samantha Viz; ROLLEMBERG, Denise (Orgs.). *A construção social dos regimes autoritários: legitimidade, consenso e consentimento no século XX. Brasil e América Latina*. Rio de Janeiro: Civilização Brasileira, 2011, p. 175-218.

ÁLVAREZ, Rolando. "¿La noche del exílio? Los orígenes de la rebelión popular en el Partido Comunista de Chile". In: VALDIVIA, Verónica (Org.). *Su revolución contra nuestra revolución: izquierdas y derechas en el Chile de Pinochet (1973-1981)*. Santiago: LOM, 2006, p. 101-152.

AMADO, Janaína. "O grande mentiroso: tradição, veracidade e imaginação em história oral". *História*, São Paulo, n. 14, 1995, p. 125-136.

______; FERREIRA, Marieta de Moraes (Orgs.). Apresentação. *Usos e abusos da história oral*. Rio de Janeiro: FGV, 2002.

ANDERSON, Perry. "Balanço do Neoliberalismo". In: SADER, Emir; GENTILI, Pablo (Orgs.). *Pós-neoliberalismo: as políticas sociais e o Estado democrático*. Rio de Janeiro: Paz e Terra, 1995, p. 9-23.

ANTUNES, Priscila. "O sistema de inteligência chileno no governo Pinochet". *Varia Historia*, Belo Horizonte, n. 38, v. 23, jul/dez 2007, p. 399-417.

BANDEIRA, Luiz Alberto Moniz. *Fórmula para o caos: ascensão e queda de Salvador Allende (1970-1973)*. Rio de Janeiro: Civilização Brasileira, 2008.

______. *O governo João Goulart: as lutas sociais no Brasil*. São Paulo: Editora UNESP, 2010.

BARROS, J. D'Assunção. "Origens da História Comparada. As experiências com o comparativismo histórico entre o século XVIII e a primeira metade do século XX". *Anos 90 - Revista do Programa de Pós-Graduação em História da Universidade Federal do Rio Grande do Sul*, Porto Alegre, n. 25, v. 14, jul. 2007 p. 141-173.

BECKER, Jean-Jacques. "O handicap do a posteriori". In: AMADO, Janaína; FERREIRA, Marieta de Moraes. *Usos e abusos da história oral*. Rio de Janeiro: FGV, 2002, p. 27-31.

BÉDARIDA, François. "Tempo presente e presença da história". In: AMADO, Janaína; FERREIRA, Marieta de Moraes. *Usos e abusos da história oral*. Rio de Janeiro: FGV, 2002, p. 219-232.

BERSTEIN, Serge. "A cultura política". In: RIOUX, Jean Pierre; SIRINELLI, Jean-François (Orgs.) *Para uma história cultural*. Lisboa: Estampa, 1998, p. 349-363.

BORLAND, Katherine. "'That's not what I Said': Interpretive conflict in oral narrative research". In: PERKS, Robert; THOMSON, Alistair (Orgs.). *The oral history reader*. London: Routledge, 1998, p. 320-332.

BLOCH, Marc. "Pour *une histoire comparée des sociétés européennes*". In: *Mélanges historiques*, v. 1, Paris: S.E.V.P.E.N., 1963.

______. *Os reis taumaturgos: o caráter sobrenatural do poder régio, França e Inglaterra*. São Paulo: Companhia das Letras, 1993.

BOCAZ, Luis. et.al. "La Universidad". *Araucaria de Chile*, Madrid, n. 3, jul./set. 1981, p. 99-174.

BOURDIEU, Pierre. "A ilusão biográfica". In: AMADO, Janaína; FERREIRA, Marieta de Moraes. *Usos e abusos da história oral*. Rio de Janeiro: FGV, 2002, p. 183-191.

BRUNNER, Joaquín. *La cultura autoritaria en Chile*. Santiago: Granizo, 1981.

BUSTAMANTE, Regina; THEML Neyde. "História comparada: olhares plurais". *Revista de História Comparada*, Rio de Janeiro, n. 1, v. 1, 2007 p. 1-23.

CAPELATO, Maria Helena Rolim. "América Latina: integração e história comparada". In: GEBRAN, Philomena; LEMOS, Maria Teresa Toríbio Brittes. *América Latina: cultura, estado e sociedade: novas perspectivas*. Rio de Janeiro: ANPHLAC, 1994, p. 83-108.

CIAMBARELLA, Alessandra. "Do cristianismo ao maoismo: a história da Ação Popular". In: AARÃO REIS, Daniel; FERREIRA, Jorge (Orgs.). *As esquerdas no Brasil. Revolução e democracia (1964-...)*. Vol. 3. Rio de Janeiro: Civilização Brasileira, 2007, p. 99-129.

CIFUENTES, Luis. *Kirberg. Testigo y actor del Siglo XIX*. Santiago: Editorial USACH, 2009.

COHEN, Deborah. "Comparative History: buyer beware". *GHI Bulletin*, n. 29, outono 2001, p. 23-33.

COLLEONI, Cristini; ORSO, Paulino José. "A ampliacção do acesso à educação superior: o Prouni e o Reuni em questão". In: *Seminário de pesquisa do PPE*, Maringá, 2011. Disponível em: <http://www.ppe.uem.br/publicacoes/seminario_ppe_2011/pdf/1/021.pdf> Acesso em: 5 out. 2015.

COLOMA, Jorge. *Peces en la Arena: crónicas de guerra (UTE, 1973)*. Santiago: Editorial Universidad de Santiago, 2005.

______. *Peces en la red: crónicas de guerra - 1973*. Santiago: Ril editores, 2013.

CONGOST, Rosa. "Comparação e análise histórica: reflexões a partir de uma experiência de pesquisa". In: HEINZ, Flavio M. (Org.).

Experiências nacionais, temas transversais: subsídios para uma história comparada da América Latina. São Leopoldo: Oikos, 2009, p. 44-55.

CONSTABLE, Pamela; VALENZUELA, Arturo. *Una nación de enemigos: Chile bajo Pinochet*. Santiago: Ediciones Universidad Diego Portales, 2013.

CORDEIRO, Janaína Martins. "Por que lembrar? A memória coletiva sobre o governo Médici e a ditadura em Bagé". In: AARÃO REIS, Daniel; RIDENTI, Marcelo; MOTTA, Rodrigo Patto Sá (Orgs.). *A ditadura que mudou o Brasil: 50 anos do Golpe de 1964*. Rio de Janeiro: Zahar, 2014, p. 186-202.

CUNHA, Luiz Antônio. "O ensino superior no octênio FHC". *Educação e Sociedade*, Campinas, n. 82, v. 24, abril 2003, p. 37-61.

______. *A universidade reformanda: o golpe de 1964 e a modernização do ensino superior*. São Paulo: Editora UNESP, 2007.

CZAJKA, Rodrigo. "'A luta pela cultura": intelectuais comunistas e o IPM do PCB'. In: NAPOLITANO, Marcos; CZAJKA, Rodrigo; MOTTA, Rodrigo Patto Sá (Orgs.). *Comunistas brasileiros: cultura política e produção cultural*. Belo Horizonte: Editora UFMG, 2013, p. 231-250.

DALMÁS, Carine. "Os comunistas, a cultura e a política das frentes populares: apontamentos sobre as concepções culturais do PCB e do Partido Comunista do Chile". In: NAPOLITANO, Marcos; CZAJKA, Rodrigo; MOTTA, Rodrigo Patto Sá (Orgs.). *Comunistas brasileiros: cultura política e produção cultural*. Belo Horizonte: Editora UFMG, 2013, p. 183-205.

DEBRAY, Régis. *Revolução na Revolução*. Havana: Casa de las Américas, 1967.

DELGADO, Lucilia de Almeida Neves. "Partidos políticos e frentes parlamentares: projetos, desafios e conflitos na democracia". In: FERREIRA, Jorge; DELGADO, Lucilia de Almeida Neves (Orgs.). *O Brasil Republicano: o tempo da experiência democrática – da democratização de 1945 ao golpe civil-militar de 1964*. Rio de Janeiro: Civilização Brasileira, 2003, p. 127-154.

______. *História oral: memória, tempo, identidades.* Belo Horizonte: Autêntica, 2006.

DETIENNE, Marcel. *Comparar lo incomparable: alegato en favor de una ciencia histórica comparada.* Barcelona: Ediciones Península, 2000.

DREIFUSS, Rene. *1964: a conquista do estado.* Petrópolis: Vozes, 1981.

DUTRA, Eliana Freitas. "História e Culturas Políticas. Definições, usos, genealogias". *Varia Historia*, Belo Horizonte, n. 28, dez. 2002, p. 13-28.

EAGLETON, Terry. *Ideologia: uma introdução.* São Paulo: Boitempo, 1997.

ECHEVERRÍA, Rafael; HEVIA, Ricardo. "Cambios en el sistema educacional bajo el gobierno militar". *Araucaria de Chile*, Madrid, n. 13, jan./mar. 1981, p. 39-59.

FERREIRA, Daniela Maria. *Conversão e reconversão: a circulação internacional dos filósofos de origem católica.* Tese (doutorado em Educação) – Faculdade de Educação – Unicamp, Campinas, 2007.

FERREIRA, Marieta de Moraes. "Ditadura militar, universidade e ensino de história: da Universidade do Brasil à UFRJ". *Cienc. Cult.*, São Paulo, n. 4, v. 66, dez. 2014, p. 32-37.

FUENTES, Aldo Casali. "Reforma Universitaria en Chile, 1967-1973. Pre-balance histórico de una experiencia frustrada". *Intus-Legere Historia*, Viña del Mar, n. 1, v. 5, 2011, p. 81-101.

GALLARDO, Juanita. *Vivir enfrentando las flechas: relatos de vida de la EAO-UTE-USACH.* Santiago: Ediciones de la Corporación Cultural Universidad de Santiago de Chile, 2015.

GARCÉS, Mario. (2011). "El movimiento estudiantil y la crisis de legitimidad de la política chilena". *Pensar Historia*, Antioquia, n. 2, v. 1, jan./jun. 2013, p. 83-93.

GARRETON, Manuel Antonio; MARTINEZ, Javier. *Universidades chilenas: historia, reforma y intervención.* Tomo I. Santiago: Ediciones Sur, 1985.

______. *Antecedentes estructurales de las universidades chilenas*. Tomo V. Santiago: Ediciones Sur, 1985.

GRELE, Ronald J. "Movement without aim: methodological and theoretical problems in oral history". In: PERKS, Robert; THOMSON, Alistair (orgs.). *The oral history reader*. London: Routledge, 1998, p. 38-52.

GREW, Raymond. "The Case for Comparing Histories". *American Historical Review*, n. 4, v. 85, oct. 1980, p. 763-778.

HALBWACHS, Maurice. *A memória coletiva*. São Paulo: Centauro, 2006.

HAUPT, Heinz-Gerhard. "O lento surgimento de uma história comparada". In: BOUTIER, Jean; JULIA, Dominique (Orgs.). *Passados recompostos: campos e canteiros da História*. Rio de Janeiro: Editora UFRJ: Editora FGV, 1998, p. 205-216.

HEINZ, Flavio M. e KORNDÖRFER, Ana Paula. "Comparações e comparatistas". In: HEINZ, Flavio M. (Org.). *Experiências nacionais, temas transversais: subsídios para uma história comparada da América Latina*. São Leopoldo: Oikos, 2009, p. 9-20.

HILL, Alette Olin; HILL, Boyd H. "Marc Bloch and Comparative History". *American Historical Review*, n. 4, v. 85, oct. 1980, p. 828-846.

HILL, Alette Olin; HILL, Boyd H. "[Marc Bloch and Comparative History]: Reply". *American Historical Review*, n. 4, v. 85, oct. 1980, p. 854-857.

JOFFILY, Mariana. "O aparato repressivo: da arquitetura ao desmantelamento". In: AARÃO REIS, Daniel; RIDENTI, Marcelo; MOTTA, Rodrigo Patto Sá (Orgs.). *A ditadura que mudou o Brasil: 50 anos do Golpe de 1964*. Rio de Janeiro: Zahar, 2014, p. 158-171.

JULLIARD, Jacques. "A política". In: LE GOFF, Jacques; NORA, Pierre. *História: novas abordagens*. Rio de Janeiro: Francisco Alves, 1976.

KIRBERG, Enrique. *Los nuevos profesionales. Educación universitaria de trabajadores. Chile: UTE, 1968-1973*. Guadalajara: Universidad de Guadalajara, 1981.

KOCKA, Jürgen. "Comparison and Beyond". *History and Theory, Middletown*, n. 1, v. 42, feb. 2003, p. 39-44.

KOSELLECK, Reinhart. *Futuro Passado: contribuição à semântica dos tempos históricos*. São Paulo: Contraponto, 2006.

KUSCHNIR, Karina & CARNEIRO, Leandro Piquet. "As dimensões subjetivas da política: cultura política e antropologia da política". *Estudos Históricos*, Rio de Janeiro, n. 24, v. 13, 1999, p. 227-250.

LABBÉ, Juan Fernández. "Movimiento estudiantil en Chile (2011): Repertorios de acción, marcos de acción colectiva, impactos y desafíos para la política pública". *Circunstancia*, Madrid, n. 31, v. 11, maio 2013. Disponível em: <http://www.ortegaygasset.edu/fog/ver/1534/circunstancia/ano-xi---n--31---mayo-%202013/articulos/movimiento-estudiantil-en-chile--2011---repertorios-de-accion--marcos-de-accion-colectiva--impactos-y-desafios-para-la-politica-publica->. Acesso em: 27 ago. 2015.

LEVI, Giovanni. "Usos da biografia". In: AMADO, Janaína; FERREIRA, Marieta de Moraes. *Usos e abusos da história oral*. Rio de Janeiro: FGV, 2002, p. 167-182.

LOZANO, Jorge Eduardo Aceves. "Prática e estilos de pesquisa na história oral contemporânea". In: AMADO, Janaína; FERREIRA, Marieta de Moraes. *Usos e abusos da história oral*. Rio de Janeiro: FGV, 2002, p. 23-30.

MANSILLA, Luis Alberto; PIZARRO, Raul. "Tempestad en las universidades". *Araucaria de Chile*, Madrid, n. 13, jan./mar. 1981, p. 39-59.

MARTINS FILHO, João Roberto. *Movimento estudantil e ditadura militar: 1964-1968*. Campinas: Papirus, 1987.

MARTINS, Camila Savegnago. *O Chile contemporâneo na historiografía política de Tomás Moulian*. Dissertação (mestrado em História e Cultura Política). Faculdade de Ciências Humanas e Sociais – UNESP, Franca, 2014.

MENESES, Ulpiano T. Bezerra. "A história, cativa da memória? Para um mapeamento da memória no campo das Ciências Sociais". *Revista do Instituto de Estudos Brasileiros*, n. 34, São Paulo, 1992, p. 9-23.

MÖNCKEBERG, María Olivia. *La privatización de las universidades: una historia de dinero, poder e influencias.* Santiago: Copa Rota, 2005.

MOTTA, Rodrigo Patto Sá. *Em guarda contra o perigo vermelho.* São Paulo: Perspectiva, 2002.

______. *Jango e o Golpe de 1964 na caricatura.* Rio de Janeiro: Jorge Zahar, 2006.

______. "Incômoda Memória: os arquivos das ASI universitárias". *Acervo: revista do Arquivo Nacional*, Rio de Janeiro, n. 2, v. 21, jul./dez. 2008, p. 43-66.

______. "Desafios e possibilidades na apropriação de cultura política pela historiografia". In: MOTTA, Rodrigo Patto Sá (Org.). *Culturas políticas na história: novos estudos.* Belo Horizonte: Argumentum, 2009.

______. "A cultura política comunista". In: NAPOLITANO, Marcos; CZAJKA, Rodrigo; MOTTA, Rodrigo Patto Sá (Orgs.). *Comunistas brasileiros: cultura política e produção cultural.* Belo Horizonte: Editora UFMG, 2013.

______. *As universidades e o regime militar: cultura política brasileira e modernização autoritária.* Rio de Janeiro: Zahar, 2014.

MOULIAN, Tomás. *Democracia y socialismo en Chile.* Santiago: FLACSO, 1983.

______. "Chile: las condiciones de la democracia". *Nueva Sociedad*, Buenos Aires, n. 140, nov./dez. 1995, p. 4-11.

______. *Chile Actual: anatomia de un mito.* Santiago: LOM, 2002.

MOURÃO, Mônica; ROXO, Marco. "Jornalismo, memória e clientelismo. O pacto entre comunistas e imprensa conservadora no Brasil". In: NAPOLITANO, Marcos; CZAJKA, Rodrigo; MOTTA, Rodrigo Patto Sá (Orgs.). *Comunistas brasileiros: cultura política e produção cultural.* Belo Horizonte: Editora UFMG, 2013, p. 251-270.

MULLER, Angélica. *Violações de direitos humanos nas universidades*. Comissão Nacional da Verdade (CNV). Volume II. Textos Temáticos.

MUÑOZ, Juan et al. *La Universidad de Santiago de Chile: sobre sus orígenes y su desarrollo histórico*. Santiago: Editorial USACH, 1987.

MUÑOZ, Heraldo. *A sombra do ditador: memórias políticas do Chile sob Pinochet*. Rio de Janeiro: Zahar, 2010.

MYERS, Jorge. "Términos de comparación: ideas, situaciones, actores". *Prismas. Revista de historia intelectual*, Buenos Aires, n. 8, año 8, 2004, p. 175-182.

NAPOLITANO, Marcos. *1964: História do Regime Militar Brasileiro*. São Paulo: Contexto, 2014.

______. "A 'resistência cultural' durante o regime militar brasileiro: um novo olhar historiográfico". In: MOTTA, Rodrigo Patto Sá (Org.). *Ditaduras militares: Brasil, Argentina, Chile e Uruguai*. Belo Horizonte: Editora UFMG, 2015, p. 193-211.

NORA, Pierre. "Entre memória e história: a problemática dos lugares". *Projeto História*. São Paulo, v. 10, dez. 1993, p. 7-28

ORELLANA, Carlos. *Penúltimo Informe: memoria de un exilio*. Santiago: Editorial Sudamericana, 2002.

PERKS, Robert; THOMSON, Alistair. Part III. "Advocacy and empowerment: introduction". In: PERKS, Robert; THOMSON, Alistair (Orgs.). *The oral history reader*. London: Routledge, 1998, p. 183-188.

PIMENTA, Aluísio. *Universidade. Universidade: a destruição de uma experiência democrática*. Petrópolis: Vozes, 1985.

PINTO, Julio. "Hacer la revolución en Chile". In: PINTO, Julio (org.). *Cuando hicimos historia: la experiencia de la Unidad Popular*. Santiago: LOM Ediciones, 2005, p. 9-33.

______. "¿Y la historia les dio razón? El MIR en Dictadura". In: VALDIVIA, Verónica (Org.). *Su revolución contra nuestra revolución: izquierdas y derechas en el Chile de Pinochet (1973-1981)*. Santiago: LOM, 2006, p. 153-205.

PRADO, Maria Ligia Coelho. "Repensando a história comparada da América Latina". *Revista de História*, São Paulo: Departamento de História-FFLCH-USP, n. 153, jul./dez. 2005, p. 11-33.

POLLAK, MICHAEL. "Memória, esquecimento, silêncio". *Estudos Históricos*, Rio de Janeiro, n. 3, v. 2, 1989, p. 3-15.

PORTELLI, Alessandro. "O que faz a história oral diferente". *Projeto História*. São Paulo, v. 14, fev. 1997, p. 25-39.

QUADRAT, Samantha Viz. "'Para Tata, com carinho!": a boa memória do pinochetismo". In: AZEVEDO, Cecília et al. (Org.), *Cultura política, memória e historiografia*. Rio de Janeiro: FGV, 2009, p. 399-419.

______. "A reforma educacional da Unidade Popular e o golpe no Chile". In: XXVI Simpósio Nacional de História – ANPUH. São Paulo, julho 2011. *Anais do XXVI Simpósio Nacional de História – ANPUH*. Disponível em: <http://www.snh2011.anpuh.org/resources/ anais /14/1300674617_ARQUIVO_AreformaeducacionaldaUnidadePopulareogolpenoChile.pdf>. Acesso em: 25 nov. 2015.

RÉMOND, René (Org.). *Por uma história política*. Rio de Janeiro: Editora FGV, 2003.

RICOEUR, Paul. *A memória, a história, o esquecimento*. Campinas: Editora da Unicamp, 2007.

RIDENTI, Marcelo. *O fantasma da revolução brasileira*. São Paulo: Editora UNESP, 2010.

ROLLEMBERG, Denise. *Exílio. Entre raízes e radares*. Rio de Janeiro: Record, 1999.

______. "Carlos Marighella e Carlos Lamarca: memórias de dois revolucionários". In: AARÃO REIS, Daniel; FERREIRA, Jorge (orgs.). *As esquerdas no Brasil. Revolução e democracia (1964-...)*. Vol. 3. Rio de Janeiro: Civilização Brasileira, 2007, p. 73-97.

______. "Memória, opinião e cultura política. A Ordem dos Advogados do Brasil sob a ditadura (1964-1974)". In: AARÃO REIS, Daniel; ROLLAND, Denis. (Orgs.). *Modernidades alternativas*. Rio de Janeiro: Fundação Getúlio Vargas, 2008, p. 57-96.

______. "As trincheiras da memória. A Associação Brasileira de Imprensa e a ditadura (1964-1974)". In: QUADRAT, Samantha Viz; ROLLEMBERG, Denise (orgs.). *A construção social dos regimes autoritários: legitimidade, consenso e consentimento no século XX*. Brasil e América Latina. Rio de Janeiro: Civilização Brasileira, 2011, p. 97-144.

SADER, Emir. "Cuba no Brasil. Influências da revolução cubana na esquerda brasileira". In: AARÃO REIS, Daniel et. al. *História do Marxismo no Brasil*. Rio de Janeiro: Paz e Terra, 1991, p. 159-183.

SAES, Flávio A. M.; CYTRYNOWICZ, Roney. *Tradição e utopia: 70 anos de história do CAVC: Centro Acadêmico Visconde de Cairu*. São Paulo: Narrativa Um, 2015.

SALAZAR, Gabriel. *Villa Grimaldi (Cuartel Terranova)*. Santiago: LOM, 2013.

SALOMON, Délcio et. al. *UFMG: resistência e protesto*. Belo Horizonte: Vega, 1979.

SANDOVAL, Carlos. *Movimiento de Izquierda Revolucionaria 1970-1973. Conyunturas, documentos y vivencias*. Concepción: Ediciones Escaparate, 2004.

SANTANA, Flávia de Angelis. *Movimento estudantil e ensino superior no Brasil: a reforma universitária no centro da luta política estudantil nos anos 60*. Tese (doutorado em História Social). FFLCH - USP, São Paulo, 2014.

SEWELL, William H. "Marc Bloch and the Logic of Comparative History". *History and Theory*, Middletown, n. 2, v. 6, 1967, p. 208-218.

______; THRUPP, Sylvia L. "[Marc Bloch and Comparative History]: Comments". *American Historical Review*, n. 4, v. 85, oct. 1980, p. 847-853.

SHEELE, Judith E. "Entre orden y caos: la formación de la cultura política chilena desde una perspectiva histórica". *Revista Pléyade*, Santiago, n. 5, primer semestre 2010, p 2-45.

SILVA, Êça Pereira da. *Araucaria de Chile (1978-1990): a intelectualidade chilena no exílio*. São Paulo: Alameda, 2014.

STARLING, Heloísa. *Os senhores das gerais: os novos inconfidentes e o golpe de 1964*. Petrópolis: Vozes, 1986.

STERN, Steve J. *Recordando el Chile de Pinochet: En vísperas de Londres 1998. Libro uno de la trilogía "La caja de la memoria del Chile de Pinochet"*. Santiago: Universidad Diego Portales, 2009.

______. *Luchando por mentes y corazones: Las batallas de la memoria en el Chile de Pinochet. Libro dos de la trilogía "La caja de la memoria del Chile de Pinochet"*. Santiago: Universidad Diego Portales, 2013.

SUBRAHMANYAM, Sanjay. "Connected histories: notes towards a reconfiguration of early modern Eurasia". *Modern Asian Studies*, n. 3, v. 31, Special Issue: The Eurasian Context of the Early Modern History of Mainland South East Asia, 1400-1800, jul. 1997, p. 735-762.

THOMPSON, Paul. "The voice of the past: oral history". In: PERKS, Robert; THOMSON, Alistair (orgs.). *The oral history reader*. London: Routledge, 1998, p. 21-28.

THRUPP, Sylvia L. "Editorial". *Comparative Studies in Society and History: An International Quarterly*, Cambridge, n. 1, 1958, p. 1-4.

TRINDADE, Hélgio. "A República em tempos de reforma universitária: o desafio do governo Lula". *Educação e Sociedade*, Campinas, n. 88, v. 25, Especial - out. 2004, p. 819-844.

TRONCOSO, Hugo E. Cancino. "El movimiento estudiantil chileno y el proceso de Reforma Universitario, 1967-1968: el caso de la Facultad de Filosofía y Educación de la Universidad de Chile". In: *XVI Congreso Internacional de AHILA*, San Fernando, set 2011. Disponível em: <http://vbn.aau.dk/files/58699467/Reform_Univ.pdf> Acesso em: 25 nov. 2015.

VALDÉS, Mario. "El golpe de estado del 11 de septiembre de 1973 en Concepción (Chile). Las voces de los testigos". *Cuadernos de Historia*, Santiago, n. 37, dez. 2012, p. 159-191.

VALDIVIA, Verónica. "'Crónica de una muerte anunciada': la disolución del Partido Nacional, 1973-1980". In: VALDIVIA, Verónica (Org.). *Su revolución contra nuestra revolución: izquierdas y derechas en el Chile de Pinochet (1973-1981)*. Santiago: LOM, 2006, p. 15-47.

______. "Lecciones de una Revolución: Jaime Guzmán y los gremialistas, 1973-1980". In: VALDIVIA, Verónica (Org.). *Su revolución contra nuestra revolución: izquierdas y derechas en el Chile de Pinochet (1973-1981)*. Santiago: LOM, 2006, p. 49-100.

______. "Izquierdas y derechas en los años setenta: la reversión de la historia". In: VALDIVIA, Verónica (Org.). *Su revolución contra nuestra revolución: izquierdas y derechas en el Chile de Pinochet (1973-1981)*. Santiago: LOM, 2006, p. 207-225.

______. *Nacionales y Gremialistas: el "parto" de la nueva derecha política chilena (1964-1973)*. Santiago: LOM, 2008.

VALENZUELA, Arturo. "Chile: origins, consolidation, and breakdown of a democratic regime". In: DIAMOND, L; LINZ, J.; LIPSET, S. (orgs.) *Politics in developing countries: comparing experiences with democracy.* Bouder: Lynne Rienner Publishers, 1990, p. 39-86.

VALENZUELA, Arturo. *El quiebre de la democracia en Chile*. Santiago: Ediciones Universidad Diego Portales, 2013.

VERDUGO, Patrícia. *A caravana da morte: o livro que levou Pinochet ao banco dos réus*. Rio de Janeiro: Editora Revan, 2001.

WINN, Peter (Org.). *No hay mañana sin ayer: batallas por la memoria histórica en el Cono Sur*. Santiago: LOM, 2014.

ZOLEZZI, Juan et. al. *Libro Memorial de la Universidad Técnica del Estado y la Universidad de Santiago de Chile: Informe de la Comisión de Reconciliación Universitaria de 1991, actualizado a 40 años del golpe de Estado de 1973*. Santiago: Editorial USACH, 2013.

Agradecimentos

Escrever sobre a história de dois países foi um trabalho árduo, que me demandou muito tempo de leituras e de pesquisas solitárias em duas cidades distintas, mas que também me abriu um horizonte de conhecimento e de experiências que eu levarei comigo para o resto da vida. Santiago me acolheu como a minha cidade natal, Belo Horizonte, e lá eu conheci e me tornei amigo de diversas pessoas que, como aqui, me auxiliaram não somente na pesquisa, mas também nos aspectos cotidianos de um estrangeiro perdido em um novo universo. Espero lembrar-me de todos que me ajudaram nesse caminho e já de antecedência peço desculpas caso a memória me falhe.

Primeiramente, gostaria de agradecer ao meu orientador, Rodrigo Patto Sá Motta. O meu percurso com Rodrigo remonta ao ano de 2008, quando eu fui aceito – no segundo ano de faculdade – como seu orientando de iniciação científica. Desde então, minha admiração por seu trabalho só aumentou e Rodrigo se tornou para mim um exemplo de historiador ético e competente. Devo ressaltar ainda que ele soube lidar com uma paciência ímpar com minha personalidade ansiosa e meus atrasos frequentes. Seus conselhos e sua disposição em me orientar foi o equilíbrio que eu precisava para concluir o trabalho. Obrigado, Rodrigo, por depositar em mim a confiança necessária para que eu seguisse adiante na pesquisa.

Outro agradecimento especial devo à professora e amiga Adriane Vidal Costa, que me auxiliou bastante na pesquisa, com conselhos e ótimos empréstimos e indicações bibliográficas. Sua disposição em me ajudar a qualquer hora no trabalho aqui desenvolvido foi relevante. Seus apontamentos na banca de qualificação também foram importantes para a melhoria da minha dissertação, assim como as sugestões da professora Miriam Hermeto, que fez uma leitura atenta e perspicaz do que era, ainda, um rascunho do que se tem aqui.

Ao longo de minha trajetória acadêmica, diferentes professores da FAFICH influenciaram na minha formação como historiador, em especial Kátia Baggio, Regina Horta, José Antônio Dabdab Trabulsi e Luiz Carlos Villalta. Agradeço também à Cristina Campolina pela bem humorada orientação na monitoria de América I e por me ensinar o quanto a literatura de ficção pode ser uma aliada da historiografia.

No Chile, o professor Julio Pinto foi extremamente atencioso e figura primordial para que as primeiras portas se abrissem para minha pesquisa em solo estrangeiro. Ele me colocou em contato com outros pesquisadores da área e com professores que foram perseguidos pela ditadura. Sem ele meu caminho teria sido mais difícil.

Um agradecimento mais que especial aos membros da *Asociación de Académicos y Funcionarios Exonerados Políticos de la UTE*, que me acolheram como se eu fosse um neto. Com vocês aprendi muito da história do Chile, ouvi casos felizes e tristes, gargalhei dos *chistes* e compartilhei dos sabores da culinária chilena. Os professores entrevistados foram essenciais para a pesquisa e, sem suas memórias, compartilhadas com boa disposição, esse trabalho não seria metade do que é. O meu abraço sincero para Jaime Medina, Mario Navarro, Carmen Vargas, Luis Cruz Salas, Augusto Samaniego, Neuda Aguilar Duhau e Marta Joignant. Espero estar à altura do que vocês me proporcionaram.

Agradeço também a todos os funcionários de todos os arquivos que visitei. Na hemeroteca da Biblioteca Nacional do Chile encontrei um refúgio para a pesquisa e para os estudos, algo proporcionado pela excelente organização de seus funcionários. No arquivo da *Vicaría de la Solidaridad* e no Arquivo Nacional da Administração, fui auxiliado por bons profissionais que me ajudaram a "garimpar ouro" em meio à escassez de fontes oficiais da ditadura chilena. Também fui bem recebido pelos funcionários do Arquivo Público Mineiro nos primórdios dessa pesquisa. Agradeço ainda à Juanita Gallardo, da *Vicerrectoría de Vinculación con el Medio da* USACH, que me forneceu listas avulsas de exonerados da UTE e me indicou Carolina Torres, chefe do Departamento de Recursos Humanos da USACH. Carolina permitiu o meu acesso ao fundo de perseguidos políticos. Agradeço também a todas as funcionárias do Acervo da Divisão de Coleções Especiais da Biblioteca Central da UFMG, que facilitaram o meu trabalho: Magna, Ariadne, Suzana, Diná, Júlia e Adriana. A toda essa rede de funcionários que zelam pelo patrimônio arquivístico nos dois países, meus sinceros agradecimentos.

Agradeço também ao Programa de Pós-graduação em História da UFMG, que me forneceu recursos para participação em alguns congressos no Brasil. Agradeço também à FAPEMIG pela bolsa de um ano, que facilitou a pesquisa no Chile.

Alguns amigos tiveram um papel de destaque para que eu pudesse concluir essa dissertação. Sinto-me privilegiado de estar rodeado por pessoas tão especiais e generosas.

Taciana Garrido, você é a joia da coroa da minha trajetória na UFMG. As palavras não são suficientes para agradecer todos esses anos de companheirismo, nos bons e maus momentos, dentro e fora da universidade. Agradeço pela revisão minuciosa feita nessa dissertação, pelos comentários bem humorados e pelas dicas preciosas, que só podem vir de uma historiadora com um futuro iluminado na profissão. Sua presença conferiu leveza aos desafios do meu mestrado.

Agradeço ao Caio Bretas, que acompanhou de perto os momentos iniciais e finais do meu mestrado. Obrigado pela revisão das minhas traduções do inglês para o português e por ser um amigo tão leal. Ressignificar nossa relação para essa bela amizade também tornou o caminho do meu mestrado mais leve. Sei que você eu vou levar por toda a vida.

Agradeço à *mi hermanita chilena,* Inés Jofré, e aos meus dois *hermanos chilenos*, Carlos Álvarez e Eduardo Miranda. Inés e Carlos, vocês foram meu porto seguro no Chile e nunca vou esquecer como me abriram suas casas como se eu fosse um membro da família. Eduardo, a parte chilena do último capítulo só existe graças a você. *Te la doy a ti, mi amigo.*

Agradeço também ao Renan Quinalha, que não só me auxiliou com algumas traduções, como foi um estímulo intelectual nesses últimos meses de escrita. Espero que nossos debates e ideias, tão próximos que às vezes colidem, gerem bons frutos no futuro. Fica aqui o meu carinho, admiração e a certeza de uma amizade sem arestas.

Ainda no âmbito paulista, agradeço também ao Tiago Viudes, que com carinho cedeu seu talento para pensar e desenhar a capa deste livro, sempre em um diálogo sincero e atento às minhas ideias. Que bom que em meio à tempestade conseguimos nos fortalecer e, ainda por cima, fazer uma parceria criativa e acadêmica, que espero que esteja apenas começando, amigo.

Agradeço ainda aos amigos e colegas da graduação e da pós: Denise Duarte, Weslley Fernandes, Gabriel Amato, Marina Helena, Alexandre Bellini, Fernando Garcia, Augusto Leite, Igor Néfer, Igor Barbosa, Marcos Carvalho, Thiago Prates, Isadora

Aires, Eliza Toledo, Marcella de Sá, Mariana de Moraes, Henrique Brener, Jane Darlen, Jaime Lopes, Regina Mendes, Rodrigo Paulinelli, Lídia Melo, entre tantos outros que passaram pela minha vida na academia.

Agradeço à Samira e à Alice pelas conversas estimulantes e por ouvirem minhas lamúrias a qualquer momento. Agradeço também aos amigos que me transportam para fora do mundo acadêmico, tanto os de longa como os de curta data: Laís Nametala, Clarisse Simões, Luísa Costa, Harold Fontes, Marina Couto, Anna Cristina, Marina Andrade, Euler Andrade, Débora Andrade, Diana Andrade, Bruno Vanzillota, André Vendrami, Matheus Guimarães, Breno Alvarenga, André Azevedo, Cidnei Marschalk, Tiago Maciel e muitos outros. Um agradecimento especial à Bia Sayuri e ao Thiago Couto. Vocês dois iluminaram meu último ano.

Agradeço ainda à minha avó, Maria Laura, que sempre foi uma segunda mãe e que sempre torceu por mim, e à minha madrinha, Maria das Graças, sempre tão carinhosa e presente em minha vida.

Por fim, agradeço à pessoa mais especial de todas: minha mãe, Regina. Sem o seu apoio irrestrito nada disso seria possível. Como na fábula de Tolkien, você é meu *Portos Cinzentos*, de onde parto na esperança de ser imortal.

Alameda nas redes sociais:
Site: www.alamedaeditorial.com.br
Facebook.com/alamedaeditorial/
Twitter.com/editoraalameda
Instagram.com/editora_alameda/

Esta obra foi impressa em São Paulo na primavera de 2021. No texto foi utilizada a fonte Minion Pro em corpo 10,5 e entrelinha de 15,5 pontos.